REDLINE WIRTSCHAFT

bei ueberreuter

SIGRID BORN, NICOLE WÜRTH

ZDF WISO

Scheidungsberater

REDLINE WIRTSCHAFT
bei ueberreuter

Sigrid Born / Nicole Würth
WISO Scheidungsberater : Unterhalt, Sorgerecht, Zugewinnausgleich
2., aktualisierte Auflage
Frankfurt/Wien: Redline Wirtschaft bei Ueberreuter, 2003
ISBN 3-8323-0992-6

Unsere Web-Adressen:

http://www.redline-wirtschaft.de
http://www.redline-wirtschaft.at

1 2 3 / 2005 2004 2003

Umschlag: INIT, Büro für Gestaltung, Bielefeld
unter Verwendung eines Bildes der Bildagentur Image Bank

Druck: Landesverlag Druckservice, Linz
Printed in Austria

Inhalt

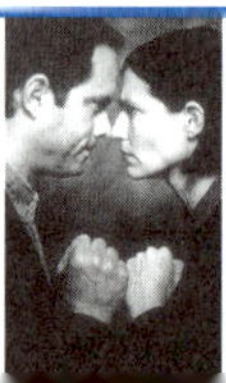

Einleitung

Für die meisten Menschen gehört eine Partnerschaft, die irgendwann in einer Ehe mit gemeinsamen Kindern mündet, zum persönlichen Lebensplan. Doch rund 40 Prozent aller Ehen werden heute nicht mit dem Tod, sondern schon lange davor wieder geschieden. Von den restlichen 60 Prozent denken nicht wenige darüber nach, den Partner zu verlassen, gehen diesen Schritt aber aus finanziellen Gründen oder aus Rücksicht auf die Kinder nicht.

Abgesehen davon, dass eine Scheidung viel Geld kostet, ist es mitunter außerordentlich schwierig, die verflochtenen Ehebänder wieder zu lösen.

Wie viel Unterhalt bekommt wer und welcher von beiden muss zahlen? Wer kriegt die Möbel, das Auto, die Wohnung? Wer zahlt die laufenden Kredite weiter? Wie hoch ist der Zugewinnausgleich? Und vor allem: Wie soll es nach der Scheidung mit den Kindern weitergehen?

Über diese Fragen machen sich die meisten Paare am Tag der Eheschließung noch keine Gedanken. In der Regel treffen sie deswegen auch keine vertraglichen Regelungen, um für den Fall der Scheidung gerüstet zu sein.

Dieses Buch richtet sich an alle, die sich mit dem Gedanken einer Trennung oder Scheidung beschäftigen oder schon „mittendrin" stecken. Es soll häufig gestellte Fragen beantworten und nützliche Tipps geben, wie man am besten durch diese schwere Zeit hindurchkommt. Das Buch dient dabei vor allem als Rechtsratgeber, es gibt aber auch etliche Ratschläge, wie man persönliche Konflikte vermeiden kann.

Dabei soll es dem scheidungswilligen Leser helfen, seine eigenen Rechte und auch Pflichten möglichst gut kennen zu lernen und ihn über die wesentlichen Abläufe einer Scheidung genau zu informieren. Zugleich behandelt es Probleme, die sich bei dem Gedanken an eine Scheidung nicht gleich aufdrängen, wie etwa das Thema Mediation, das Namensrecht, die Zeit nach der Scheidung, erb- und steuerrechtliche Fragen und die Trennung nichtehelicher Lebensgemeinschaften.

Vertragstexte und zahlreiche Beispiele sollen dabei diese für den Laien oft nur schwer zu verstehende Materie wesentlich erleichtern.

Der Ratgeber kann nicht den Gang zum Rechtsanwalt ersetzen. Er bietet zwar viele Informationen, aber jeder Scheidungsfall ist so unterschiedlich, dass oft nur ein Anwalt eine Lösung für den individuellen Fall liefern kann.

Das Buch kann dem Leser jedoch helfen, die Arbeit des Anwalts gut informiert und kritisch zu begleiten, und nicht einfach nur Mandant zu sein. Denn nur wer informiert ist, schafft es auch, die Scheidung selbst zu durchdenken und beim Scheidungsverfahren aktiv und kreativ mitzuwirken.

Wir haben versucht, die schwierige juristische Materie für den Verbraucher ver-

ständlich und überschaubar darzustellen. Nur theoretisch mögliche und eher perfektionistische Konstellationen, die im „wahren Leben“ eher geringe Bedeutung haben, überlassen wir der juristischen Fachliteratur.

I. Das Getrenntleben

1. Die Geliebte als Trennungsgrund

Beispiel: Christian und Susanne Wilhelm sind seit acht Jahren verheiratet. Christian ist Architekt, Susanne Kindergärtnerin. Wegen der beiden Kinder, der sechsjährigen Nina und dem vierjährigen Tim, arbeitet sie nur halbtags. Finanziell kommen sie bequem über die Runden. Bislang haben die beiden eigentlich auch eine ganz gute Ehe geführt. Das ändert sich, als in Christians Büro seine alte Freundin Petra als Architektin anfängt. Die beiden verstehen sich gut, und durch die tägliche Zusammenarbeit kommen sie sich schnell wieder näher. Christian genießt es, mit Petra zusammen zu sein – unbelastet von dem üblichen Alltagstrott. Durch einen Zufall erfährt Susanne von dem Verhältnis. Für sie bricht eine Welt zusammen. Als sie Christian zur Rede stellt, verspricht er ihr, Petra sofort zu verlassen – schließlich liebe er nur seine Frau. Doch für Susanne ist Christians Untreue nur schwer zu verkraften, zumal Christian weiterhin jeden Tag mit Petra zusammenarbeitet. Susanne will die Trennung und verlangt von Christian, dass er sofort das gemeinsame Haus verlässt. Christian weigert sich jedoch, auszuziehen. Er weiß, dass es ganz schön teuer ist, zwei Wohnungen zu finanzieren. So akzeptiert er zwar die Trennung, verlangt aber, dass er zunächst weiterhin im gemeinsamen Haus wohnen darf. Susanne zweifelt daran, ob so etwas gut gehen kann, und besteht darauf, dass die verhasste Nebenbuhlerin Petra zumindest das Haus nicht betritt.

2. Getrennt leben in der gemeinsamen Wohnung

Getrennt leben – was ist das?

Im Regelfall kann eine Ehe erst geschieden werden, wenn die Ehegatten schon ein Jahr getrennt leben. Aber selbst wenn für die Eheleute noch nicht definitiv feststeht, ob sie sich überhaupt scheiden lassen wollen, hat jeder von ihnen das Recht, getrennt zu leben, und zwar unabhängig davon, ob der andere dies möchte oder nicht. Hierzu muss auch keiner der Ehegatten aus der gemeinsamen Wohnung ausziehen, denn grundsätzlich haben beide Eheleute das Recht, die Ehewohnung zu nutzen.

Der Ausdruck „Ehewohnung" bezeichnet dabei die Räume, in denen die Eheleute während intakter Ehe zusammengelebt haben. Auf die Eigentumsverhältnisse, das heißt, ob das Haus oder die Wohnung beiden gehört oder nur einem, kommt es nicht an. Das Gleiche gilt für eine Mietwohnung. Auch hier ist ohne Bedeutung, wer namentlich im Mietvertrag steht: einer der Ehegatten oder beide.

Susanne kann also nicht darauf bestehen, dass Christian das gemeinsame Haus verlässt. Das Recht, in der Ehewohnung zu leben, steht während der Trennung in der Regel beiden gleichermaßen zu.

Das kann sich jedoch dann ändern, wenn sich einer der beiden Ehepartner so verhält, dass es für den anderen unzumutbar wird, mit ihm weiterhin gleichzeitig in einer Wohnung zu leben. So braucht niemand Bedrohungen, Beschimpfungen oder gar körperliche Angriffe hinzunehmen. Allerdings ist der Geschädigte nicht berechtigt, in einem solchen Fall etwa einfach die Türschlösser auszutauschen und auf diese Weise den anderen Ehepartner auszusperren. Gegen ein solches Verhalten kann sich der ausgesperrte Ehepartner mit gerichtlicher Hilfe zur Wehr setzen. Der oder die Geschädigte ist in solchen Fällen verpflichtet, aber auch berechtigt, bei Gericht den Antrag mit dem Ziel zu stellen, dass der andere Ehegatte die Wohnung verlassen muss.

Hat sich nun einer der beiden Ehepartner zum Getrenntleben entschlossen, so muss er dies dem anderen gegenüber durch seine Verhaltensweisen deutlich machen.

Leben die Eheleute wie Christian und Susanne weiterhin im gemeinsamen Haus beziehungsweise in derselben Wohnung, so darf zwischen ihnen keine „häusliche Gemeinschaft“ mehr bestehen. Der Ehepartner, der getrennt leben will, muss deutlich zum Ausdruck bringen, dass er diese häusliche Gemeinschaft aufgibt.

Dies bedeutet, dass die Räume in dem Haus so aufgeteilt werden sollten, dass jeder seinen eigenen Schlaf- und soweit möglich auch Wohnbereich erhält. Für Küche und Bad müssten Nutzungsregelungen getroffen werden.

Christian und Susanne müssen sich also darauf einigen, wer wann Küche und Bad benutzt. Darüber hinaus darf Susanne die Wäsche von Christian nicht mehr waschen und bügeln, seinen Lebensbereich nicht mehr reinigen, es sei denn, er lässt die Räumlichkeiten so verwahrlosen, dass es ihr unzumutbar ist, nicht einzugreifen. Sie darf auch für ihn keine Einkäufe mehr miterledigen und weder für ihn kochen noch mit ihm gemeinsam essen.

Doch Vorsicht: Gerade wenn einer der Ehepartner nicht zur Scheidung bereit ist, kann der Nachweis des Getrenntlebens in derselben Wohnung zu Beweisschwierigkeiten führen. Denn der antragsstellende Partner ist vor Gericht verpflichtet, den Beginn der Trennung zu beweisen.

WISO rät: Solange Sie noch einigermaßen vernünftig miteinander reden können, sollten Sie eine schriftliche Vereinbarung über die Aufteilung der Ehewohnung abschließen. Vergessen Sie auch nicht, das Dokument mit einem Datum zu versehen. In einem späteren Scheidungsprozess kann dies die Beweisführung erheblich erleichtern.

Eine solche Vereinbarung könnte etwa folgende Form haben:

Frankfurt, den 31.10.2002

Vereinbarung

Wir, die Eheleute – Christian und Susanne Wilhelm – sind darüber einig, dass wir ab dem 1.11.2002 in unserer bisherigen Ehewohnung voneinander getrennt leben.

Wir regeln die Nutzung der Wohnung für die Zeit ab diesem Datum wie folgt:

Der Ehefrau wird das bisherige eheliche Schlafzimmer sowie das Wohnzimmer zur alleinigen Benutzung zugewiesen. Der Ehemann übernimmt zur alleinigen Benutzung das bisherige Arbeitszimmer sowie das Gästezimmer. Das Bad steht dem Ehemann an Wochentagen morgens zwischen 6.00 Uhr und 6.30 Uhr, der Ehefrau von 6.30 Uhr bis 7.00 Uhr zur Verfügung; am Wochenende, samstags und sonntags sowie an Feiertagen dem Ehemann von 9.00 Uhr bis 9.30 Uhr, der Ehefrau von 9.30 Uhr bis 10.00 Uhr.

Die Küchenbenutzung regeln wir wie folgt: Die Ehefrau ist berechtigt, die Küche mittags von 12.00 Uhr bis 13.00 Uhr alleine zu nutzen sowie abends von 18.00 Uhr bis 19.00 Uhr, der Ehemann von 19.00 Uhr bis 20.00 Uhr. Die Eheleute verpflichten sich, die gemeinsam genutzten Räumlichkeiten ordnungsgemäß, gesäubert und in aufgeräumtem Zustand zu hinterlassen.

Die Miete tragen wir jeweils zur Hälfte.

Christian Wilhelm Susanne Wilhelm
Ehemann Ehefrau

In diese Vereinbarungen können selbstverständlich noch andere Regelungen aufgenommen werden, etwa bezüglich Reinigungspflichten, Nutzung von Waschmaschine sowie sonstigen gemeinsamen Haushaltsgeräten und Ähnliches.

Sollte eine Einigung über die Aufteilung der Räume jedoch nicht möglich sein, so kann diese auch mit gerichtlicher Hilfe erzwungen werden.

Unerheblich für die Frage des Getrenntlebens ist es übrigens, wo der Ehepartner

einwohnermelderechtlich gemeldet ist. Auch die Steuerklasse spielt für die Feststellung der Frage, ob die Eheleute getrennt leben, keine Rolle. Es ist also unerheblich, ob ein Ehepartner seinen Wohnsitz verlegt hat oder ob er bereits beim Finanzamt die Änderung der Steuerklasse beantragt hat. Damit lässt sich die Trennung in einem Scheidungsprozess nicht dokumentieren. Den Familienrichter interessieren nur die tatsächlichen Lebensumstände.

Abwehransprüche des getrennt lebenden Ehepartners

Auch wenn die Ehepartner getrennt leben, dürfen sie nicht einfach tun und lassen, was sie wollen.

Nicht zu akzeptieren braucht die Ehefrau oder auch der Ehemann beispielsweise, dass sich der Partner mit seiner Geliebten beziehungsweise dem Geliebten in der gemeinsamen Ehewohnung aufhält. Dies gilt zumindest für die Zeit, in der der entsprechende Ehepartner die bisherige Ehewohnung nicht aufgegeben hat, das heißt, solange er nicht auf Dauer eine neue eigene Wohnung bezogen hat.

Gegen die Besuche des neuen Partners kann sich der Ehegatte mit gerichtlicher Hilfe wehren, er braucht solche Besuche – unabhängig von deren Dauer – nicht zu dulden.

Eine solche Klage auf Unterlassung kann gegen den Ehepartner, aber auch gegen den Dritten, also gegen die Geliebte oder den Geliebten gerichtet werden.

Dies kann unter Umständen auch dann gelten, wenn etwa die Eheleute eine Wohnung in einem kleinen Mehrfamilienhaus bewohnen und der oder die Geliebte in einer im Eigentum des Ehepartners stehenden Wohnung im gleichen Haus aufgenommen werden soll. Hier kommt es jedoch auch sehr genau auf die Einzelsituation an, wie etwa auf die Größe des Hauses.

Arbeitet die Geliebte mit dem Ehemann zusammen, so kann die Ehefrau hierauf jedoch nur dann Einfluss nehmen, wenn diese Zusammenarbeit in Geschäftsräumen stattfindet, die auch räumlich mit dem während der Ehe genutzten Wohnbereich zusammenhängen, und etwa die Ehefrau in der gemeinsamen Firma lange Jahre ebenfalls mitgearbeitet hat.

Findet diese Zusammenarbeit jedoch getrennt vom Wohnbereich in völlig anderer Umgebung statt und der Ehepartner arbeitet nicht in der gleichen Firma mit, dürfte ein solcher Anspruch auf Unterlassung der Zusammenarbeit nicht erfolgreich durchzusetzen sein.

Susanne kann demnach zwar darauf bestehen, dass die Geliebte ihres Mannes nicht das Haus betritt. Sie kann allerdings nichts dagegen tun, dass die beiden weiterhin gemeinsam arbeiten.

Finanzielles

Auch wenn noch nicht feststeht, ob sich Christian und Susanne wirklich scheiden lassen werden, sollte dennoch bereits während des Getrenntlebens die finanzielle Seite der neuen Situation angepasst werden. Dies bedeutet im Einzelnen:

- Bei einem **Konto**, das **allein auf den Namen eines Ehepartners** lautet, für das der andere jedoch Kontovollmacht besitzt, sollte diese Vollmacht unbedingt gegenüber der Bank widerrufen werden. Dies kann durch ein einfaches Formschreiben wie folgt geschehen:

> Kontonummer: ....
>
> Sehr geehrte Damen und Herren,
>
> hiermit teile ich Ihnen mit, dass ich von meinem Ehepartner Christian Wilhelm seit 1.11.2002 getrennt lebe. Ich widerrufe die ihm erteilte Kontovollmacht in Bezug auf das o.g. Konto mit sofortiger Wirkung.
>
> Gleichzeitig bitte ich Sie, die ihm erteilte Scheckkarte mit sofortiger Wirkung einzuziehen.
>
> Susanne Wilhelm

- Bei **gemeinsamen Konten**, bei denen also beide Ehepartner als Kontoinhaber eingetragen sind, gilt Folgendes:
  Sollte einer der Ehegatten von diesem Gemeinschaftskonto einen Betrag abheben, so kann der andere verlangen, dass dieser Betrag zumindest zur Hälfte wieder zurückgezahlt wird. Tut dies der Partner nicht freiwillig, so kann auf die Rückzahlung geklagt werden. Um diesen Anspruch zu sichern, empfiehlt es sich, den Kontenverlauf regelmäßig zu kontrollieren.

- Bei **Sparbüchern** ist zu beachten, dass die Bank ohne einen Sperrvermerk Auszahlungen an jeden vornimmt, der das Sparbuch vorlegt. Vor diesem Hintergrund ist dringend darauf zu achten, dass das Sparbuch nicht in falsche Hände gerät. Darüber hinaus empfiehlt es sich, Kontenstände zu Beginn des Getrenntlebens etwa durch Kopieren als Information für die Zukunft festzuhalten.

- Bei **sonstigem Sparvermögen** wie Wertpapieren, Bausparverträgen sowie Lebensversicherungsverträgen ist ebenfalls Sorge dafür zu tragen, dass die entsprechenden Unterlagen nicht verloren gehen und die des Ehepartners – am besten in Absprache mit ihm – ebenfalls zu kopieren, um im Falle der späteren Vermögensaus-

einandersetzung über alle notwendigen Informationen zu verfügen. Aber auch für die Berechnung eventuell zu zahlenden Getrenntlebensunterhaltes können diese Zahlen von Bedeutung sein.

- Gemeinsame **Kredite** beziehungsweise von einem der Ehepartner allein aufgenommene Kredite sollten während der Zeit des Getrenntlebens weiter fortgeführt werden wie bisher. Eine Verrechnung der wechselseitigen Zahlungsverpflichtungen erfolgt dann im Rahmen der Unterhaltsberechnung. Es ist außerdem ratsam, endgültige Änderungen bereits während des Getrenntlebens zu besprechen. Abschließende Entscheidungen müssen dann ab Stellung des Scheidungsantrages, spätestens jedoch für die Zeit nach der Scheidung getroffen werden.

In diesem Zusammenhang sollten die Eheleute unbedingt die gesamten finanziellen Angelegenheiten gemeinsam besprechen und – wenn möglich – einvernehmlich regeln. Dabei sind beide Ehepartner einander wechselseitig zur Auskunft verpflichtet. Um sicherzustellen, dass die Informationen nicht verloren gehen, empfiehlt es sich auch hier, Kopien der Unterlagen zu Konten und Vermögensbeständen wie Lebensversicherungen, Bausparverträgen oder Wertpapieren und sonstigen Sparguthaben anzufertigen. Im Sinne einer einvernehmlichen Regelung der Angelegenheit sollte der andere Ehepartner hiervon unterrichtet werden.

Achtung: Es handelt sich hier häufig um Entscheidungen, bei denen es um erhebliche Beträge geht und die in der Regel auch lange nach der Scheidung noch von Bedeutung sind. Oft müssen noch Kreditraten für mehrere Jahre gezahlt werden oder es bleiben Beiträge zu Lebensversicherungen fällig, die in Baufinanzierungen eingebunden sind. Getrennt Lebende sollten deshalb in diesen Angelegenheiten schon sehr früh sachkundige Hilfe in Anspruch nehmen und sich anwaltlich beraten lassen. Denn bereits zu diesem Zeitpunkt kann eine falsche Weichenstellung dazu führen, dass Zahlungsansprüche verloren gehen oder nicht mehr richtig berechnet werden können.

WISO rät: Um die eigenen finanziellen Ansprüche bei Getrenntleben und Scheidung sicherzustellen, sollten Sie unbedingt sämtliche Unterlagen, die Einkommen und Vermögen betreffen, kopieren. So können Sie später zeitraubende Auseinandersetzungen vermeiden und die Beweislage verbessern.

Versicherungen

Bei den meisten Versicherungen tritt für die Dauer des Getrenntlebens in der gemeinsamen Wohnung keine Veränderung ein. Sie sollten sich jedoch zu aller Sicherheit bei Ihrem **Hausrat-, Rechtsschutz- oder Haftpflichtversicherer** erkundigen beziehungsweise die Versicherungsbedingungen noch einmal genau lesen.

Bei **Lebens- und Unfallversicherungen** wird in der Regel der Ehegatte in den Ver-

sicherungsbedingungen als derjenige genannt, der die Versicherungssumme im Falle des Todes des Versicherungsnehmers erhält.

WISO rät: Prüfen Sie dringend die bezugsberechtigten Personen bei Lebens- und Unfallversicherungen. Möchten Sie jemand anderen als Bezugsberechtigten einsetzen, so ist dies der Versicherungsgesellschaft schriftlich mitzuteilen. Es genügt nicht, wenn Sie es Ihrem Versicherungsvertreter vor Ort sagen. Sie sollten gleichzeitig eine schriftliche Bestätigung der Abänderung dieses Bezugsrechtes vom Versicherungsunternehmen anfordern, um sicherzugehen, dass die Bezugsrechtänderung auch tatsächlich vorgenommen wurde.

3. Getrennt leben nach Auszug aus der Wohnung

Fallvariante: Susanne Wilhelm merkt sehr bald, dass das Getrenntleben innerhalb des Hauses nicht funktioniert. Wenn auch die Benutzung der gemeinsamen Räume zwischen ihnen genau geregelt ist und jeder seine eigenen Zimmer hat, so gibt es doch ständig Querelen, etwa wenn Christians Geliebte Petra anruft oder ihn von zu Hause abholen möchte. Außerdem ist Petra unzufrieden, weil sie nicht gemeinsam mit Christian im Haus übernachten kann. So beschließt Christian Wilhelm nach einiger Zeit, aus dem Haus auszuziehen. Er übersiedelt in die Wohnung seiner Freundin.

Christian hat allerdings Angst, dass er nach seinem Auszug die Kinder nicht mehr sehen wird, weil Susanne aus Eifersucht auf die Geliebte Petra die Kinder nicht zu ihm gehen lassen könnte. Außerdem möchte er nach wie vor an wichtigen Entscheidungen, die die Kinder betreffen, beteiligt werden.

Sorgerecht

In der Regel haben die Eltern in Bezug auf ihre ehelichen Kinder das gemeinsame Sorgerecht. Beide sind also gemeinsam für die Erziehung sowie das körperliche und seelische Wohl ihrer Kinder verantwortlich. Sie haben deren soziale und wirtschaftliche Interessen gemeinsam zu vertreten.

Dies ändert sich auch nicht dadurch, dass einer von den beiden Elternteilen die gemeinsame Wohnung verlässt. Zieht also beispielsweise Christian aus dem gemeinsamen Haus aus, so ist er trotzdem noch an den wesentlichen Entscheidungen, die die Kinder betreffen, zu beteiligen. Etwas anderes gilt nur, wenn durch eine gerichtliche Entscheidung das gemeinsame Sorgerecht geändert und auf einen Elternteil allein übertragen wird.

Umgangsrecht

Normalerweise hat der Elternteil, bei dem die Kinder nach der Trennung der Eltern nicht leben, das Recht, die Kinder regelmäßig zu sehen. Dabei gilt in aller Regel: Je großzügiger das Umgangsrecht gehandhabt wird, desto eher handeln die Eltern im Interesse der Kinder. Wie häufig und wie lange der Elternteil, bei dem das Kind nicht wohnt, das Recht hat, es zu sehen, richtet sich im Regelfall aber nach dem Alter und den persönlichen Bedürfnissen der Kinder. Häufig praktizierte, aber unverbindliche Regeln sind für Kinder zwischen sechs und 14 Jahren: jedes zweite Wochenende, jeweils der zweite Weihnachts-, Oster- und Pfingsttag sowie zwei bis drei Wochen in den Sommerferien und zudem jeweils die Hälfte der restlichen Ferien. Bei jüngeren Kindern kommt oft nur ein Besuchstag alle zwei Wochen in Frage, bei Kindergartenkindern stundenweise ohne Übernachtung. Anders kann es jedoch sein, wenn der Vater beispielsweise auch „in guten Zeiten" sich häufig persönlich um die Kinder kümmerte. Dann verlangt die besonders enge Beziehung zu dem Kind eine großzügigere Regelung.

Bei mehreren Kindern ist zum Beispiel auch darauf Rücksicht zu nehmen, ob sie den Elternteil besser gemeinsam besuchen oder jedes Kind einzeln.

Das Umgangsrecht kann dem ausziehenden Elternteil ausnahmsweise nur dann genommen werden, wenn durch sein Verhalten oder die Umstände im Rahmen des Besuches den Kindern körperlich oder psychisch Schaden zugefügt wird. Im Regelfall wird es jedoch so sein, dass der Elternteil, bei dem die Kinder geblieben sind, den Umgang mit dem ausziehenden Elternteil nicht verhindern kann.

Wie der Besuch der Kinder im Einzelnen gestaltet wird, hängt von den Gesamtumständen ab. Will etwa der Vater die Kinder nur in der neuen gemeinsamen Wohnung mit seiner Geliebten zu sich nehmen und ist diese von Anfang an ständig mit dabei, so kann die Mutter durchaus das Recht haben, hier auf eine Änderung zu bestehen. Grundlage jeder Regelung muss nämlich immer das so genannte Kindeswohl sein. Jede Ausgestaltung im Detail muss sich also danach richten, was für die Kinder am besten ist.

Ist in unserem Ausgangsfall der Familie Wilhelm davon auszugehen, dass die Kinder erheblich unter dem Konflikt der Eltern und der Tatsache, dass eine neue Frau im Leben ihres Vaters aufgetreten ist, leiden werden, so entspricht es nicht dem Kindeswohl, wenn die Kinder den Vater lediglich zusammen mit seiner Geliebten erleben. Demnach hätten sie einen Anspruch darauf, während der Besuche ihren Vater zumindest für die ersten Monate für sich allein zu haben.

Versicherungen mit Checkliste

Durch den Auszug des Ehemannes ist eine Veränderung in den Lebensverhältnissen der Eheleute eingetreten, die sich teilweise erheblich auf die bestehenden Versicherungsverträge auswirkt.

Da sehr viele Versicherungsverträge den Kreis der versicherten Personen mit den

„in häuslicher Gemeinschaft Lebenden" definieren, ist diese Bedingung nun weggefallen und der Versicherungsschutz erstreckt sich nicht mehr – wie zuvor – auf die gesamte Familie. Dies gilt insbesondere für die Hausrat-, die Rechtsschutz- und die Haftpflichtversicherung. Vor diesem Hintergrund empfiehlt es sich, die folgende Checkliste durchzugehen, bei Unklarheiten die Versicherungsbedingungen genau zu studieren und mit dem zuständigen Versicherungsvertreter Rücksprache zu halten.

Sollten zwischenzeitlich Kontoverbindungen geändert worden sein, etwa im Rahmen der Aufhebungen gemeinsamer Konten, so sollten die Kontoinhaber in diesem Zusammenhang unbedingt darauf achten, dass die Versicherungsprämien weiterhin rechtzeitig gezahlt werden, um den Versicherungsschutz nicht zu gefährden. Gleichzeitig ist der Versicherer über die neue Anschrift des Versicherungsnehmers zu informieren.

Checkliste: Versicherungen

Lebensversicherung

- ☐ Bezugsberechtigung prüfen, das heißt klären, wer als Begünstigter für die Zahlung im Todesfall eingetragen ist, und eine eventuelle Änderung gegenüber dem Versicherungsunternehmen schriftlich vornehmen und sich bestätigen lassen.
- ☐ Das Gleiche gilt für eine im Rahmen der betrieblichen Altersversorgung abgeschlossene Direktversicherung oder Pensionszusage.

Hausratversicherung

- ☐ Versicherungsschutz für die Zeit ab Auszug aus der bisherigen Ehewohnung klären; Übergangszeit beachten und ebenfalls Versicherungsschutz für die bisherige Ehewohnung klären, wenn der Partner, der die Hausratversicherung abgeschlossen hat, ausgezogen ist; rechtzeitig für neuen Versicherungsschutz sorgen.
- ☐ Möglicherweise Prämienreduktionen für die neue Wohnung einfordern, wenn Hausratwert dort geringer ist; Leistung der Hausratversicherung bei möglicher Schädigung durch den Partner einer nichtehelichen Lebensgemeinschaft klären, da die Leistungspflicht hier streitig ist und von den Gerichten unterschiedlich gehandhabt wird.
- ☐ Zur Vermeidung von Doppelversicherungen bei gemeinschaftlicher Wohnung mit dem neuen Partner klären, ob dieser bereits eine Hausratversicherung hat.

Rechtsschutzversicherung

- ☐ Je nach Vertragsgestaltung Mitversicherung von Ehepartnern und Kindern klären.
- ☐ Ende der Mitversicherung aufgrund der Vertragsbedingungen prüfen. Spätestens mit Scheidung tritt das Ende der Mitversicherung ein.

Haftpflichtversicherung

- Je nach Vertragsgestaltung Mitversicherung von Ehepartnern und Kindern oder Singleversicherungen prüfen und eventuell neu gestalten.

Gebäudeversicherung

- Dies nur für den Fall, dass der Versicherungsnehmer der Gebäudeversicherung nicht auch der Gebäudeeigentümer ist. In diesem Fall Sicherstellung weiterer Deckung durch Übertragung der Versicherungsnehmerstellung auf den Gebäudeeigentümer und Prämienzahlung durch diesen sicherstellen oder anderweitige Vereinbarung treffen.

Gesetzliche Krankenversicherung

- Familienversicherung gilt bis Rechtskraft der Scheidung.
- Möglichkeit der freiwilligen Weiterversicherung der bisher kostenfrei mitversicherten Personen innerhalb von drei Monaten ab Rechtskraft der Scheidung. **Wichtig**: Nach Ablauf dieser drei Monate besteht kein Anspruch auf Übernahme in die gesetzliche Krankenversicherung mehr.
- Anmeldung eventuell neugeborener Kinder spätestens zwei Monate nach Geburt verhindert die Ablehnung der Übernahme in die gesetzliche Krankenversicherung, Risikozuschläge und Wartezeiten des Versicherers, wenn der Elternteil selbst mindestens drei Monate versichert war. Bei kürzerer Versicherungsdauer des Elternteiles Rücksprache mit der Versicherung erforderlich.
- Ärzte von dem Anschriftenwechsel unterrichten.

Private Krankenversicherung

- Die eigenen Versicherungsverträge der Eltern und Kinder laufen unberührt von der Trennung weiter; zu klären ist lediglich die Frage, wer die Versicherungsprämien zu zahlen hat.
- Ärzte von dem Anschriftenwechsel informieren.

WISO rät: Bei Auszug aus der ehelichen Wohnung sollten Sie unbedingt die Versicherungsbedingungen sämtlicher bestehender Versicherungsverträge prüfen und mit dem zuständigen Versicherungsvertreter besprechen, ob sich der Versicherungsschutz durch die räumliche Trennung verändert hat. Kündigen Sie unter Umständen bestehende Verträge und passen Sie sie der neuen Situation an.

4. Der Versöhnungsversuch

Fallvariante: Christian ist zwar ausgezogen und lebt nunmehr bei seiner Kollegin und Geliebten, ist aber immer noch nicht bereit, die Ehe ganz aufzugeben. Insbesondere die bevorstehende Weihnachtszeit macht ihm den Verlust seiner bisherigen Familie deutlich. Deshalb ruft er Susanne beinahe täglich an und sucht das Gespräch mit ihr.

Außerdem schickt er ihr regelmäßig Blumen. Bei Susanne bleibt dieses Verhalten nicht ohne Wirkung, sie gibt schließlich nach und beschließt, es mit Christian noch einmal zu versuchen. Er zieht daraufhin kurz vor Weihnachten wieder in das gemeinsame Haus ein. Anfangs geht auch alles gut, doch Mitte Januar sieht Susanne, wie Christian und Petra gemeinsam aus deren Wohnung kommen. Zutiefst enttäuscht stellt sie Christian die Koffer vor die Tür. In dem daran anschließenden lautstarken Streit erkennt auch Christian, dass ihre Ehe nicht mehr zu retten ist.

Leben Eheleute voneinander getrennt und beschließen sie, wieder zusammenzuziehen, so stellt sich die Frage, ob damit das Getrenntleben im Rechtssinne endgültig beendet ist oder nur kurzzeitig unterbrochen wurde.

Dies kann von erheblicher Bedeutung für die Durchführung eines beabsichtigten Scheidungsverfahrens sein, denn Voraussetzung für eine Scheidung ist im Regelfall, dass die Eheleute mindestens ein Jahr lang getrennt gelebt haben. Für die Beurteilung der Frage, ob es sich bei dem erneuten Zusammenleben der Eheleute lediglich um einen gescheiterten Versöhnungsversuch handelt, der das Trennungsjahr nicht unterbricht, oder um eine tatsächliche Versöhnung mit der Folge, dass das Trennungsjahr neu zu laufen beginnt, kommt es im Wesentlichen auf die Dauer des einzelnen Versöhnungsversuches an.

Die abschließende Entscheidung hierüber liegt in den Händen des zuständigen Scheidungsrichters. Unproblematisch ist eine Dauer von zwei bis drei Wochen. Auch ein Zusammenleben über einen etwas längeren Zeitraum, in der konkreten Situation etwa zwei bis drei Monate, unterbricht grundsätzlich das Trennungsjahr nicht. Ein über drei Monate hinausgehendes Zusammenleben könnte jedoch als eine Versöhnung ausgelegt werden mit der Folge, dass das Trennungsjahr neu zu laufen beginnt.

Werden im Laufe des Trennungsjahres mehrere Versuche unternommen, die jeweils deutlich unter der Dreimonatsfrist liegen, so wird im Regelfall davon auszugehen sein, dass auch diese mehrfachen Versuche das Trennungsjahr nicht unterbrochen haben.

In diesem Zusammenhang kann außerdem ein steuerlicher Aspekt von erheblicher Bedeutung sein: Grundsätzlich gelten die Steuervorteile nur für Verheiratete, die in Lebens- und Wirtschaftsgemeinschaft leben. Diese Vorteile können noch für das gesamte Jahr in Anspruch genommen werden, in dem sich die Eheleute getrennt haben.

Beispiel: Susanne und Christian trennen sich im Juli 2002. Für das gesamte Jahr 2002 können sie sich noch gemeinsam veranlagen lassen. Erst ab 2003 entfallen die Steuervorteile.

Fällt nun ein Versöhnungsversuch in den Jahreswechsel mit der Folge, dass die Eheleute einen kurzen Zeitraum in dem beginnenden Jahr zusammengelebt haben, so ist für dieses gesamte Jahr die Zusammenveranlagung der Eheleute noch möglich, der gescheiterte Versöhnungsversuch unterbricht – allerdings nur im steuerrechtlichen Sinne – die Trennung.

Beispiel: Susanne und Christian trennen sich im Juli 2002. Im Dezember 2002 zieht Christian wieder ein und lebt bis Ende Januar mit Susanne zusammen. Doch der Versöhnungsversuch scheitert. Anfang Februar 2003 zieht Christian wieder aus. Hier werden die Eheleute sowohl für das Jahr 2002 als auch für das Jahr 2003 gemeinsam veranlagt. Die für die Scheidung erforderliche Trennungszeit aber wird durch den kurzen Versöhnungsversuch nicht berührt. Das Trennungsjahr läuft also im Juli 2003 ab, sodass die Eheleute geschieden werden können.

WISO rät: Denken Sie daran, dass Sie bei einem Versöhnungsversuch über den Jahreswechsel hinaus für das gesamte Jahr Anspruch auf steuerliche Zusammenveranlagung haben. Das gilt auch dann, wenn der Versöhnungsversuch scheitert. Besprechen Sie diesen Aspekt unbedingt mit Ihrem Steuerberater.

II. Die Scheidung

1. Die Trennung soll endgültig werden

Beispiel: Susanne merkt nach einiger Zeit, dass sie die Ehe mit Christian nicht mehr weiterführen will. Christians Beziehung mit Petra und die ständigen Streitereien haben die Liebe zu Christian versiegen lassen. Außerdem hat Susanne ihr Leben allein mit den beiden Kindern ganz gut im Griff. Der Freundeskreis der beiden hat sich mittlerweile aufgeteilt. Die Freunde, die ihr immer wichtig waren, stehen auch weiterhin zu ihr. Christians Freunde haben sich eher ihm zugewandt. Susanne möchte sich gerne ein neues, eigenes Leben aufbauen. Auch Christian merkt, dass ihm die Ehe nicht mehr viel bedeutet. Die Beziehung zu Petra ist ihm inzwischen wichtig geworden. Und Petra will jetzt wissen, woran sie ist. Für Susanne und Christian ist klar: Sie wollen die Scheidung.

2. Welches Gericht ist zuständig?

Eine Ehe kann nur durch ein gerichtliches Urteil geschieden werden, nachdem zuvor der Richter festgestellt hat, dass die Ehe gescheitert ist.

Zuständig für ein Scheidungsverfahren ist das Familiengericht, eine eigene Abteilung bei dem Amtsgericht. Es ist zuständig für fast alle Streitigkeiten, die die Scheidung betreffen, wie etwa für den Streit um den Unterhalt, die Ehewohnung, den Hausrat, das Güterrecht oder den Versorgungsausgleich.

Auch für die so genannten Kindschaftssachen, das heißt die Streitigkeiten, die die Rechtsverhältnisse von Eltern zu ihren Kindern und die Eltern untereinander in Bezug auf die Kinder betreffen, ist das Familiengericht zuständig. Das sind etwa die Fragen des Kindesunterhalts sowie des Sorge- und Umgangsrechts.

Allerdings gibt es auch Streitigkeiten, die auf die Ehe zurückgehen und dennoch vor anderen Gerichten, etwa dem allgemeinen Amtsgericht (also nicht der speziellen Abteilung des Familiengerichts) oder dem Landgericht, geführt werden müssen. Dies gilt etwa für eine Klage auf Zustimmung zur gemeinsamen steuerlichen Veranlagung. Diese ist bei dem Amts- oder Landgericht (je nach Streitwert) – nicht bei dem Familiengericht – einzureichen, in dessen Zuständigkeitsbereich der beklagte Ehegatte seinen Wohnsitz hat.

Für das reine Scheidungsverfahren von Christian und Susanne ist in jedem Fall das Familiengericht zuständig, in dessen Bezirk beide bei Einreichen des Scheidungsantrages leben. Wohnt Christian nach seinem Auszug jedoch in einem anderen Bezirk als Susanne, so kommt es darauf an, wo die minderjährigen Kinder zusammen mit einem

Elternteil leben. Bleiben die Kinder bei ihrer Mutter im bisher gemeinsamen Haus der Eheleute, so ist örtlich das Familiengericht zuständig, in dessen Bezirk das Haus steht. Selbst wenn Susanne mit den Kindern etwa in eine andere Stadt umziehen würde, nachdem bereits Scheidungsantrag gestellt wurde, so änderte sich hierdurch die Zuständigkeit des Gerichtes nicht mehr.

3. Scheidungsvoraussetzungen

Scheitern der Ehe

Selbst wenn Susanne und Christian sich jetzt nach seinem endgültigen Auszug zu seiner Geliebten Petra einig sind, dass sie möglichst schnell geschieden werden wollen, reicht dies als Scheidungsvoraussetzung allein nicht aus.

Vielmehr muss sich der zuständige Familienrichter selbst davon überzeugen, dass der vom Gesetz geforderte einzige Scheidungsgrund tatsächlich vorliegt: Die Ehe muss gescheitert sein.

Dies ist dann der Fall, wenn die Lebensgemeinschaft der Ehegatten nicht mehr besteht und nicht mehr erwartet werden kann, dass die Ehegatten sie wiederherstellen werden.

Trennungsjahr

Die Tatsache, dass die Lebensgemeinschaft der Scheidungswilligen nicht mehr besteht, wird dadurch belegt, dass sie getrennt voneinander leben. Das eheliche Zusammenleben muss aufgegeben sein, entweder durch

- eine räumliche Trennung (in verschiedenen Wohnungen) oder
- durch das nachgewiesene Getrenntleben innerhalb der bisherigen Ehewohnung. Hier ist zu beachten, dass die Trennung innerhalb der Wohnung die vollständige Aufhebung der ehelichen Gemeinsamkeiten beinhaltet: Ein Partner darf dann für den anderen nicht mehr putzen, waschen, kochen oder einkaufen.

Um zu verhindern, dass Ehen nur wegen vorübergehender Streitigkeiten oder aus einer Laune heraus übereilt geschieden werden, hat der Gesetzgeber festgelegt, dass dieses Getrenntleben mindestens ein Jahr gedauert haben muss. Die Ehepartner müssen somit zumindest diese Zeit abwarten, bevor sie geschieden werden können.

Lehnen sie (beide oder auch nur einer von ihnen) es nach Ablauf dieser Zeit ernsthaft und zur Überzeugung des Richters ab, wieder in einer ehelichen Gemeinschaft leben zu wollen, so ist auch die zweite Voraussetzung erfüllt: die negative Zukunftsprognose, womit gemeint ist, dass nicht zu erwarten ist, dass die Ehe wiederhergestellt werden wird.

Es kommt auch nicht darauf an, ob das Scheitern der Ehe auf das Verschulden eines Ehepartners zurückzuführen ist. Wenn somit Susanne im Rahmen der Ehescheidung erklärt, nur weil Christian ein Verhältnis mit Petra begonnen habe, sei die Ehe gescheitert, ist das für die Frage, ob die Ehe geschieden werden kann, ohne Bedeutung. Es sind allerdings Konstellationen denkbar, wo dies auf andere Bereiche, etwa den Unterhalt, Auswirkungen haben kann.

Auch müssen nicht beide Eheleute geschieden werden wollen. Wenn etwa Susanne dennoch auf eine Versöhnung hofft, Christian dagegen aber dabei bleibt, die Ehe beenden zu wollen, so reicht dies aus, wenn der Familienrichter zu der Überzeugung kommt, dass Christian endgültig zur Ehescheidung entschlossen ist. Ob dies so ist, wird der Richter im Gerichtstermin durch die Vernehmung von Susanne und Christian herauszufinden versuchen.

Im Fall, dass Christian Scheidungsantrag stellt und entschlossen bleibt, das Verfahren durchführen zu lassen, macht es für Susanne wenig Sinn, dem Scheidungsantrag zu widersprechen. Sie ist dazu allerdings während der ganzen Dauer des Verfahrens berechtigt.

Nur unter ganz engen Voraussetzungen ist es möglich, die Scheidung zu verhindern, obwohl einer der Eheleute fest dazu entschlossen und das Trennungsjahr abgelaufen ist. Dies ist die so genannte Härtefallklausel, die nur in ganz seltenen Ausnahmefällen Anwendung findet. Sie gibt es in zwei Varianten: wenn das Kindeswohl gebietet, eine Ehescheidung nicht auszusprechen, oder wenn es für den nicht scheidungswilligen Ehegatten eine besondere Härte darstellen würde, wenn die Ehescheidung stattfände. Wenn also das gemeinsame Kind von Susanne und Christian psychisch labil wäre und ernsthafte Selbstmordabsichten für den Fall der Scheidung der Eltern hegen würde oder Christian sich von Susanne während einer schweren Krankheit scheiden lassen wollte und dies zu einer Verschlechterung des Gesundheitszustandes seiner Ehefrau führen würde, dürfte der Familienrichter eine Scheidung nicht aussprechen.

Umgekehrt ist es unter ebenso engen Voraussetzungen möglich, eine Ehescheidung vor Ablauf des Trennungsjahres zu erreichen. Auch hier muss ein Härtefall vorliegen, also die Fortsetzung der Ehe für den scheidungswilligen Ehepartner eine unzumutbare Härte darstellen. Daran werden strenge Anforderungen gestellt: Nachgewiesene körperliche Misshandlungen sind keinem Ehepartner zuzumuten, ebenso wenig ein Ehebruch, wobei wegen der liberaleren gesellschaftlichen Auffassungen über diese Frage heute meist noch verschärfende Umstände hinzutreten müssen, um eine Härte darzustellen.

Beispielsweise könnte Christian eine Ehescheidung vor Ablauf des Trennungsjahres beantragen, wenn er dahinter käme, dass Susanne sich in der Ehe- oder Trennungszeit prostituiert hat.

Die vorstehend beschriebenen Härtefälle (sowohl die Härteklauseln als Scheidungshindernis als auch die zur Begründung einer Scheidung vor Ablauf des Tren-

nungsjahres) spielen in der Praxis eine eher untergeordnete Rolle und werden von den Familiengerichten sehr zurückhaltend angewandt.

4. Der Scheidungsantrag

Eine Ehescheidung findet nur auf Antrag zumindest eines Ehegatten statt. Es spielt keine Rolle, wer von beiden Ehepartnern den Antrag bei dem Familiengericht stellt. Es können auch beide Ehepartner jeweils einen Antrag stellen, ohne dass es von Belang wäre, wer zuerst seinen Antrag einreicht.

Für den Scheidungsantrag ist allerdings vorgeschrieben, dass er von einem zugelassenen Rechtsanwalt aufgrund einer Vollmacht des von ihm vertretenen Ehegatten gestellt wird. Ohne zumindest einen Rechtsanwalt ist eine Ehescheidung in Deutschland demnach nicht möglich.

Aus Kostengründen stellen sich viele Paare die Frage, ob eine Ehescheidung mit nur einem Anwalt durchgeführt werden kann. Zwar reicht es formal aus, wenn nur der Ehegatte, der einen Scheidungsantrag stellt, anwaltlich vertreten ist. Der andere Ehepartner muss dann nur noch zustimmen, was er auch ohne anwaltliche Vertretung vor Gericht tun kann.

Doch aufgepasst: Der Ehegatte ohne Anwalt kann dann keinerlei Einfluss auf den Gang des Verfahrens nehmen. Er muss das Verfahren regelrecht über sich ergehen lassen. Wenn er mit der Ehescheidung einverstanden ist und alle Folgesachen im Vorfeld geregelt wurden, stellt das zwar kein Problem dar. Doch ist der vom anderen Ehepartner beauftragte Rechtsanwalt immer nur Vertreter der Interessen seines Auftraggebers (er würde sich bei einem Verstoß sogar strafbar machen). Dennoch ist keinesfalls ausgeschlossen, dass auch mit einem Anwalt eine faire Regelung erarbeitet werden kann.

WISO rät: Eine Scheidung mit nur einem Anwalt ist zwar kostengünstig, Sie sollten sie aber nur anstreben, wenn Sie sich wirklich in allen Punkten absolut einig sind. Kommt eine Einigung nicht zustande, sollten Sie immer auch einen eigenen Rechtsanwalt beauftragen. Nur dieser kann bei Uneinigkeit Ihre eigenen Interessen durchsetzen.

Der Scheidungsantrag muss bestimmte gesetzliche Formalien erfüllen. Einen vor Ablauf des Trennungsjahres gestellten Antrag weist das Familiengericht zurück. Der Antrag muss dann nach Ablauf des Trennungsjahres noch einmal gestellt werden. Die Familiengerichte sind bei verfrüht eingereichten Anträgen jedoch nicht kleinlich: Ein wenige Wochen zu früh eingereichter Antrag wird meist trotzdem bearbeitet, da das Trennungsjahr bis zum Zeitpunkt eines Verhandlungstermins in der Regel bereits abgelaufen ist. Der beauftragte Rechtsanwalt muss wissen, wie früh er bei dem jeweiligen Gericht den Antrag stellen kann, ohne eine Zurückweisung zu riskieren.

Will Christian sich in unserem Beispielsfall also scheiden lassen und sichergehen, sollte er nach Ablauf des Trennungsjahres einen Anwalt beauftragen, der für ihn beim Familiengericht einen entsprechenden Antrag stellt. Dieser Antrag wird Susanne dann von dem Familiengericht per Post zugestellt. Sie kann auf verschiedene Arten auf diesen Antrag reagieren, wovon der weitere Verfahrensablauf abhängig ist.

Möglichkeit 1:
Susanne beauftragt selbst einen Rechtsanwalt, der für sie auch einen Scheidungsantrag stellt oder dem Scheidungsantrag von Christian zustimmt. Anschließend einigen sich Susanne und Christian mit Hilfe ihrer Anwälte über die so genannten Scheidungsfolgen, zum Beispiel Unterhalt für ihre Kinder oder den unterhaltsberechtigten Ehegatten, die Aufteilung des Hausrats und die Frage, wer in der Ehewohnung weiter leben soll. Diese Einigung teilen sie dem Familiengericht mit, damit sie dort protokolliert werden kann, oder sie lassen sie vorab durch einen Notar beurkunden und übersenden dem Familiengericht diese Urkunde. Wie eine solche Einigung aussehen kann, wird in diesem Buch weiter hinten beschrieben.

Für den Familienrichter liegt dann eine so genannte einvernehmliche Scheidung vor. Er kontrolliert den Inhalt der Vereinbarung nicht. Er muss nur noch über den Versorgungsausgleich (ausführlicher dazu ebenfalls in einem eigenen Kapitel in diesem Buch) entscheiden und spricht dann die Scheidung aus.

Möglichkeit 2:
Susanne lässt selbst Scheidungsantrag stellen oder dem von Christian zustimmen, eine Einigung über die Scheidungsfolgen kommt jedoch nicht zustande.

Auch dann kann der Familienrichter die Ehe scheiden, wenn sie nach seiner Überzeugung gescheitert ist. Streng genommen liegt dann jedoch keine einvernehmliche Scheidung vor. Christian und Susanne müssen sich in einem solchen Fall mit ihren Rechtsanwälten überlegen, ob sie zusätzlich zum Scheidungsantrag bezüglich der eventuell nicht geregelten Fragen noch einen weiteren Antrag stellen wollen (zum Beispiel zum Kindes- oder Ehegattenunterhalt). Das Gericht entscheidet dann auch darüber. Die Scheidung erfolgt in dem Fall erst, wenn auch der zusätzliche Antrag entscheidungsreif ist, also der Richter die notwendigen Fakten für eine Entscheidung über die Folgesache beisammen oder gegebenenfalls durch eine Beweisaufnahme geklärt hat.

Stellt keiner der beiden Scheidungswilligen einen solchen zusätzlichen Antrag, spricht der Familienrichter die Ehescheidung aus, ohne dass die Folgesachen geregelt sind. Diese müssen dann gegebenenfalls in einem späteren Verfahren gesondert geklärt werden, wenn es zum Streit darüber kommt.

Möglichkeit 3:
Susanne ist mit der Scheidung nicht einverstanden. Sie widerspricht dem Scheidungsan-

trag oder äußert sich gar nicht dazu. Dazu benötigt sie keinen Rechtsanwalt, kann einen Widerspruch aber selbstverständlich auch durch den Rechtsanwalt vorbringen lassen.

Verhindern kann sie die Ehescheidung aber nur, wenn der Familienrichter aufgrund ihrer Angaben oder durch Tatsachen, die er im Verlauf des Scheidungsverfahrens erfährt, zu der Überzeugung gelangt, dass das Trennungsjahr noch nicht abgelaufen oder die Ehe nicht wirklich gescheitert oder mindestens eine der oben genannten Härteklauseln gegeben ist.

5. Scheidung nach dreijähriger Trennung

Obwohl die ganz überwiegende Zahl aller Ehescheidungen auf eine der oben beschriebenen Weisen erfolgt, gibt es noch eine weitere Scheidungsvariante: Wenn Susanne und Christian bereits seit drei Jahren getrennt leben, muss der Richter sich nicht mehr vom Scheitern der Ehe überzeugen. In diesem Fall sind in dem Antrag, den zumindest einer der beiden auch hier über einen Rechtsanwalt einreichen lassen muss, nur Angaben über die Trennungszeit zu treffen. Das Scheitern der Ehe wird vom Familienrichter nicht mehr überprüft, da es sich aus der langen Trennungsdauer unwiderleglich ergibt.

Nach dreijähriger Trennung kommt es auf einen eigenen Antrag des anderen Ehegatten, seine Zustimmung oder eine Einigung über die Scheidungsfolgen nicht mehr an. Liegt keine der seltenen Härteklauseln vor, scheidet der Richter die Ehe.

6. Scheidung mit Auslandsberührung

Ist ein oder sind sogar beide Ehegatten Ausländer, kann unter bestimmten Voraussetzungen eine Ehescheidung auch vor einem deutschen Familiengericht stattfinden. Diese Fälle sind häufiger, als man vielleicht zunächst denkt. Denn bei etwa einem Sechstel aller Eheschließungen in Deutschland ist zumindest einer der Eheleute Ausländer. Hinzu kommen Ehen, die zwar im Ausland zwischen zwei Ausländern oder einem Ausländer und einem Deutschen geschlossen wurden, für die aber in Deutschland ein Scheidungsantrag gestellt wird. Die folgenden Ausführungen sollen auch zu diesen Konstellationen einen kurzen Überblick geben.

Die Ehen von deutschen Staatsbürgern können vor einem deutschen Familiengericht geschieden werden, auch wenn sie im Ausland geschlossen wurden. Ist einer der beiden Ehepartner zumindest auch (neben einer anderen Staatsbürgerschaft) Deutscher oder war es bei Eheschließung, besteht ebenfalls für ein deutsches Familiengericht die Möglichkeit, diese Ehe zu scheiden.

Gleiches gilt für zwei miteinander verheiratete Ausländer, die in Deutschland ihren gewöhnlichen Aufenthalt haben. In beiden Fällen ist jedoch erst zu ermitteln, welches Recht für die Ehescheidung anzuwenden ist. Es kann also der Fall eintreten, dass ein deutsches Familiengericht türkisches oder schwedisches oder ein sonstiges Eherecht anwenden muss. Dabei ist maßgeblich, ob die Eheleute ein gemeinsames Heimatrecht oder einen anderen Anknüpfungspunkt (Aufenthalt oder enge Verbindung) an eine bestimmte Rechtsordnung oder vielleicht sogar für ihre Ehe durch Ehevertrag die Anwendung eines bestimmten Eherechts festgelegt haben. Zu beachten ist auch, ob die ausländischen Rechte eine Ehescheidung vor einem deutschen Familiengericht anerkennen oder diesem unter bestimmten Umständen vielleicht sogar zuweisen.

Häufig muss die Ehescheidung im Herkunftsland des oder der ausländischen Ehepartner(s) noch in einem gesonderten Verfahren anerkannt werden, wenn sie dort auch Gültigkeit haben soll.

7. Ablauf der mündlichen Verhandlung

Einem Scheidungsurteil geht immer eine mündliche Verhandlung vor dem Familiengericht voraus, zu der beide Ehepartner und ihre Rechtsanwälte geladen werden. Vor einem solchen Termin sind die Eheleute häufig nervös, weil sie „vor Gericht“ erscheinen müssen. Die Scheidungstermine laufen in der Regel aber weniger aufregend ab als andere Verhandlungen. Der wesentliche Unterschied: Der Termin ist nicht öffentlich. Die Eheleute müssen sich also keine Sorgen machen, dass neugierige Gerichtsbesucher wie Nachbarn oder Freunde anwesend sein könnten. In den meisten Familiengerichten sitzt der Richter auch nicht erhöht, weitab von den Eheleuten, sondern auf gleicher Ebene mit ihnen und den Anwälten.

Das Gericht ordnet in der Regel das Erscheinen beider Eheleute an, wenn nicht von vornherein absehbar ist, dass ein Ehegatte nicht an der Verhandlung teilnehmen kann oder wird, etwa weil er im Ausland lebt. Erscheint dann ein Ehegatte nicht, ist dies kein Grund, die Ehescheidung nicht durchzuführen, wenn auch nach der Anhörung des anwesenden Ehegatten zur Überzeugung des Familienrichters feststeht, dass die Ehe gescheitert ist.

WISO rät: Zu einem Verhandlungstermin sollten Sie immer erscheinen. Das unentschuldigte Fernbleiben trotz Ladung des Gerichtes kann vom Richter beispielsweise durch die Verhängung eines Ordnungsgeldes geahndet werden. Sie sollten deshalb die Anordnung des Gerichtes nicht leichtfertig missachten. Haben Sie nachgewiesene Terminschwierigkeiten, sind die Gerichte bereit, den Termin auch zu verlegen.

Über den Verlauf des Verhandlungstermins wird Protokoll geführt. Das geschieht in der Regel, indem der Richter die wesentlichen Dinge auf ein Tonband diktiert, das später im Schreibdienst des Gerichtes getippt und den Beteiligten mit dem Urteil zugesandt wird.

Der Richter hört dann die Eheleute zur Trennungsdauer und zum Scheitern ihrer Ehe an. Er beschränkt sich jedoch im Regelfall darauf, die Eheleute zu fragen, ob sie ihre Ehe für gescheitert halten oder noch eine Chance für die Fortsetzung der ehelichen Gemeinschaft sehen. Details aus der Ehe oder die Gründe für ihr Scheitern spielen dabei für ihn keine Rolle, wenn feststeht, dass zumindest ein Ehegatte die Ehe nicht fortsetzen will.

Sind noch Folgesachen, wie beispielsweise Fragen zum Kindes- oder Ehegattenunterhalt, durch einen Antrag bei dem Familienrichter zu behandeln, wird er auch diese mit den Beteiligten erörtern. Eine möglicherweise zustande gekommene Einigung kann zu Protokoll genommen werden und ist dann ebenso bindend wie ein Urteil oder eine notarielle Urkunde.

Am Ende steht das Scheidungsurteil. Der Familienrichter verkündet es im Normalfall gleich im Verhandlungstermin.

Ist noch keine Ehescheidung möglich, wird der Richter den Eheleuten gegebenenfalls aufgeben, weitere notwendige Tatsachen vorzutragen, Unterlagen vorzulegen oder Anträge zu stellen. Meist wird dann ein neuer Termin bestimmt, an dem die Ehescheidung ausgesprochen werden kann, wenn die Voraussetzungen vorliegen.

8. Rechtskraft und Rechtsmittel

Das Scheidungsurteil wird den Beteiligten (Eheleuten oder deren Rechtsanwälten, bei Beteiligung auch den Rentenversicherungsträgern) zugestellt. Ab dem Datum, an dem auch dem Letzten der Genannten das Urteil zugegangen ist, besteht für die Eheleute, aber auch für die Rentenversicherungsträger einen Monat lang die Möglichkeit, Rechtsmittel gegen das Scheidungsurteil einzulegen, um das Urteil vor einem höheren Gericht überprüfen zu lassen. Läuft die Frist ab, ohne dass einer der Beteiligten Rechtsmittel einlegt, wird das Urteil rechtskräftig. Erst dann sind die Eheleute wirksam geschieden.

Um diese Frist abzukürzen, wird häufig bereits in der mündlichen Verhandlung nach Verkündung des Urteils auf die Einlegung von Rechtsmitteln verzichtet. Dies kann jedoch wieder nur durch einen Anwalt geschehen. Wenn Susanne und Christian aus unserem Beispielsfall also geschieden werden und keiner von ihnen vorhat, ein Rechtsmittel einzulegen, so können sie ihre Rechtsanwälte anweisen, auf Rechtsmittel zu verzichten, wodurch das Urteil sofort rechtskräftig wird.

WISO rät: Überlegen Sie sich nach der Verkündung des Urteils gut, ob Sie auf Rechtsmittel verzichten. Auf diese Weise haben Sie zwar einen Monat Wartezeit gespart, bis das Urteil rechtskräftig ist. Der Verzicht ist allerdings endgültig. Alles, was in dem Verfahren mitentschieden wurde, lässt sich dann nicht mehr ändern.

9. Dauer des Scheidungsverfahrens

Die wichtige und häufig gestellte Frage nach der Dauer eines Scheidungsverfahrens ist nicht leicht zu beantworten. Nutzen die Eheleute bereits das Trennungsjahr, um mit Hilfe ihrer Anwälte eine Einigung über alle streitigen Fragen im Zusammenhang mit der Ehescheidung herbeizuführen, kann es dann ganz schnell gehen. Nach Einreichung des Scheidungsantrages zusammen mit einer umfassenden Einigung hängt es nur noch vom Terminkalender des Richters ab. Dieser wird erfahrungsgemäß in wenigen Wochen einen Termin bestimmen und die Scheidung vornehmen können.

Sind jedoch nicht alle Fragen geregelt, so kann es wesentlich länger dauern. Häufig ist aber auch der Versorgungsausgleich ein wesentlicher Zeitfaktor, der praktisch immer zusammen mit der Scheidung vorzunehmen ist, wenn ihn die Eheleute nicht wirksam ausgeschlossen oder anderweitig geregelt haben. Die von den Rentenversicherungsträgern einzuholenden Auskünfte über die Rentenanwartschaften benötigen einige Bearbeitungszeit; wenn dann noch Zeiten im Versicherungsverlauf nur eines Ehegatten ungeklärt sind und der Rentenversicherer nachfragen muss, kann sich dies sogar ohne weiteres über einige Monate hinziehen. Aber auch hier kann das Trennungsjahr zur Abkürzung genutzt werden: Die Parteien können Kontenklärungsanträge bei ihrem Rentenversicherer stellen, sodass bei Stellung des Scheidungsantrages dann zügig aus einem bereits geklärten Rentenkonto Auskunft erteilt werden kann.

Es liegt auf der Hand, dass diese Ausführungen nur für eine einvernehmliche Scheidung gelten können. Sobald über eine Frage im Zusammenhang mit der Ehescheidung keine Einigkeit erzielt werden kann und eine gerichtliche Auseinandersetzung geführt werden muss, ist ein Zeitplan nicht mehr einzuhalten. Es hängt dann vom Umfang und von der Schwierigkeit der zu regelnden Frage sowie häufig auch von der Fähigkeit und Bereitschaft der Eheleute ab, trotz Scheiterns ihrer Ehe noch einen Kompromiss finden zu können.

10. Folgen der Ehescheidung

Außer der eher selbstverständlichen Folge, dass die Ehe mit Rechtskraft des Scheidungsurteils beendet ist, sind noch weitere, zum Teil wichtige Folgen damit verbunden, die nicht so offensichtlich sind und daher oft übersehen werden.

Krankenversicherung

War Susanne bislang nicht oder nur geringfügig berufstätig, war sie bei Christian im Rahmen der Familienversicherung mit krankenversichert. Sie scheidet mit Rechtskraft der Ehescheidung aus dieser Versicherung aus. Innerhalb einer Frist von drei Monaten ab Rechtskraft der Ehescheidung kann sie sich aber bei der bisherigen oder auch bei einer anderen gesetzlichen Krankenversicherung versichern.

WISO rät: Wegen der besonderen Bedeutung des Krankenversicherungsschutzes sollten Sie so früh wie möglich einen Antrag auf Aufnahme bei einer gesetzlichen Krankenversicherung stellen und sich dies von dem Versicherer schriftlich bestätigen lassen.

Mit Rechtskraft der Ehescheidung entfällt bei den Ehegatten von Beamten, Soldaten oder Richtern die Beihilfeberechtigung. Die dadurch entstehende Lücke im Krankenversicherungsschutz muss durch eine zusätzliche oder geänderte Krankenversicherung abgedeckt werden.

Sonstige Versicherungen

Auch für andere Versicherungen als die Krankenversicherung hat die Ehescheidung Folgen. Im Kapitel über das Getrenntleben ist eine Checkliste enthalten, in der übliche Versicherungen und die Auswirkungen von Trennung und Ehescheidung dargestellt wurden. In Zweifelsfällen empfiehlt sich immer die Rücksprache mit dem Versicherungsvertreter – und zwar bevor der Schadensfall eingetreten beziehungsweise bevor das Scheidungsverfahren rechtskräftig beendet ist.

III. Streit um den Hausrat

1. Der Ehegatte bedient sich selbst

Beispiel: Christian hat nach der Trennung von seiner Frau Susanne mittlerweile eine neue Wohnung gefunden, die er mit seiner Freundin Petra bezieht. Die Wohnung ist recht groß, die Miete trotzdem günstig. Doch bis sie einziehen können, steht noch eine ganze Menge Arbeit an: Christian muss den kompletten Umzug bewältigen.

Nachdem er seine Kleider und die anderen persönlichen Sachen in den gemieteten Laster verladen hat, baut er den Schreibtisch im Arbeitszimmer ab, die antike Kommode, den Schlafzimmerschrank und den Esstisch. Außerdem packt er das Silberbesteck ein, das er und Susanne zur Hochzeit von seinen Eltern geschenkt bekommen haben, sowie die teure Espressomaschine und noch einige Haushaltsgegenstände. Als Susanne nach Hause kommt und die fehlenden Gegenstände bemerkt, ist sie zutiefst verärgert. Sie verlangt von Christian, dass er die Sachen umgehend zurückbringt. Er könne sich schließlich nicht einfach so bedienen.

2. Allgemeines

Sobald sich Eheleute trennen, stellt sich in vielen Fällen die Frage: Wer nimmt welchen Hausrat mit und was verbleibt in der Wohnung oder in dem Haus?

Die Frage wird umso bedeutsamer, je mehr neuer Hausrat angeschafft werden muss, zumal dies mit nicht unerheblichen finanziellen Belastungen verbunden ist.

Können sich die Scheidungswilligen einigen, wird die Verteilung des Hausrats bei der Scheidung inhaltlich nicht behandelt. Das Paar macht sozusagen die Sache unter sich aus. Es teilt im Scheidungsverfahren dem Richter nur mit, dass eine Einigung erfolgt ist. Wird jedoch über den Hausrat gestritten, dann muss das Gericht entscheiden.

Der Gesetzgeber hat sowohl für den Zeitraum der Trennung als auch für die Zeit nach der Ehe verschiedene Rechtsgrundlagen geschaffen. Es gibt aber keine verbindlichen Regeln für die Frage, wer was mitnehmen darf und wer was herausgeben muss. Wie so oft, kommt es auch hier auf den Einzelfall an.

3. Was ist Hausrat überhaupt?

Zum Hausrat zählen alle beweglichen Gegenstände, die „nach den ehelichen Lebensverhältnissen" üblicherweise in der Familie oder im Haushalt verwendet werden. Entscheidend ist im Wesentlichen, ob der Gegenstand als Hausratgegenstand

geeignet ist und ob er nach dem Lebenszuschnitt der Familie auch tatsächlich so verwendet wurde. Daher können unter Umständen sogar teure Kunstgegenstände oder Antiquitäten als Hausrat einzustufen sein, wenn sie gemeinsam genutzt wurden und sofern dies den ehelichen Lebensverhältnissen der Ehegatten und der Kinder entsprach. Auch ein teures Bild kann Hausrat sein, wenn es zu Dekorationszwecken an der Wand hängt und nicht im Safe liegt.

Zu den klassischen Hausratgegenständen zählen:
- die Möbel,
- die Einrichtungsgegenstände,
- die Küchengeräte,
- Bücher (außer Fachbücher, die ein Ehegatte alleine nutzt),
- Videogeräte,
- Fernsehgeräte,
- Stereogeräte,
- Fahrräder und ähnliche Dinge.

Gegenstände gehören dann nicht zum Hausrat, wenn sie
- als Kapitalanlage angeschafft wurden oder
- den alleinigen persönlichen Bedürfnissen eines Ehegatten dienen.

Dabei handelt es sich meist um Schmuck oder Kleider, die nur von der Ehefrau getragen wurden, Andenken oder wertvolle Sammlungen wie Münzen oder Briefmarken.

Im Fall des Ehepaars Wilhelm gehören die Haushaltsgegenstände, die Christian mitgenommen hat, zum Hausrat – selbst die wertvolle antike Kommode, und zwar deshalb, weil sie von beiden als Einrichtungsgegenstand genutzt wurde. Das Gleiche trifft auf das wertvolle Silberbesteck zu, es sei denn, es hätte als Kapitalanlage im Tresor gelegen.

Probleme gibt es häufig beim Auto. Hier ist nicht immer ganz klar, ob es zum Hausrat zählt oder einen Vermögensgegenstand darstellt, der im Wege des Zugewinnausgleichs berücksichtigt wird. Ein Pkw zählt jedenfalls dann zum Hausrat, wenn er nach der bisherigen Lebensführung mehreren Personen der Familie zum Einkaufen diente und zur Betreuung der Kinder für Ferienwochenendfahrten genutzt wurde, also sozusagen der Familienwagen ist. Hat ihn dagegen einer der Partner nur für Fahrten zur Arbeitsstätte genutzt, dann gehört er nicht zum Hausrat, sondern wird im Rahmen des Zugewinnausgleichs zum Endvermögen gezählt.

Gegenstände, die ein Ehegatte überwiegend zur Berufsausübung nutzt, gehören nicht zum Hausrat. Hat Christian beispielsweise den Schreibtisch, den er einfach mitgenommen hat, überwiegend genutzt, um seine Arbeit als Architekt teilweise von zu Hause aus zu machen, dann zählt der Schreibtisch nicht zum Hausrat. Auch Musikin-

strumente von Berufsmusikern oder die Nähmaschine einer Schneiderin zählen nicht zum Hausrat, wenn die Gegenstände zur Berufsausübung benutzt werden.

Nicht selten gibt es unter den Eheleuten auch erheblichen Streit darüber, wer den geliebten Hund behalten darf. Und so seltsam es auch klingen mag: Haustiere gehören zum Hausrat. Da ein Haustier aber gleichzeitig auch ein Mitgeschöpf ist, steht dem Ehepartner, der das Tier nicht bekommt, unter Umständen ein Umgangsrecht zu.

4. Eigentumsverhältnisse beim Hausrat

Eigentum eines Ehegatten

Grundsätzlich wird nur solcher Hausrat zwischen den Eheleuten geteilt, der den beiden gemeinsam gehört. Das bedeutet, dass Gegenstände, die Eigentum eines Ehepartners sind, beispielsweise weil er sie schon vor der Eheschließung besaß, diesem nach der Trennung auch gehören.

Beispiel: Hat Susanne die teure Espressomaschine, die Christian mitgenommen hat, bereits vor der Eheschließung besessen, dann ist diese auch nach der Trennung ihr Eigentum. Das gilt auch dann, wenn die Espressomaschine während der Ehe kaputtgegangen ist und Christian als Ersatz eine neue Maschine gekauft hat. Die Maschine steht als Ersatzanschaffung weiterhin in Susannes Eigentum.

Gemeinsames Eigentum

Ist nicht klar, wer das Eigentum an welchen Gegenständen besitzt, dann gibt es nach dem Gesetz eine so genannte Eigentumsvermutung. Hat ein Ehepartner nicht nachweisbar das Alleineigentum, dann gilt nach der Hausratsverordnung sämtlicher Hausrat, der während der Ehe für den Haushalt angeschafft wurde, als gemeinsames Eigentum. Das gilt im Übrigen unabhängig davon, auf wen die Rechnungen lauten oder wer sie bezahlt hat. Auch Hochzeitsgeschenke sind im Regelfall gemeinsamer Hausrat.

Gegenstände, die nach der Trennung von einem der Eheleute angeschafft wurden, gehen in das Eigentum dessen über, der den Gegenstand angeschafft hat.

WISO rät: Wenn Sie nach dem Auszug Hausratsgegenstände anschaffen, sollten Sie sich auf jeden Fall die entsprechenden Anschaffungsbelege aufheben, um das Eigentum nachweisen zu können.

5. Die Verteilung des Hausrats

Die Verteilung des Hausrats erfolgt nach den Grundsätzen der „Billigkeit“. Dies bedeutet nicht, dass die Frage des Preises oder des Wertes des entsprechenden Gegenstands eine Rolle spielt, sondern vielmehr die Frage, wer mit dem Gegenstand sinnvoller umgehen kann, wer ihn dringender benötigt.

Der Gesetzgeber hat sich deshalb mit genauen Aufteilungskriterien sehr zurückgehalten. Die Eheleute sollen eine vernünftige Regelung darüber finden, wie der Hausrat am einfachsten verteilt werden kann. Können sie sich nicht einigen, so wird das Gericht versuchen, den Hausrat zwischen beiden Eheleuten gleichmäßig aufzuteilen. Das heißt nicht, dass das Gericht einfach nur versuchen wird, den Hausrat wertmäßig genau hälftig zu verteilen. Es wird vielmehr die persönlichen und wirtschaftlichen Lebensverhältnisse berücksichtigen, ebenso wie die Wünsche der Eheleute untereinander.

Ganz entscheidend ist in diesem Zusammenhang immer, ob es das Kindeswohl erfordert, den Hausratsgegenstand demjenigen zuzuweisen, der die Kinder betreut. Gerade für die Kinder ist die Scheidung der Eltern immer eine besondere Belastung. Wenn ihnen dann auch noch ein Teil der gewohnten Umgebung genommen wird, kann das die Situation noch verschlimmern. Der Ehegatte, der auszieht, sollte den Kindern zuliebe keine zu hohen Ansprüche stellen, welchen Hausrat er bekommt.

Sicher ist auch die Waschmaschine oder die Spülmaschine bei demjenigen, der die Kinder betreut, besser aufgehoben.

Entscheidend bei der Aufteilung kann aber auch sein, wer die Gegenstände während der Ehe vorwiegend genutzt hat. Hatte Susanne beispielsweise in der antiken Kommode während der Ehe ausschließlich ihre eigenen, persönlichen Dokumente und Andenken, dann kann das dazu führen, dass Susanne auch die Kommode bekommt. Das Gleiche gilt, wenn Susanne die Kommode von ihrem eigenen Ersparten gekauft hat.

Problematischer wird es jedoch bei Hausratsgegenständen, die nicht im Eigentum beider Parteien stehen, sondern im Eigentum eines Dritten, meist einer Bank oder einer Leasinggesellschaft.

Auch in diesen Fällen kann davon ausgegangen werden, dass demjenigen der Hausratsgegenstand zugeteilt wird, der den Gegenstand dringender benötigt, beispielsweise den privat angeschafften Pkw (der der Leasinggesellschaft gehört), um die Kinder zur Schule zu fahren. In diesem Fall sollten Scheidungswillige mit der Hausratsverteilung auch gleichzeitig regeln, wer die entsprechende Leasingrate an die Leasinggesellschaft zu zahlen hat.

Damit stellt sich die weitere Frage, ob für den zugewiesenen Gegenstand eine Nutzungsentschädigung zu zahlen ist und wer das Risiko der Nutzung oder gar der Beschädigung der Sache tragen soll. In diesem Zusammenhang hat es sich bewährt, die Nutzungsentschädigung mit dem Betrag anzusetzen, der bei einer entsprechenden An-

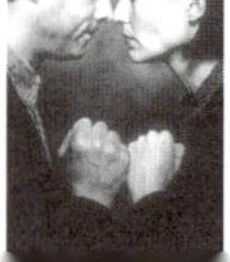

mietung zu zahlen wäre. Es hat sich ebenfalls bewährt, dass die Partei, die den Hausratsgegenstand nutzt, verpflichtet wird, die Ratenzahlungsverpflichtung gegenüber der Bank wahrzunehmen, mit der der Gegenstand finanziert wurde. Allerdings sollte man sich von dem Gedanken freimachen, dass es in diesem Zusammenhang eine Patentregelung gibt.

6. Ausgleichszahlungen

Sobald feststeht, wem der entsprechende Hausratsgegenstand zugewiesen wird, ist auch die Frage abzuklären, ob und in welcher Höhe dem jeweiligen anderen Ehegatten eine Ausgleichszahlung aufzuerlegen ist. Das ist insbesondere dann von Bedeutung, wenn einer der Eheleute wertmäßig mehr Hausrat übernimmt als der andere.

Die Höhe der Ausgleichszahlung richtet sich nach dem Verkehrswert des Gegenstandes. Das ist der Preis, der für die Wiederanschaffung eines gleichen, gebrauchten Gegenstandes zu zahlen wäre.

Hat ein Ehepartner Anspruch auf Ausgleichszahlungen und muss gleichzeitig Zugewinnausgleich zahlen, so können diese beiden Positionen miteinander verrechnet werden.

7. Verfahren

Im Streit um das Hausratsverfahren ist zu unterscheiden zwischen der vorläufigen Regelung bei der Trennung und der endgültigen Teilung im Rahmen der Scheidung.

Vorläufige Regelung bei der Trennung

Mit der vorläufigen Regelung soll der Hausrat für die Zeit der Trennung aufgeteilt werden. Dabei trifft das Gericht nur eine vorläufige Nutzungsregelung, die die Eigentumsverhältnisse der Eheleute durchaus außer Acht lassen kann.

Beispiel: Das Gericht kann also Susanne Haushaltsgegenstände zuweisen, die in Christians Eigentum stehen. Voraussetzung dafür ist aber, dass Susanne diesen Gegenstand zur Führung eines getrennten Haushalts benötigt und die Überlassung nach den Umständen angemessen ist.

Die Eheleute können bei der vorläufigen Hausratsteilung ein so genanntes selbstständiges Verfahren der freiwilligen Gerichtsbarkeit durchführen. Für ein solches Verfahren müssen sie sich nicht durch einen Anwalt vertreten lassen. Die Scheidungswilligen können den Antrag selbst am Gericht des gemeinsamen Wohnsitzes oder des

Wohnsitzes des Gegners stellen. Mit der Scheidung verliert diese vorläufige Regelung ihre Gültigkeit.

Nach Einleitung des Scheidungsverfahrens haben die Eheleute auch die Möglichkeit, in Einzelfällen eine einstweilige Anordnung zu beantragen, in der der Hausrat vorläufig geteilt werden soll. Allerdings besteht in einem solchen Verfahren Anwaltszwang, so dass der Antrag nur durch einen Anwalt gestellt werden kann. Die einstweilige Anordnung hat auch nach der Ehescheidung so lange ihre Gültigkeit, bis eine neue Regelung getroffen wird.

Endgültige Regelung nach der Scheidung

Mit dem Scheidungsurteil sollten grundsätzlich alle damit zusammenhängenden Fragen mitgeklärt werden. Die Eheleute haben deshalb die Möglichkeit, die endgültige Entscheidung über den Hausrat zusammen mit dem eigentlichen Scheidungsverfahren zu regeln. Das Gericht entscheidet dann über die Scheidung der Ehe nur, wenn auch die Voraussetzungen über die Entscheidung des Hausrats vorliegen. Die in der Folge vorgenommene Zuweisung ist in der Regel auch damit verbunden, dass der Ehegatte das Alleineigentum an den zugewiesenen Gegenständen erhält.

8. Vereinbarung über Hausratsteilung

Häufig verursacht der Streit vor Gericht oder mit Anwälten um die Frage des Hausrates den Parteien deutlich höhere Gerichts- und Anwaltskosten, als ihnen der Hausrat wert sein kann. Der Grund: Da das Gericht in der Regel keine genaue Kenntnis über den Umfang und den Wert des Hausrats hat, verlangt es bei einem Verfahren eine sehr genaue Auflistung mit Anschaffungsdaten, Preisen und Aufteilungsvorschlägen. Um den Wert des Hausrats zu ermitteln, wird dann nicht selten noch ein Sachverständiger eingesetzt. Das alles macht ein Verfahren nicht nur kostspielig, sondern auch langwierig. Es ist daher sinnvoll, sich über den Hausrat gleich nach der Trennung alleine zu einigen und, wenn möglich, gleich eine endgültige Verteilung des Hausrats vorzunehmen.

WISO rät: Sind Sie sich über die Verteilung des Hausrats einig, dann treffen Sie mit Ihrem Partner eine schriftliche Vereinbarung über die Hausratsteilung, die von beiden Eheleuten unterschrieben ist. Listen Sie die Gegenstände dafür auf und bewerten Sie diese, bevor Sie sie verteilen. Sie sollten dies vor Gericht protokollieren lassen, wenn Sie dabei beide anwaltlich vertreten sind.

Wenn Sie schon eine entsprechende sinnvolle Regelung gefunden haben, sollten Sie nicht nur die vorläufige Nutzung, sondern auch zugleich die Eigentumsübertragung untereinander regeln.

Auf diese Art verhindern Sie, dass es um die gleichen Gegenstände aus letztlich dem gleichen Anlass immer wieder Streit um die endgültige Zuweisung des Hausrats gibt. Auch diese Streitereien würden nur weitere Kosten verursachen.

Eine Hausratsvereinbarung könnte so aussehen:

Wir, Susanne und Christian Wilhelm, haben uns getrennt und treffen zur endgültigen Aufteilung des gemeinsamen Hausrats folgende Vereinbarung:

1. Christian Wilhelm erhält folgende Gegenstände im Alleineigentum:
   - Schreibtisch
   - Schlafzimmerschrank
   - Esstisch
   - Silberbesteck
   - PKW, amtl. Kennzeichen
2. Susanne Wilhelm erhält den übrigen Hausrat im Alleineigentum.
3. Susanne zahlt an Christian einen Ausgleich in Höhe von 3.000 Euro.
4. Der Betrag wird mit den Susanne zustehenden Zugewinnausgleichsansprüchen verrechnet.

Berlin, 31.12.2002

Susanne Wilhelm Christian Wilhelm

9. Eigenmächtige Entziehung des Hausrats

Über die Verteilung des Hausrats sollten die Eheleute immer gemeinsam entscheiden. Eigenmächtige Aktionen, bei denen sich einer einfach das nimmt, was er gerne hätte, ohne den anderen darüber zu informieren, sind oft rechtswidrig. Eine eigenmächtige Entziehung kann daher sogar strafbar sein. Nimmt einer der Eheleute Gegenstände einfach mit, dann kann der andere von ihm die Herausgabe verlangen.

Beispiel: Susanne kann von Christian die Herausgabe der mitgenommenen Gegenstände verlangen, die sie im Wege des einstweiligen Rechtsschutzes bei Gericht durchsetzen kann.

Die Eheleute sollten unter allen Umständen eigenmächtige Aktionen vermeiden, weil sie in der Regel aufwändige und kostenintensive gerichtliche Auseinandersetzungen nach sich ziehen.

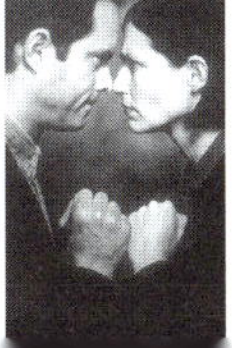

IV. Streit um die Wohnung

1. Die Kinder wollen im Haus bleiben

Beispiel: Christian und Susanne beschließen, nach ihrer Trennung nicht mehr gemeinsam in ihrem Haus zu wohnen. Den Versuch, die Trennungszeit in einem Haus zu verbringen, geben sie damit auf. Außerdem ist die Scheidung schon so gut wie unter Dach und Fach. Für Susanne ist klar: Sie will in dem Haus bleiben. Schließlich sind ihre Kinder hier zu Hause und Christian und Petra reicht als Pärchen auch eine Wohnung. Die beiden sehen das aber anders. Christian ist der Auffassung, dass auch er einen Anspruch darauf hat, im Haus zu bleiben. Schließlich hat er in der Vergangenheit einen nicht unerheblichen Betrag für den Kredit gezahlt. Außerdem will er mit Petra ja auch irgendwann einmal eine Familie gründen.

2. Was ist die Ehewohnung?

Die eheliche Wohnung ist die Wohnung, die die Eheleute während der Zeit der Ehe gemeinsam bewohnt haben. Hier hat sich sozusagen das Familienleben abgespielt, sie ist das „Zuhause" gewesen. Demgegenüber ist eine Ferienwohnung in der Regel keine eheliche Wohnung, weil die Eheleute sich dort nur einige Zeit im Jahr aufhalten und dies normalerweise nicht ihr Lebensmittelpunkt ist. Eine Ehewohnung ist sie nur dann, wenn das Ehepaar nach und nach diesen Lebensmittelpunkt in die Ferienwohnung verlegt und dann ganz dort gewohnt hat.

Die Eheleute können aber ohne weiteres auch zwei oder mehrere Ehewohnungen haben, wenn jede Wohnung zum ständigen, zeitweiligen Aufenthalt genutzt wird.

Beispiel: Der Bundestagsabgeordnete hat eine Wohnung in Berlin, die er die Hälfte des Jahres zusammen mit seiner Frau bewohnt. Die andere Hälfte des Jahres wohnt er mit seiner Frau in Hamburg. Beide Wohnungen, die in Berlin und die in Hamburg, können eheliche Wohnungen sein, weil beide Partner dort ihr „Zuhause" haben und sich dort regelmäßig und längere Zeit aufhalten.

3. Wer bekommt die Wohnung?

Problematisch wird es in der Sekunde, in der sich die Eheleute voneinander trennen wollen und beide beabsichtigen, in der ehelichen Wohnung zu bleiben, und zwar möglichst ohne den anderen.

Die Verordnung über die Behandlung der Ehewohnung und des Hausrats, die so

genannte Hausratsverordnung, unterscheidet dabei zwischen der vorläufigen Zuweisung der Wohnung im Rahmen der Trennung und der endgültigen Zuweisung bei der Scheidung. Außerdem gibt es Unterschiede, wenn beide Eheleute Eigentümer sind oder nur einer von beiden, oder wenn die Wohnung nur gemietet ist.

Vorläufige Zuweisung der Wohnung bei der Trennung

Im Trennungsjahr sollen alle Maßnahmen unterbleiben, die einer eventuellen Versöhnung der Eheleute entgegenwirken können. Eine Zuweisung der Wohnung an einen Ehepartner zur alleinigen Nutzung wird vom Gericht deswegen nur dann vorgenommen, wenn besondere Gründe dafür vorliegen. Das ist gerade bei Wohneigentum von besonderer Bedeutung.

Die Zuweisung der Ehewohnung setzt voraus, dass einer der Eheleute die Ehewohnung für sich benötigt und dass der andere Ehegatte zur Vermeidung einer schweren Härte zumindest einen Teil der Wohnung dem anderen zur alleinigen Nutzung überlassen muss. Dies ist am einfachsten nachzuweisen, wenn dem Ehegatten ein Fehlverhalten vorzuwerfen ist, zum Beispiel:

- erhebliche, körperliche Misshandlung,
- Alkoholmissbrauch,
- Drogenkrankheit,
- Randalieren,
- Bedrohung mit einer Verletzung oder
- das Mitbringen eines neuen Partners in die eheliche Wohnung.

Dieses Fehlverhalten muss konkret bezeichnet sein und darf sich nicht in ungenauen, nebulösen Erklärungen niederschlagen, sondern in ganz konkreten Sachverhalten.

So muss beispielsweise die Ehefrau dem Ehemann – nachweisbar – vorwerfen können, dass er sie bedroht hat. Dem ausziehenden Ehegatten wird dann in der Regel eine Räumungsfrist zugebilligt, die ihm Zeit gibt, sich eine neue Wohnung zu suchen. In schweren Fällen, wenn zum Beispiel der Partner randaliert, kann auf eine Räumungsfrist auch verzichtet werden.

Liegen keine besonderen Umstände vor, wird das Gericht wenn möglich jedem Ehegatten einen Teil der Wohnung zuweisen, damit sich die Eheleute wechselseitig und sinnvoll aus dem Weg gehen können.

Nur in Ausnahmefällen wird es einem Ehepartner auch beim Fehlen von schwerwiegenden Gründen die Wohnung zur alleinigen Nutzung zuweisen. Nämlich insbesondere dann, wenn Kinder im Spiel sind, denen das weitere Zusammenleben beider Elternteile in einer Wohnung nicht zumutbar ist und ein Ehegatte schon eine akzeptable neue Wohnung in Aussicht hat.

Ob letztlich eine unerträgliche Belastung vorliegt, ist anhand einer so genannten Gesamtabwägung der beiderseitigen Interessen der Parteien unter Berücksichtigung

aller wesentlichen Umstände, beispielsweise auch dem Wohl der Kinder, zu prüfen.

Ist das Wohl eines Kindes mit betroffen, ist eine Gesamtabwägung aller Umstände umso sorgfältiger auch im Interesse der Kinder zu prüfen. Dabei ist es durchaus möglich, dass das Gericht die Wohnung nicht demjenigen Ehepartner zuweist, der Eigentümer der Wohnung ist, sondern dem anderen. Da es sich nur um eine vorläufige Nutzungsregelung handelt, spielen solche Fragen erst im Rahmen der endgültigen Wohnungszuweisung eine größere Rolle.

Endgültige Zuweisung der Wohnung nach der Scheidung

Nach der Scheidung wird einer der Ehepartner die Wohnung endgültig übernehmen. In den meisten Fällen werden sich die Paare auch ohne Gericht über diese Frage einig. Am zweckmäßigsten ist es, wenn derjenige die Wohnung übernimmt, der die gemeinsamen Kinder versorgt. Die Kinder sollen schließlich nicht aus ihrer gewohnten Umgebung gerissen werden.

Können sich die Eheleute nicht einigen, muss das Gericht darüber entscheiden. Dieses wird das Kindeswohl in seine Überlegungen ebenso miteinbeziehen wie die gesamten Lebensumstände der Eheleute, etwa die Nähe zum Arbeitsplatz eines von ihnen beiden. Daneben spielen auch die Eigentumsverhältnisse eine Rolle.

Steht die Wohnung im Alleineigentum eines Ehegatten, wird das Gericht diesem in aller Regel auch die Wohnung zuweisen. Nur in Ausnahmefällen kann das Gericht eine andere Entscheidung treffen und dem anderen die Wohnung zuweisen, zum Beispiel:

- Der Ehegatte, der Eigentümer ist, hat eine Vielzahl anderer Wohnungen, und der andere Ehegatte wohnt mit den Kindern in der Ehewohnung.
- Der Ehegatte, dem die Wohnung nicht gehört, betreibt sein Geschäft, das nur sehr schwer zu verlegen ist, in der Ehewohnung.

Sind beide Eheleute Eigentümer der Wohnung, sieht es schon schwieriger aus. Denn eigentlich haben dann beide das Recht auf die Wohnung. Auch hier spielen die gemeinsamen Kinder wieder eine wichtige Rolle. Derjenige, der die Kinder betreut, erhält in aller Regel auch die gemeinsame Wohnung.

Sind keine Kinder vorhanden, spielen andere Faktoren eine Rolle, etwa:

- die Entfernung zum jeweiligen Arbeitsplatz;
- die Umgebung zur Wohnung (die Eltern der Ehefrau wohnen nebenan);
- Bedingungen des Eigentumserwerbs (die Ehefrau hat das Grundstück mit in die Ehe gebracht);
- alternative Wohnmöglichkeiten;
- Zukunftsperspektiven;
- Eigentumsverhältnisse (die Ehefrau besitzt 75 Prozent, der Ehemann 25 Prozent der Wohnung).

Für unseren Ausgangsfall bedeutet dies: Susanne hat bei dem Gericht beste Chancen, das Haus zu bekommen. Sie versorgt schließlich die Kinder weiter. Müssten die Kinder ausziehen, könnte das eine unerträgliche Belastung für sie sein. Dass Christian irgendwann Kinder mit seiner neuen Freundin haben will und dann das Haus auch gut brauchen könnte, ist dabei unerheblich.

Bei Mietwohnungen gibt es spezielle Regelungen zur Wohnungszuweisung. Es gelten zwar im Allgemeinen die gleichen Kriterien wie für die Frage, wer Haus oder Eigentumswohnung bekommen soll. Das Gericht hat aber zudem das Recht, mit dem Vermieter gestaltend in den Mietvertrag der Eheleute einzugreifen. So kann das Gericht entscheiden, dass das Mietverhältnis nur noch zwischen dem Vermieter und einem der Eheleute weitergeführt wird. Das kann sogar der Ehegatte sein, der vorher den Mietvertrag nicht unterschrieben hat.

Aus diesem Grund beteiligt das Familiengericht immer auch den Vermieter am Verfahren über die Zuweisung der Mietwohnung. Der Vermieter kann im Verfahren seine Interessen vortragen. Er kann zum Beispiel verlangen, dass der ausziehende Ehemann in Zukunft für eventuell entstehenden Mietausfall haften soll, wenn der Mietvertrag mit der nicht verdienenden Ehefrau weitergeführt wird.

4. Nutzungsentschädigung

Sofern das Gericht einem Ehegatten eine Ehewohnung zuweist, kann es als Gegenleistung auch die Frage der Nutzungsentschädigung regeln. Eine Nutzungsentschädigung kommt insbesondere dann in Betracht, wenn beide Eheleute über ein Einkommen verfügen und der die Ehewohnung räumende Ehegatte die Zuweisung an die andere Partei weder verursacht noch verschuldet hat.

Naturgemäß entsteht über diese Frage häufig Streit. Es empfiehlt sich daher schon aus diesen Gründen, die Zuweisung einer Ehewohnung nicht im Streit und möglichst nicht über das Gericht zu regeln, sondern vielmehr eine vernünftige und sachgerechte Lösung zu schaffen.

Wenn Susanne die Wohnung übernimmt, die ihr und Christian je zur Hälfte gehört, dann nutzt sie seine Eigentumshälfte mit. Christian könnte mit seiner Hälfte des Eigentums nichts mehr anfangen, er hätte keinen wirtschaftlichen Nutzen mehr. Deshalb muss Susanne ihm eine Nutzugsentschädigung zahlen.

Die entsprechende Formulierung könnte wie folgt lauten:

Vereinbarung über Nutzungsentschädigung

Christian räumt mit Wirkung zum 01.01.2003 die eheliche Wohnung. Susanne verpflichtet sich, an Christian eine monatliche Nutzungsentschädigung in Höhe von 500 Euro zu zahlen. Die Zahlung ist jeweils zum Ersten eines jeden Monats fällig. Die Höhe der Nutzungsentschädigung errechnet sich wie folgt: Größe der Wohnung insgesamt: 200 qm. Hierauf entfallen auf den hälftigen Anteil am Eigentum der Wohnung auf Susanne 100 qm, dies ergibt bei einer geschätzten Quadratmetermiete von 5,00 Euro eine monatliche Entschädigung in Höhe von 500 Euro. Die Verbrauchskosten für die Wohnung trägt Susanne. Dies gilt auch für die Grundgebühren und Mehrverbrauchskosten. Die monatlichen sonstigen Kosten tragen die Parteien je zur Hälfte (beispielsweise Brandversicherung).

Ist die Nutzung der Wohnung bereits im Rahmen einer Unterhaltsregelung durch Abzug der Aufwendung für das Wohnungseigentum oder als „Naturalunterhalt" geregelt (anstatt einer Unterhaltszahlung), so besteht grundsätzlich kein Anspruch auf eine Nutzungsentschädigung.

5. Vereinbarung über Wohnungsnutzung

Nicht selten kostet der Streit um die Wohnung einiges an Geld. Der Grund: Die Ehepaare streiten zunächst vor Gericht darum, wer während der Trennungszeit die Wohnung benutzen darf, und anschließend im Ehescheidungsverfahren, wer die Wohnung endgültig behalten darf. Für jeden Streit fallen Anwalts- und Gerichtskosten an.

WISO rät: Treffen Sie eine schriftliche Vereinbarung darüber, wer nach der Trennung und der Scheidung weiterhin in der Wohnung leben darf. So kommt es im Nachhinein nicht zu Beweisschwierigkeiten. Eine solche Vereinbarung kann Ihnen eine Menge Geld sparen und sollte so früh wie möglich getroffen werden. Wollen Sie zudem die Eigentumsverhältnisse an der Wohnung ändern, bedarf diese Vereinbarung der notariellen Form.

6. Eigenmächtige Wohnungsnutzung

Bis zur Zuweisung der Wohnung haben beide Eheleute das Recht, die Wohnung zu nutzen – ganz egal, ob nur einer von beiden Eigentümer oder Mieter ist oder beide. Daher ist es absolut rechtswidrig, wenn ein Ehepartner den anderen einfach vor die Tür setzt, indem er beispielsweise die Schlösser auswechselt. Wer ausgesperrt wird, hat die Möglichkeit, eine entsprechende einstweilige Regelung beim Familiengericht zu erwirken, die ihm den Zutritt wieder ermöglicht.

Erst wenn die Wohnung einem der Eheleute zugewiesen ist, darf dieser die Schlösser austauschen. Allerdings nicht, bevor die Räumungsfrist für den anderen abgelaufen ist und er seine persönlichen Sachen aus der Wohnung abgeholt hat.

7. Verfahrensregeln

Falls die Parteien sich über die Zuweisung der Ehewohnung nicht einig sind, dann muss das Gericht eine Entscheidung treffen. Ähnlich wie bei der Frage des Hausrats gibt es auch bei der Frage der Wohnungszuweisung verschiedene verfahrensrechtliche Wege.

Die vorläufige Zuweisung der Ehewohnung während der Trennung kann in zwei verschiedenen Verfahren abgewickelt werden:

- Selbstständiges Verfahren der freiwilligen Gerichtsbarkeit. Für dieses Verfahren ist ebenfalls das Familiengericht zuständig. Es bietet keine endgültige Regelung und kann auch nicht gestaltend in den Mietvertrag eingreifen. Die dort getroffene Regelung wird mit Rechtskraft der Scheidung ungültig. Bei einem solchen Verfahren besteht kein Anwaltszwang, die Eheleute können die Anträge selbst stellen.
- Einstweilige Anordnung ab Einleitung des Ehescheidungsverfahrens vor dem Familiengericht. Beide Parteien müssen anwaltlich vertreten sein. Die einstweilige Anordnung behält ihre Gültigkeit so lange, bis eine andere Regelung getroffen wird, also auch bis nach der Ehescheidung.

Die endgültige Zuweisung der Ehewohnung nach der Scheidung kann ebenfalls in zwei Verfahren vorgenommen werden:

- im Verbundverfahren, also zusammen mit der eigentlichen Ehescheidung;
- im einem selbstständigen Verfahren nach der Scheidung.

V. Streit um die Kinder

1. Gemeinsames oder alleiniges Sorgerecht?

Beispiel: Susanne und Christian Wilhelm merken, dass es schwierig ist, nach der Trennung finanziell über die Runden zu kommen. Jetzt müssen sie zwei getrennte Haushalte führen, und es ist für beide schwieriger geworden, mit dem zur Verfügung stehenden Geld zurechtzukommen.

Susanne entschließt sich deshalb, wieder mehr zu arbeiten. Ihren Job als Kindergärtnerin hat sie bisher nur halbtags ausgeübt, jetzt will sie wieder ganztags arbeiten. Die beiden gemeinsamen Kinder bringt sie nachmittags entweder in der Tagesstätte oder bei ihrer Mutter unter. Als Christian das hört, ist er entsetzt. Seiner Meinung nach sind die Kinder nicht optimal betreut. Er findet, dass Susanne mit dem Unterhalt, den er ihr zahlt, nicht arbeiten gehen muss, und meint, dass die Kinder dann genauso gut auch bei ihm bleiben könnten. Er arbeite mittlerweile nicht länger als Susanne, außerdem könne er als Architekt einen Teil seiner Arbeit mit nach Hause nehmen. Die Kinder seien bei ihm besser aufgehoben. Er will das alleinige Sorgerecht.

2. Gemeinsames Sorgerecht – der Normalfall?

Früher bedeutete eine Scheidung für die Kinder, dass sie einem Elternteil „zugesprochen" wurden. Das heißt, der Familienrichter musste in einem Scheidungsverfahren das Sorgerecht für das Kind einem der beiden Eheleute übertragen.

Mit der Gesetzesreform vom 1.7.1998 hat sich das grundlegend verändert: Über das Sorgerecht muss im Verfahren nicht mehr entschieden werden. Es bleibt nach der Scheidung bei beiden Eltern. Für das Kind bedeutet das, dass Vater und Mutter bei wichtigen Fragen, die es betreffen, weiterhin gemeinsam entscheiden dürfen und auch müssen. Das gemeinsame Sorgerecht ist damit zum Normalfall geworden.

Von diesem Grundsatz gibt es allerdings Ausnahmen. Die Eltern können im Scheidungsverfahren beantragen, dass das Sorgerecht einem von beiden zugesprochen wird. Das geht aber nur, wenn gewichtige Gründe vorliegen. Als solche Gründe kommen beispielsweise in Betracht:

- Den Eltern ist es in der Praxis gar nicht möglich, das Sorgerecht gemeinsam auszuüben, etwa weil ein Elternteil dauerhaft im Ausland lebt.
- Die Eltern sind nicht in der Lage, bei Entscheidungen über das Kind zu kooperie-

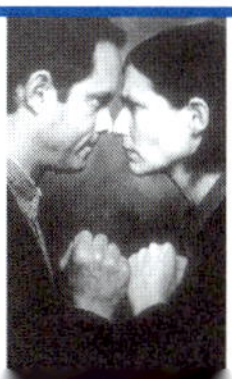

ren. Da das aber bei vielen scheidungswilligen Paaren der Fall ist, wenn sie sich scheiden lassen, müssen hier schon erhebliche Konflikte vorliegen.

- Die Übertragung des Sorgerechts auf ein Elternteil entspricht dem Wohl des Kindes. Der Begriff des Kindeswohls ist sehr weit gefasst und lässt viel Raum für eine individuelle Entscheidung des Richters. Die Rechtsprechung hat einige Kriterien hierzu entwickelt:
  - Zu welchem Elternteil hat das Kind die meisten Bindungen? Dem Kind sollen möglichst viele Bindungen, also auch zu Großeltern oder Freunden, erhalten bleiben.
  - Welcher Elternteil hat die höhere Bindungstoleranz? Wer hat die größere Fähigkeit, den Kontakt des Kindes zum anderen Elternteil zu gewährleisten?
  - Wille oder Vorschlag der Kinder. Dabei achten die Gerichte genau darauf, dass die Entscheidung des Kindes nicht durch einen Elternteil beeinflusst wurde.
  - Gemeinsamer Vorschlag der Eltern.
  - Welcher Elternteil hat die größeren Erziehungsfähigkeiten? Elternteile, die psychisch krank, gewalttätig oder drogensüchtig sind, sind nicht erziehungsfähig.
  - Welcher Elternteil kann das Kind am besten fördern?
  - Wer hat die besseren Betreuungsmöglichkeiten? Die zeitweise Betreuung durch Tagesmütter wird dabei **nicht** als negativ angesehen.
  - Bei wem kann das Kind seine Lebensumstände am besten weiterführen?

In unserem Fall will Christian das alleinige Sorgerecht, weil er findet, dass die Kinder durch Susannes Berufstätigkeit nicht optimal betreut werden und ständig bei anderen Personen sind. Solche bloßen Behauptungen sind nicht ausreichend dafür, das alleinige Sorgerecht zu bekommen. Wenn allerdings die Gründe für die ständige Fremdbetreuung beispielsweise in einer Alkoholerkrankung der Mutter liegen würden, sähe die Sache anders aus.

WISO rät: Denken Sie bei der Entscheidung, ob Sie ein alleiniges Sorgerecht möchten, immer an das Kind. Eine solche Entscheidung kann für das Kind eine enorme Belastung darstellen. Im Interesse des Kindes sollten die Eltern immer versuchen, miteinander zu kooperieren und das Sorgerecht möglichst gemeinsam auszuüben.

Wichtig: Geschwister sollten grundsätzlich nie voneinander getrennt werden. Es sei denn, dass alle Geschwister eine Trennung voneinander wollen.

Befragung des Kindes

Können sich die Eltern nicht über das Sorgerecht einigen, dann muss das Gericht das Kind „anhören“. Die Befragung erfolgt aber nicht etwa in dem Gerichtsaal während der Verhandlung. In jedem Gerichtsgebäude ist vielmehr ein eigener, dafür vorgesehener Raum vorhanden. Je nachdem, wie modern das Gericht ist, ist dieser Raum mehr oder weniger wie ein Spielzimmer eingerichtet. Zur Befragung zieht der Richter seine Robe aus. Anwälte sind während dessen nicht anwesend. Der Richter versucht dann in einer Art Spielsituation das Kind über das Verhältnis zu seinen Eltern zu befragen. Bei ganz kleinen Kindern, die sich verbal nicht oder nur unzureichend äußern können, werden – im Gegensatz zu älteren Kindern – außerdem die Eltern hinzugezogen. Der Richter beobachtet dann das Verhalten des Kindes zu den Eltern.

Starre Altersgrenzen, ab wann sich der Richter durch Befragung des Kindes ein Bild machen kann oder wann er die Eltern zusammen mit ihren Kindern beobachtet, gibt es nicht, denn gerade kleinere Kinder sind in ihrem Entwicklungsstand sehr unterschiedlich. In der Praxis entscheidet deshalb der Richter je nach Einzelfall. Kommt er nicht weiter, wird er beschließen, einen Sachverständigen (in der Regel Psychologen) einzuschalten. Dieser versucht dann gezielt, die Kinderseele zu erfassen.

WISO rät: Ein derartiges Gutachten sollten Sie Ihrem Kind unbedingt ersparen, denn es kann erhebliche Gewissenskonflikte gegenüber den Eltern in ihm hervorrufen. Die Kinder können nur sehr schwer damit umgehen, sich quasi für ein Elternteil entscheiden zu müssen.

Jugendamt

Neben dem Kind wird auch das Jugendamt angehört. Dieses hat in dem Sorgerechtsverfahren eine eigenständige Stellung.

Das Gericht soll aufgrund des von dem Jugendamt zu fertigenden Berichtes in der Lage sein, sich ein Bild vom sozialen Umfeld des Kindes zu verschaffen. Die Mitarbeiter des Jugendamtes werden das Kind daher in der Regel zu Hause besuchen.

Darüber hinaus soll das Jugendamt eine Empfehlung aussprechen. Es empfiehlt sich, sofort nach der Trennung in Problemfällen das Jugendamt zu unterrichten, weil in diesem Stadium des Verfahrens noch am ehesten die Möglichkeit besteht, eine Eskalation zu vermeiden. Diese Chance sollten Sie dem Kind und sich selbst geben.

3. Inhalt des Sorgerechts

Das Sorgerecht besteht aus der Personensorge und der Vermögenssorge. Bei der Personensorge geht es um sämtliche Angelegenheiten, die nicht das Vermögen des Kindes betreffen, sondern sein persönliches, körperliches und geistiges Wohl, zum Beispiel:

- Pflege,
- Erziehung,

- Beaufsichtigung,
- Aufenthaltsbestimmung,
- Bestimmung des Umgangs mit Dritten.

Bei der Vermögenssorge geht es um das Vermögen des Kindes. Die Eltern müssen sein Vermögen, sein Eigentum und eventuell daraus resultierende Einnahmen in seinem Interesse verwalten. Die Eltern haben hierbei folgende Verpflichtungen:

- Sie dürfen das Vermögen des Kindes nicht verschenken. Tun sie es dennoch, dann ist eine solche Schenkung grundsätzlich unwirksam.
- Die Eltern müssen das Geld des Kindes nach den Grundsätzen einer wirtschaftlichen Vermögensverwaltung anlegen. Unsichere Börsenspekulationen sollten also für die Eltern tabu sein.
- Falls das Kind Vermögen erbt, sind die Eltern unter Umständen verpflichtet, ein Vermögensverzeichnis zu errichten und vor Gericht dessen Richtigkeit zu versichern.
- Nur wenn die finanzielle Situation der Familie angegriffen ist, dürfen die Eltern das Vermögen des Kindes für den Unterhalt der Familie verwenden. Grundsätzlich darf aber das Vermögen des Kindes nicht angetastet werden.

Das Familiengericht kann das Sorgerecht auch aufteilen und einzelne Punkte auf den anderen Elternteil übertragen, wenn das dem Wohl des Kindes entspricht.

Teile der elterlichen Sorge können sozusagen aus der gesamten elterlichen Sorge „herausgeschnitten" werden. Der Richter kann beispielsweise das Aufenthaltsbestimmungsrecht einem der Elternteile übertragen, es im Übrigen aber bei der gemeinsamen elterlichen Sorge belassen.

Dies bedeutet, dass zum Beispiel die Mutter entscheiden kann, bei wem sich das Kind aufhält, und die übrigen Fragen der elterlichen Sorge wie die Vermögenssorge oder der Schulbesuch gemeinsam entschieden werden.

Der erfahrene Familienrechtler versucht daher im Gespräch mit dem Elternteil festzustellen, in welchen Bereichen zwischen beiden Eltern Deckungsgleichheit besteht und wo unterschiedliche Auffassungen bestehen, um eine Eskalation in allen Bereichen zu vermeiden.

4. Rechte und Pflichten – welche Entscheidungen müssen gemeinsam getroffen werden?

In vielen getrennten Familien üben die Eltern heutzutage gemeinsam und völlig gleichberechtigt das Sorgerecht aus. Das bedeutet, dass sie Fragen, die das Kind betreffen, zusammen entscheiden müssen und dürfen. Handelt es sich allerdings nur um „unspektakuläre" Alltagsangelegenheiten, so muss der Elternteil, bei dem das Kind wohnt, natürlich nicht jedes Mal bei seinem Expartner um Erlaubnis bitten. Dies wäre in der Praxis auch kaum machbar. Will also beispielsweise das Kind zu seinem Freund oder einer Freundin spielen gehen, können die betreuende Mutter und der Vater das durchaus ihrem Kind auch alleine gestatten. Stehen aber andere wichtige Entscheidungen an, so geht ohne die Zustimmung des anderen sorgeberechtigten Elternteils nichts. Solche Entscheidungen sind beispielsweise:

- Wahl des Kindergartens oder der Schule;
- religiöse Erziehung;
- Ausbildungsgang;
- ärztliche Eingriffe wie Operationen;
- die Vertretung des Kindes in einem Gerichtsverfahren.

Wichtig: In Notfällen kann auch ein Elternteil eine wichtige Entscheidung alleine treffen. Hat Ihr Kind zum Beispiel einen Unfall und muss sofort operiert werden, und ist der andere Elternteil nicht erreichbar, dann können Sie die Einwilligung hierüber auch alleine erteilen.

WISO rät: Um Streit bei der gemeinsamen Ausübung des Sorgerechts zu vermeiden, können Sie eine Sorgevereinbarung treffen. Darin können Sie alle wesentlichen Punkte regeln. Es steht Ihnen auch frei, mit Ihrem Partner eine Aufgabenteilung zu vereinbaren. Rat und Hilfe finden Sie bei den Familienberatungsstellen der Jugendämter.

Wenn durch die Auseinandersetzung der Eltern die Situation des Kindes unzumutbar oder gar gefährlich wird, dann kann das Gericht die elterliche Sorge auch ohne Antrag der Eltern auf einen Vormund übertragen.

5. Umgangsrecht

Mit der Einführung des gemeinsamen Sorgerechts für die Kinder hat der Gesetzgeber einer Scheidung einiges an „Zündstoff" genommen. Die Regelung des Umgangsrechts bietet aber auch weiterhin genügend Raum für Konflikte.

Denn normalerweise wird das Kind auch bei einem gemeinsamen Sorgerecht bei einem der Eheleute bleiben. Der andere Elternteil hat dann das Recht, seine Kinder regelmäßig zu sehen. Er hat also ein Umgangsrecht mit seinen Kindern.

Die Entscheidungen über die Modalitäten sind oft nicht ganz einfach: Wie oft und wie lange darf es der andere sehen, darf der neue Partner dabei sein und was ist mit den Ferien? Grundsätzlich gilt die Regel: Je großzügiger das Umgangsrecht gehandhabt wird, desto eher handeln die Eltern im Interesse der Kinder.

Was viele nicht wissen: Auch den Großeltern oder anderen dem Kind nahe stehenden Personen, wie etwa Geschwistern oder Stiefeltern, kann ein Umgangsrecht eingeräumt werden. Diese Regelung gibt es seit der Änderung des Kindschaftsrechts am 1.7.1998. Wie sich dieses Umgangsrecht ausgestaltet, muss im Einzelfall entschieden werden. Das Wohl des Kindes ist auch hier der entscheidende Maßstab.

Wie oft darf ich mein Kind sehen?

Auf die Frage, wie lange und oft die Eltern ihr Kind sehen dürfen, gibt es keine allgemein geltende Regel. Zum Glück, denn die Kinder sind viel zu unterschiedlich, als dass man hier einen für alle anzuwendenden Stundenplan aufstellen könnte. Entscheidend ist dabei unter anderem das Alter des Kindes sowie seine persönlichen Bedürfnisse. In der Regel geht man von einem 14-tägigen Besuchsrecht aus. Es gibt beispielhafte Regelungen, die in der Praxis häufig angewendet werden, aber nicht verbindlich sind. Hier ein unverbindliches Beispiel für ein Kind zwischen sechs und 14 Jahren:

- jedes zweite Wochenende,
- jeweils der zweite Weihnachts-, Oster- und Pfingsttag,
- zwei bis drei Wochen in den Sommerferien und
- zudem jeweils die Hälfte der restlichen Ferien.

Bei jüngeren Kindern kommt oft nur ein Besuchstag alle zwei Wochen in Frage, bei Kindergartenkindern nur ein stundenweiser Besuch ohne Übernachtung. Dies sind jedoch nur grobe Anhaltspunkte. Hat der Vater sich beispielsweise während der Ehe besonders intensiv um die Kinder gekümmert, wird er in der Regel auch eine enge Beziehung zum Kind haben. Dann sollte im Interesse des Kindes eine großzügigere Regelung getroffen werden. Je vertrauter das Kind im Umgang mit dem anderen Elternteil ist, umso länger kann auch der Besuch dauern. Je kleiner die Kinder sind, umso kleiner sind die Besuchsabstände und umso kürzer dafür die Besuche.

Schwierig wird es immer dann, wenn die Eltern sehr weit voneinander entfernt wohnen, etwa die Mutter mit dem Kind in Hamburg, der Vater in München. Hier wäre es sinnvoll, den Besuch etwa alle sechs bis acht Wochen und in großen Ferienblöcken durchzuführen, um das Kind nicht allzu sehr zu belasten.

In den Ferien sollten die Eltern es dem Kind ermöglichen, jeweils die Hälfte beim anderen Elternteil zu verbringen. Bei mehreren Kindern ist zudem darauf Rücksicht

zu nehmen, ob sie den Elternteil besser gemeinsam besuchen oder jedes Kind einzeln. Müssen Besuche ausfallen, weil das Kind krank geworden ist, so sollte es den Besuch auf alle Fälle nachholen dürfen.

Wie sollte der Besuch ablaufen?

Wie der Besuch der Kinder im Einzelnen gestaltet wird, hängt von den Gesamtumständen ab. Problematisch kann es beispielsweise sein, wenn beim Besuch des Kindes beim Vater immer die neue Lebensgefährtin dabei ist. Gerade wenn Kinder sehr unter der Scheidung leiden, sollte man hier vorsichtig sein.

WISO rät: Denken Sie bei jeder Umgangsregelung daran: Das Wohl des Kindes muss im Vordergrund stehen. Jede Ausgestaltung im Detail muss sich also danach richten, was für die Kinder am besten ist. Das Scheitern einer Ehe ist für die Kinder ein schwerer Einschnitt, den sie sich nicht ausgesucht haben. Stellen Sie deshalb, wenn es um Ihre Kinder geht, eigene Interessen hintenan!

Wichtig ist auch, dass die Besuche regelmäßig stattfinden und dass auf Pünktlichkeit geachtet wird. Die Eltern sollten zugesagte Termine immer einhalten und dem Kind nicht kurz vorher absagen. Ob das Kind zu den Besuchen gebracht wird oder ob der andere das Kind abholt, hängt von den persönlichen Umständen ab. Für die Kinder kann es allerdings günstig sein, wenn der Elternteil, bei dem sie leben, sie zu den Besuchen bringt. Das vermittelt ihnen das Gefühl, dass der Elternteil die Besuche unterstützt und akzeptiert und voll hinter dem Kind steht.

WISO rät: Erlaubt Ihnen Ihr Expartner nicht, das Kind zu sehen, können Sie beim Familiengericht einen Antrag auf bestimmte Umgangsregelungen stellen. In einen solchen Antrag sollten Sie auch die Androhung eines Zwangsgeldes aufnehmen, für den Fall, dass der betreuende Elternteil das Umgangsrecht auch weiterhin blockiert.

Eine solche Vereinbarung sollte durch das Gericht protokolliert und genehmigt werden. Eine lediglich notarielle Vereinbarung über die Wahrnehmung des Umgangsrechts ist nicht vollstreckbar!
Bei einer Vereinbarung sind immer folgende Gesichtspunkte maßgebend:

- die Belastbarkeit des Kindes;
- die bisherige Intensität der Beziehung zum Umgangsberechtigten;
- die Entfernung zwischen den Wohnorten;
- sonstige Interessen und Bindungen des Kindes und der Eltern;
- der Kindeswille;
- das Alter des Kindes;
- Entwicklungs- und Gesundheitszustand.

Falls eine Umgangsregelung eines Gerichts besteht, dann kann diese jederzeit abgeändert werden. Voraussetzung ist, dass neue Umstände vorliegen und eine Abänderung zum Wohle des Kindes erforderlich ist.

Entführungsfälle

Unter besonderen Umständen kann ein Elternteil verlangen, dass die Besuche nur unter Aufsicht stattfinden. Das kommt besonders für solche Fälle in Betracht, in denen mit einer Entführung des Kindes gerechnet werden muss. Das ist nicht nur in binationalen Ehen ein Thema, bei denen ein Elternteil Angst haben muss, dass der andere das Kind nach dem Besuch nicht mehr zurückbringt, sondern in die ausländische Heimat mitnimmt.

Besteht der Verdacht, dass ein Elternteil das Kind entführen will, dann kann das Gericht auf Antrag entscheiden, dass das Besuchsrecht nur im Inland ausgeübt wird. In Zweifelsfällen sollte man auch darauf drängen, dass der Pass des umgangsberechtigten Elternteils bei Gericht für die Zeit des Besuchs hinterlegt wird. Allerdings ist es momentan bei den Familiengerichten noch streitig, ob die Hinterlegung des Passes verlangt werden kann. Trotzdem sollte der besorgte Elternteil dies im Zweifel immer verlangen, wobei allerdings in jedem Fall konkrete Anhaltspunkte erforderlich sind.

Ausschluss des Umgangsrechts

In der Regel haben beide Elternteile das Recht und auch die Pflicht auf Umgang mit ihrem Kind. Das Recht auf Umgang kann dem ausziehenden Elternteil nur dann genommen werden, wenn durch sein Verhalten oder die Umstände im Rahmen des Besuches den Kindern körperlich oder psychisch Schaden zugefügt wird. Gerade dann, wenn Kinder nach einem Besuch jedes Mal verstört zurückkehren, sollte man die Gründe dafür herausfinden. Oft sind zwar bereits allein die Trennung der Eltern und die damit verbundenden geänderten Lebensumstände dafür ausschlaggebend. Es können aber auch Fälle sein, in denen der Verdacht des sexuellen Missbrauchs besteht, wo der umgangsberechtigte Elternteil das Kind bedroht oder erhebliche Alkoholprobleme hat. Im Regelfall wird es jedoch so sein, dass der Elternteil, bei dem die Kinder geblieben sind, den Umgang mit dem ausziehenden Elternteil nicht verhindern kann.

Verweigerung des Umgangs- und Besuchsrechts

Eine Scheidung ist sowohl für die Eltern als auch für die Kinder nicht ganz einfach. Häufig haben sich die Paare gegenseitig so sehr verletzt, dass sie sich auf jede erdenkliche Art schaden wollen. Die schlechteste Möglichkeit ist die, die Kinder als Waffe gegen den Expartner zu instrumentalisieren. Leider kommt es häufig vor, dass einem Elternteil der Umgang des Kindes mit dem anderen gar nicht gefällt. Ob aus Eifersucht

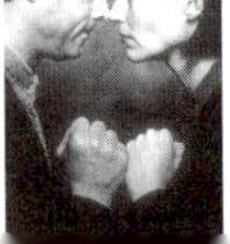

oder weil man dem anderen schaden will – nicht selten versuchen die Eltern, das Umgangsrecht zu boykottieren.

WISO rät: Versuchen Sie immer, Ihrem Kind alle Besuchs- und Umgangstermine zu ermöglichen. Reden Sie vor Ihrem Kind nie schlecht von Ihrem Expartner. Versuchen Sie nicht, dem Kind ein schlechtes Gewissen einzureden, indem Sie ihm sagen, dass Sie jetzt traurig seien, weil es zu Ihrem Verflossenen geht. Das Kind hat ein anderes Verhältnis zu Ihrem Expartner als Sie! Es liebt beide Elternteile und sollte durch eine Scheidung nicht zwischen zwei Stühle gestellt oder instrumentalisiert werden.

Falls Ihr Expartner Ihnen den Umgang mit Ihrem Kind verweigern will, stehen Sie nicht schutzlos da. Theoretisch gibt es die Möglichkeit, die Umgangsvereinbarung durchzusetzen, indem man das Familiengericht um Hilfe bittet. Das erlässt dann einen Beschluss, in dem der Elternteil, der das Kind dem anderen vorenthält, verpflichtet wird, die Vereinbarung einzuhalten. Folgt er diesem nicht, kann das Familiengericht Zwangsmaßnahmen androhen. Verhindert ein Elternteil danach weiterhin den Umgang mit dem anderen, können Zwangsgeld oder Zwangshaft verhängt werden. In der Praxis kommt aber gerade die Zwangshaft kaum vor. Der Grund: Das Abführen eines Elternteils kann ein Kind sehr stark traumatisieren. Außerdem kann eine umfassende Betreuung gefährdet sein, wenn ein Elternteil im Gefängnis sitzt.

Es gibt auch die Möglichkeit des Gerichts, dem Elternteil das Sorgerecht zu entziehen, der das Umgangsrecht des anderen ständig boykottiert. Bevor jedoch irgendeine Zwangsmaßnahme getroffen wird, lädt das Gericht beide Elternteile zu einem Vermittlungsversuch ein. Nach der Gesetzesänderung im Jahr 1998 ist das Abholen des Kindes durch die Polizei absolut tabu. Früher waren solche Aktionen erlaubt, heute steht auch hier das seelische Befinden des Kindes im Vordergrund. Ausnahmen gibt es allerdings auch hier: Wenn zu befürchten ist, dass dem Kind Gewalt angetan wird, dann darf es auch weiterhin durch die Polizei abgeholt werden.

In diesem Zusammenhang gibt es auch einen strafrechtlichen Aspekt: Derjenige, der das Umgangsrecht des Kindes mit dem anderen Elternteil vereitelt, kann sich unter Umständen wegen Kindesentziehung strafbar machen.

Die finanzielle Seite des Umgangsrechts

Die Wahrnehmung des Unterhalts kostet Geld. Je nachdem, wie weit das Kind vom Umgangsberechtigten entfernt wohnt, können erhebliche Fahrtkosten anfallen, die Urlaube müssen bezahlt werden, außerdem Essen, Kleidung, Besuche in Kinos, Restaurants, Schwimmbädern und Freizeitparks, möglicherweise ein komplettes zweites Kinderzimmer. Aber selbst wenn diese Kosten noch so hoch sind: Sie können sie bei der Berechnung des Unterhalts in der Regel nicht vom Ihrem Einkommen abziehen.

Ist der Unterhaltsverpflichtete allerdings finanziell so schlecht gestellt, dass er das Umgangsrecht überhaupt nicht mehr wahrnehmen kann, dann darf er in Ausnahmefällen den Unterhalt zugunsten des Umgangsrechts kürzen. Wohnt das Kind mehrere Monate beim Umgangsberechtigten, dann kann er mit dem anderen Elternteil vereinbaren, dass der Kindesunterhalt für diese Zeit gekürzt wird oder ganz wegfällt.

Die Kosten, die durch das Umgangsrecht entstehen, können in der Regel auch nicht von der Steuer abgesetzt werden.

VI. Unterhalt

1. Wenn der Expartner nicht zahlen will

Beispiel: Nach der Trennung von ihrem Mann ist für Carmen Schumacher klar: Ihr Mann Steffen muss Unterhalt zahlen – zum einen für sie, zum anderen für die Kinder. Schließlich verdient Steffen als Ingenieur gut, und die gemeinsamen Kinder wohnen bei ihr und werden von ihr betreut. Außerdem ist sie nicht berufstätig. Doch Steffen sieht das anders: Er verweigert jegliche Unterhaltsleistung. Seine neue Freundin Annette ist schwanger, und er wird sie im nächsten Monat heiraten. In Kürze wird er dann sie und das neue Kind zu unterhalten haben. Für Carmen und seine Kinder aus der ersten Ehe bleibt da nichts mehr übrig. Außerdem sind die Kinder mittlerweile drei und fünf Jahre alt und gehen beide in den Kindergarten, so dass Carmen auch wieder arbeiten könnte. So würde sie auch über die Runden kommen. Er sieht sich deshalb nicht verpflichtet, ihr zusätzlich Geld zu geben.

2. Der Kindesunterhalt

Rund eine Million Kinder in Deutschland sind auf Sozialhilfe angewiesen – und das, weil unterhaltspflichtige Eltern nicht für sie zahlen. Getreu dem Motto: „Aus den Augen, aus dem Sinn!“ sind es häufig Väter, die sich nach einer Trennung vor den Unterhaltszahlungen für ihre Sprösslinge drücken. Nur jeder Dritte kommt seinen finanziellen Verpflichtungen in vollem Umfang und vor allem pünktlich nach.

Fest steht aber: Beide Eltern müssen ihren Kindern gegenüber Unterhalt leisten. In welcher Form, ist klar geregelt: Der Elternteil, der die Kinder betreut, bei dem sie wohnen und essen, erbringt den Unterhalt sozusagen in „naturaler Form“. Der andere Elternteil ist „barunterhaltspflichtig“. Er muss seine Unterhaltsverpflichtung durch die Beschaffung von wirtschaftlichen Mitteln erfüllen, indem er monatlich einen bestimmten Barbetrag zahlt. Der Kindesunterhalt steht dem Kind übrigens auch dann zu, wenn das Kind den Umgang mit dem Barunterhaltspflichtigen verweigert.

Höhe des Kindesunterhalts

Wie viel der geschiedene Partner für seine Kinder zahlen muss, hängt vom so genannten bereinigten Nettoeinkommen ab. Um das zu ermitteln, müssen erst einmal die gesamten Einkünfte des Unterhaltsschuldners addiert werden. Entscheidend ist also nicht nur das, was jeden Monat auf dem Gehaltsstreifen steht. Auch das Urlaubs- und Weihnachtsgeld, Zulagen, Prämien, Überstundenvergütung und Mieteinnahmen wer-

den dazugerechnet. Selbst derjenige, der kostenfrei wohnt, muss sich diesen Wohnvorteil fiktiv als Einkommen anrechnen lassen.
Andererseits kann der Unterhaltsverpflichtete sein Einkommen auch mindern. Abzugsfähig sind auf jeden Fall Steuern, Sozialabgaben und berufsbedingte Aufwendungen. Lebensversicherungen verringern das unterhaltsrelevante Einkommen, wenn die Raten im Verhältnis zum Arbeitseinkommen angemessen sind. Schulden können dann berücksichtigt werden, wenn sie noch aus der Zeit des Zusammenlebens und im Einverständnis mit dem anderen Partner gemacht wurden. Nach der Trennung entstandene Schulden können dagegen in der Regel nicht abgesetzt werden, es sei denn, es handelt sich um notwendige, unvermeidbare Anschaffungen, wie zum Beispiel die Ausgaben für eine neue Wohnungseinrichtung. Eine umfangreiche Liste dessen, was im Einzelnen dem Nettoeinkommen hinzuaddiert oder abgezogen werden kann, finden Sie im Anhang.

Zur Verdeutlichung hier ein vereinfachtes Beispiel: Steffen Schumacher verdient nach Abzug von Steuern und Sozialabgaben als Ingenieur 2.500 Euro netto im Monat. Seine Eigentumswohnung, die er vermietet hat, bringt Mieteinnahmen in Höhe von 500 Euro. Außerdem zahlt er monatlich 100 Euro für seine Lebensversicherung. Das bereinigte unterhaltsrelevante Einkommen beträgt somit 2.900 Euro.

Vorsicht: Das bereinigte Nettoeinkommen ist nicht etwa identisch mit dem steuerlichen Nettoeinkommen. So gibt es beispielsweise steuerliche Abschreibungsmöglichkeiten, die unterhaltsrechtlich nicht anerkannt werden. Andererseits können im Unterhaltsrecht Beträge abgezogen werden, die steuerlich nicht absetzbar sind.

Ist das bereinigte Nettoeinkommen ermittelt, lassen sich die Unterhaltssätze für den Kindesunterhalt nach der Düsseldorfer Tabelle (siehe Anhang) ermitteln. Für die neuen Bundesländer gilt die so genannte Berliner Tabelle (siehe Anhang) als Vortabelle zur Düsseldorfer Tabelle. Weil aber beide Tabellen keine Gesetze sind, können die Gerichte von ihnen abweichen. Die Beträge werden demzufolge nicht immer auf den Cent genau eingehalten.

Beide Tabellen gehen außerdem davon aus, dass der Unterhaltspflichtige einem Expartner und zwei Kindern Unterhalt schuldet. Bei einer geringeren oder größeren Zahl Unterhaltsberechtigter sind daher Abschläge oder Zuschläge auf die Tabellenbeträge vorzunehmen. Eheliche und nichteheliche Kinder werden gleich behandelt, da beide dieselben finanziellen Ansprüche haben.

Anrechnung von Kindergeld

Wer Kinder hat, bekommt Kindergeld. Für die ersten drei Kinder zahlt der Staat jeweils 154 Euro, für den vierten Sprössling 179 Euro.

In der Regel wird dieses Kindergeld bis zum 18. Lebensjahr und wenn sich das

Kind noch in der Schul- oder Berufsausbildung befindet, bis zum 27. Geburtstag gezahlt. Weil es während der Grundwehrzeit und des Zivildienstes kein Kindergeld gibt, verlängert sich die Zahlung um den entsprechenden Zeitraum.

Das Kindergeld fällt vollständig weg, wenn das Kind ein eigenes Einkommen von 7.188 Euro jährlich hat.

Bei getrennt lebenden Eltern bekommt derjenige das Kindergeld, bei dem der Nachwuchs wohnt. Weil das Kindergeld aber eigentlich beiden Eltern zusteht, muss dieses mit dem Unterhalt verrechnet werden. Bis zum 31.12.2000 wurde deshalb vom geschuldeten Unterhalt einfach die Hälfte des Kindergeldes abgezogen. Seit dem 1.1.2001 sieht die Situation allerdings anders aus. Viele Unterhaltszahler aus den niedrigeren und mittleren Einkommensgruppen müssen seitdem tiefer in die Tasche greifen, denn in den unteren fünf Gruppen der Düsseldorfer Tabelle wird das Kindergeld nur noch zu einem geringeren Teil angerechnet. Das Bundesverfassungsgericht hatte zuvor entschieden, dass Kindern mindestens das Existenzminimum gezahlt werden muss. Dieses beträgt aber 135 Prozent des Regelsatzes, was der sechsten Stufe der Düsseldorfer Tabelle entspricht.

Wie viel Kindergeld in Ihrem individuellen Fall genau auf den geschuldeten Kindesunterhalt angerechnet wird, können Sie aus der Kindergeldanrechnungstabelle im Anhang ersehen.

Beispiel: Hätte Steffen Schumacher beispielsweise ein bereinigtes Nettoeinkommen von 2.000 Euro, müsste er nach der Düsseldorfer Tabelle je Kind 241 Euro Unterhalt zahlen. Nach der Kindergeldabzugstabelle darf er davon jeweils 64 Euro des Kindergeldes anrechnen. Letztlich müsste er also pro Kind 177 Euro an seine Frau Carmen bezahlen.

Wichtig: Es gibt immer noch Unterhaltszahler aus den niedrigeren Gehaltsgruppen, die den Unterhalt für den Nachwuchs um die Hälfte des Kindergeldes kürzen. Den Mehrbetrag bekommt der andere Elternteil nämlich nicht automatisch. Er muss vielmehr den Unterhaltsverpflichteten anschreiben und ihn dazu auffordern, den Kindesunterhalt in einem neuen Unterhaltstitel zu bestätigen. Diese Urkunde kann sich der Unterhaltsempfänger kostenlos beim Jugendamt oder gegen ein entsprechendes Honorar beim Notar ausstellen lassen. Kommt der Unterhaltszahler dieser Aufforderung nicht innerhalb von zwei Wochen nach, muss der Berechtigte einen entsprechenden Antrag beim Familiengericht stellen. Ganz wichtig: Keine Zeit verlieren, denn Kindesunterhalt gibt es in der Regel nicht rückwirkend, sondern erst ab Antragstellung.

WISO rät: Gehört Ihr Expartner den unteren Gehaltsgruppen an und zieht er immer noch das halbe Kindergeld vom Unterhalt ab, sollten Sie sich in jedem Fall juristisch beraten lassen. Der Fachmann sagt Ihnen, ob Ihr Verflossener mehr Geld zahlen muss. Informationen bekommen Sie entweder bei einem Rechtsanwalt oder beim Jugendamt.

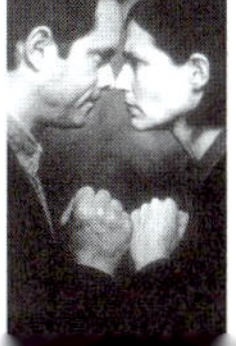

Unterhaltszahler mit niedrigem Einkommen, die seit Anfang 2001 aufgrund der geringeren Kindergeldanrechnung mehr Unterhalt berappen müssen, können durch Anhebung des notwendigen Eigenbedarfs im Juli 2001 andererseits auch wieder entlastet werden.

WISO rät: Gehören Sie den niedrigeren Einkommensgruppen an und verbleibt Ihnen quasi nur ihr Existenzminimum, sollten Sie Ihre Unterhaltsleistungen unbedingt neu berechnen lassen.

Minderjährige Kinder und Auszubildende

In der Regel haben minderjährige Kinder immer einen Unterhaltsanspruch. Das heißt, in unserem Ausgangsfall kommt Steffen Schumacher um die Zahlung des Kindesunterhalts nicht herum. Er muss also für seine beiden minderjährigen Kinder aufkommen. Seine Einwände, er bekomme nun mit seiner neuen Partnerin ein Kind, sind zunächst ohne Belang.

Der Unterhaltsanspruch für minderjährige Kinder kann reduziert werden, wenn das Kind ein eigenes Einkommen hat. In dem Fall muss es für seinen Lebensbedarf zumindest teilweise selbst aufkommen. Doch aufgepasst: Von dem Verdienst des Kindes profitiert nicht nur derjenige, der Barunterhalt bezahlt. Das Gehalt des Kindes kommt auch dem anderen Elternteil zu Gute. Außerdem wird nicht das gesamte Einkommen auf den Unterhalt angerechnet. Einem Kind, das sich in der Berufsausbildung befindet und das noch in dem Haushalt eines Elternteils wohnt, sind in der Regel 85 Euro zu belassen. Manche Gerichte weichen aber auch von diesem Betrag ab und verlangen einen konkreten Nachweis dafür, welchen Mehrbedarf genau das Kind aufgrund der Ausbildung hat (zum Beispiel Arbeitskleidung oder Fahrtkosten). Das verbleibende Gehalt kann dann auf den Unterhalt angerechnet werden.

Beispiel: Der Ehemann zahlt für seinen 16-jährigen Sohn 538 Euro Unterhalt. Nun beginnt dieser eine Lehre. Sein Einkommen beträgt im ersten Lehrjahr 305 Euro. Dieses Gehalt ist um einen ausbildungsbedingten Mehrbedarf von 85 Euro zu kürzen. Es verbleiben also 220 Euro. Beide Elternteile profitieren davon je zur Hälfte. Der Vater muss demzufolge von nun an um 110 Euro weniger Unterhalt zahlen. Der Sohn kann somit nur noch 428 Euro monatlich verlangen.

Achtung: Diese Grundsätze gelten nicht nur für Auszubildende, sondern auch für Schüler, die eigenes Geld verdienen. Geringfügige Einnahmen, die nur das Taschengeld aufbessern, bleiben allerdings unberücksichtigt.

Volljährige Schüler

Volljährige Schüler bis zum 21. Lebensjahr, die bei einem Elternteil wohnen, haben gegen ihre Eltern einen Anspruch auf Unterhalt. Er bemisst sich nach der vierten Stufe der Düsseldorfer Tabelle in den alten Bundesländern und nach der dritten Tabellenstufe der Berliner Tabelle in den neuen Bundesländern.

Die Höhe des Unterhalts hängt vom Einkommen beider Eltern ab. Das volljährige Kind hat demnach einen Anspruch auf Barunterhalt, und zwar auch gegenüber demjenigen Elternteil, bei dem das Kind lebt. Für die Berechnung werden dabei die unterhaltsrelevanten Einkommen beider Eltern zusammengezählt.

Hat der Vater also beispielsweise ein unterhaltsrelevantes Einkommen von 2.500 Euro und die Mutter von 1.000 Euro, liegt ein unterhaltsrelevantes Einkommen in Höhe von 3.500 Euro vor. Das Kind hätte nach der Düsseldorfer Tabelle einen Unterhaltsanspruch von 529 Euro. Weil beide Elternteile barunterhaltspflichtig sind, müssen auch beide für den Betrag aufkommen. Allerdings wird die Summe nicht einfach durch die Hälfte geteilt. Das wäre ungerecht. Grob gesagt, haftet jeder nach seinem Verdienstanteil, wobei die ganz konkreten Berechnungen im Einzelfall sehr kompliziert sein können.

Wichtig: Wohnt das Kind beispielsweise bei der Mutter, werden Kost und Logis verrechnet. Der Barunterhalt der Mutter würde also entweder wegfallen oder sich verringern. Geht das Kind selbst einer Erwerbstätigkeit nach, wird das Einkommen genau wie bei minderjährigen Kindern mit dem Unterhalt verrechnet.

Studenten

Wie bei volljährigen Schülern und Auszubildenden sind auch bei Studenten beide Eltern barunterhaltspflichtig. Der Gesamtunterhaltsbedarf eines Studenten, der nicht mehr bei seinen Eltern wohnt, beträgt monatlich 600 Euro (Betrag West) beziehungsweise 555 Euro (Betrag Ost).

Selbst wenn das Studentenleben gerade am Anfang des Studiums oft sehr locker erscheint: Eltern können von ihren Sprösslingen nicht verlangen, dass diese während des Studiums jobben gehen, um so einen Teil der Ausbildung selbst zu finanzieren. Bis zum zweiten oder dritten Semester darf ein Student auch ohne Verlust der Unterhaltsansprüche die Fachrichtung wechseln, wenn sich herausstellt, dass die erste Studienwahl falsch war. Wer fertig studiert hat, sollte sich allerdings sputen, denn innerhalb von drei Monaten nach dem Abschluss muss der Absolvent ins Berufsleben einsteigen und für sich selbst sorgen. Für eine Promotion kann er in der Regel keinen Unterhalt mehr von den Eltern verlangen.

Wichtig: Hat ein Ehegatte gar kein Einkommen, heißt das nicht, dass der geschiedene Expartner 600 Euro alleine berappen muss. Hat der Vater beispielsweise nur

ein unterhaltsrelevantes Einkommen von etwa 1.800 Euro, muss er nur 377 Euro nach der Düsseldorfer Tabelle zahlen. Außerdem muss sich der Sohn eventuelle eigene Einkünfte zumindest teilweise anrechnen lassen.

Wehrdienst, Zivildienst und Soziales Jahr

Erwachsene Kinder, die gerade ihren Wehrdienst absolvieren, können von ihren Eltern keinen Unterhalt verlangen. Denn die Bundeswehr stellt Unterkunft und Verpflegung zur Verfügung. Außerdem gibt es zusätzlich einen – wenn auch geringen – Wehrsold. Der Bedarf des Wehrpflichtigen ist somit abgedeckt.

Einen Zuschuss schulden die Eltern aber ausnahmsweise dann, wenn es um die Finanzierung von besonderen Aufwendungen geht, die die Eltern auch vor dem Grundwehrdienst regelmäßig übernommen haben. Finanzierten Sie Ihrem Kind also beispielsweise Musikstunden oder die PKW-Kosten, müssen Sie dies auch weiter tun. Unterhalt – wenn auch in verminderter Höhe – kommt somit bei Eltern vor, die in guten finanziellen Verhältnissen leben.

Die gleichen Grundsätze gelten bei entsprechenden Bezügen auch für Zivildienstleistende und Kinder, die ein Soziales Jahr machen.

Welche Berufsausbildung müssen Eltern finanzieren?

Eltern sind gegenüber ihren Kindern verpflichtet, eine den Fähigkeiten und Neigungen entsprechende Berufsausbildung zu finanzieren. Die entsprechende Ausbildung muss von dem Kind zügig und innerhalb der angemessenen und üblichen Dauer angegangen und auch beendet werden. Dabei haben die Eltern das Recht, die Ausbildung zu kontrollieren. Sie können also beispielsweise verlangen, dass ihnen Ausbildungsscheine, Zeugnisse und sonstige Nachweise vorgelegt werden. Sobald die Ausbildung beendet ist, ist das Kind in der Regel verpflichtet, jede berufsfremde Tätigkeit anzunehmen, und zwar auch dann, wenn es ihm nicht gelingt, im erlernten Beruf etwas zu finden. Selbst wenn der angebotene Job unter seinem Ausbildungsniveau liegt, muss das Kind der Tätigkeit nachgehen.

Immer wieder stellt sich auch die Frage, inwieweit die Eltern eine zweite Berufsausbildung ihres Sprösslings finanzieren müssen. Hier kommt es auf den bisherigen beruflichen Werdegang an und darauf, inwieweit eine Zweitausbildung Sinn macht.

Beispiel: Der Sohn hat eine Lehre als Bankkaufmann mit guten Erfolgen abgeschlossen. Jetzt äußert er den Wunsch, noch ein betriebswirtschaftliches Studium zu absolvieren.

Bei einem entsprechend guten Abschluss der Banklehre kann der Sohn das Betriebswirtschaftsstudium auf Kosten der Eltern aufnehmen.

Sonderbedarf für Kinder

Die Beträge der Düsseldorfer und der Berliner Tabelle betreffen nur den so genannten Regelbedarf: essen, trinken, wohnen. Tatsächlich fallen bei einem Kind aber immer wieder mal besondere Kosten an: für die Babyerstausstattung, Nachhilfestunden oder für einen Schüleraustausch.

Für diesen Sonderbedarf haften beide Eltern anteilsmäßig. Derjenige, bei dem das Kind wohnt, kann also einen Teil der Kosten von dem geschiedenen Expartner verlangen. Wie viel das ist, hängt von den jeweiligen Einkommensverhältnissen beider Eltern ab.

WISO rät: Wollen Sie von Ihrem Expartner Geld für den Sonderbedarf Ihres Kindes, dürfen Sie nicht ewig warten. Sie müssen den Anspruch innerhalb eines Jahres nach Anfall der zusätzlichen Kosten geltend machen. Versäumen Sie das, muss der Expartner keinen Cent mehr zahlen.

Dynamisierung von Kindesunterhalt

Ärger gibt es mit dem Expartner erfahrungsgemäß auch immer wieder dann, wenn es nur darum geht, die gesetzliche Anhebung der Regelbeträge bei den künftigen Unterhaltszahlungen zu berücksichtigen. Damit der betreuende Elternteil nicht dauernd vor Gericht ziehen muss, um Veränderungen der Düsseldorfer Tabelle einzufordern, gibt es seit dem 1. Juli 1998 die Möglichkeit, Unterhaltsurteile, die bisher nur für eine bestimmte Summe galten, auf Prozentsätze umschreiben zu lassen.

Vorteil: Ändern sich die Regelbeträge nach zwei Jahren, ändern sich automatisch auch die Unterhaltsbeträge. Werden die Kinder älter und steht ihnen laut Düsseldorfer Tabelle mehr Unterhalt zu, muss ebenfalls nicht jedes Mal wieder geklagt werden. Zahlt der Unterhaltspflichtige die Erhöhung nicht, kann sofort vollstreckt werden. Durch die Dynamisierung von Unterhaltstiteln werden lästige Abänderungsklagen überflüssig. Theoretisch reicht es also aus, den Unterhalt einmal zu dynamisieren. Danach muss man sich um nichts mehr kümmern. Es sei denn, das Einkommen des anderen Elternteils steigt so, dass er grundsätzlich zu höheren Unterhaltszahlungen verpflichtet wäre.

Achtung: Die Möglichkeit, einen Unterhaltstitel in Prozentsätze umschreiben zu lassen, gibt es nur bis zum 1. Juli 2003. Bei neueren Unterhaltsurteilen wird eine Dynamisierung in den meisten Fällen von vornherein vereinbart. Weitere Informationen und Hilfestellung hierzu geben die Jugendämter, Rechtsanwälte oder auch die Amtsgerichte.

Vereinfachtes Verfahren

Eine andere Möglichkeit, die Unterhaltsfrage möglichst schnell zu klären, ist das so genannte „vereinfachte Verfahren". Es soll minderjährigen Kindern ermöglichen, schnell an den ihnen zustehenden Unterhalt zu gelangen. Hierfür muss der betreuende Elternteil beim Familiengericht einen Antrag auf Unterhaltsfestsetzung stellen. Entsprechende Formulare gibt es beim Amtsgericht oder auch beim Jugendamt.

WISO rät: Beim Ausfüllen des ziemlich komplizierten Antrags können Sie sich beim Jugendamt Unterstützung holen. Darüber hinaus leistet das Jugendamt bei alleiniger Sorge während des gesamten Verfahrens Beistand, auch dann, wenn es zum Prozess kommen sollte.

Das Besondere dieses Verfahrens: Die Höhe des im Antrag verlangten Unterhalts darf – unabhängig vom Einkommen des Betroffenen – maximal 150 Prozent des Regelsatzes betragen. Nach Zustellung hat der Unterhaltsschuldner einen Monat lang Zeit, dem Antrag ordnungsgemäß zu widersprechen. Tut er dies nicht, wird automatisch ein Beschluss gefasst, der die gleiche Gültigkeit hat wie ein Gerichtsurteil. Widerspricht der Unterhaltsschuldner, kann die ganze Sache vor Gericht enden.

Voraussetzung für dieses Verfahren ist allerdings, dass in der Unterhaltssache zuvor weder geklagt noch ein Titel erwirkt wurde. Darüber hinaus müssen die Kinder vom unterhaltspflichtigen Elternteil getrennt leben.

Unterhaltstitel vom Jugendamt

Nicht jede Trennung und Scheidung läuft wie ein wahrer Rosenkrieg ab. Es gibt durchaus Väter und Mütter, die ohne Wenn und Aber den Unterhalt für ihre Sprösslinge zahlen. Die Praxis zeigt aber: Die gute Zahlungsmoral hält oft nicht allzu lange an – vor allem wenn neue Lebenspartner als „Souffleure" dem bereitwilligen Unterhaltsschuldner zusetzen. Um sich für diese Fälle zu wappnen, empfiehlt es sich deshalb dringend, in guten Zeiten vorzubeugen.

Die Festsetzung und Beurkundung von Unterhaltszahlungen muss nämlich nicht zwangsläufig mit einem Gang vors Gericht verbunden sein. Die einfachste und billigste Möglichkeit, einen Unterhaltstitel zu bekommen, ist der Weg zum Jugendamt. Wenn beide Elternteile mit den Modalitäten einverstanden sind, können sie den Unterhaltsanspruch für ihre gemeinsamen Kinder direkt beim Jugendamt beurkunden lassen. Mit dieser Beurkundung hat der Unterhaltsberechtigte dann einen Titel in der Tasche, der genauso viel wert ist wie ein Gerichtsurteil. Das heißt, wenn die vereinbarten monatlichen Zahlungen ausbleiben, kann aus diesem Titel direkt zwangsvollstreckt werden. Sie können sich so ganz einfach eine langwierige Klage vor Gericht ersparen. Voraussetzung für diese kostengünstige Variante ist allerdings, dass beide Elternteile einverstanden sind. Denn erzwingen kann man seinen Titel durch das Jugendamt nicht.

WISO rät: Je früher Sie die Unterhaltsansprüche Ihrer Kinder regeln, umso besser, denn die Erfahrung zeigt: Je länger eine Trennung zurückliegt, umso schwieriger wird es, sich mit dem Expartner gütlich zu einigen.

Alternativ zum Jugendamt können Sie den Unterhaltsanspruch natürlich auch von einem Notar beurkunden lassen. Allerdings fallen dann auch Gebühren an.

3. Der Ehegattenunterhalt

Wenn es um den Expartner geht, lässt die Zahlungsmoral der Unterhaltsverpflichteten meistens zu wünschen übrig. Denn während manch einer mit Hängen und Würgen gerade noch bereit ist für sein Kind zu zahlen, wird beim Unterhalt für den Verflossenen oft jahrelang über das „ob überhaupt“ und „wenn ja, wie viel“ gestritten. Das fängt nicht erst mit der Scheidung an; schon beim Auszug eines Partners wird oft bis aufs Messer gefeilscht.

Von den Laien wird zwar meistens beides in einen Topf geworfen, die Gerichte unterscheiden aber sehr klar zwischen dem so genannten Trennungsunterhalt und dem nachehelichen Unterhalt. Rein rechtlich handelt es sich um zwei verschiedene Tatbestände: Unterhalt während der Trennungszeit ist zu zahlen, wenn die Eheleute zwar getrennt leben, aber noch nicht geschieden sind. Den nachehelichen Unterhalt gibt es dagegen erst nach der rechtskräftigen Scheidung der Ehe.

Besonderheiten beim Trennungsunterhalt

Sind die Eheleute getrennt, kann ein Partner vom anderen Unterhalt verlangen. Die Höhe des Trennungsunterhalts richtet sich nach den Erwerbs- und Vermögensverhältnissen des Ehepaars. Wer bislang nicht berufstätig war, muss sich auch während des Getrenntlebens keine Arbeit suchen. Dies gilt in der Regel selbst dann, wenn der Unterhaltsberechtigte weder Kinder betreuen muss noch infolge anderer Gründe wie Krankheit oder Alter nicht berufstätig sein kann. Während der Trennungszeit soll damit erst einmal alles beim Alten bleiben.

Dahinter steckt die Auffassung, dass die Trennungsphase nur ein Zwischenstadium ist und nicht eine endgültige Lebenssituation widerspiegelt. Entweder die Eheleute versöhnen sich wieder oder die Trennungsphase endet mit der Scheidung. Den Partnern soll in dieser Zeit der Orientierung aber keine dauerhafte einschneidende Lebensgestaltung abgerungen werden.

Doch Vorsicht: Diesen Lebensstil akzeptieren die Gerichte nicht ewig. Wer denkt, er könne einfach so ein paar Jährchen Unterhalt kassieren, täuscht sich gewaltig. Wer keine Kinder zu betreuen hat oder nicht krank ist, muss sich irgendwann wieder um einen Job bemühen.

Lassen sich die Eheleute beispielsweise erst nach vier Trennungsjahren scheiden, so kann es nach dem zweiten Jahr dazu kommen, dass der Ehepartner verpflichtet ist, wieder einer Berufstätigkeit nachzugehen. Entscheidend sind hierfür die Umstände des Einzelfalles. Dabei spielen das Alter des Ehepartners, sein Ausbildungsstand oder die Dauer der vorangegangenen Ehe eine entscheidende Rolle. Spätestens ab dem dritten Trennungsjahr muss der unterhaltsbegehrende Ehegatte in der Regel arbeiten gehen, auch wenn die Ehe lange Zeit dauerte und er zuvor nicht berufstätig war.

Dass der Unterhalt während der Trennung und der nacheheliche Unterhalt zwei verschiedene Tatbestände sind, macht sich auch dann bemerkbar, wenn der Expartner nach der Ehescheidung einfach die Unterhaltszahlung einstellt. Der Unterhaltsberechtigte muss ihn dann unter Fristsetzung erneut mahnen, nun den nachehelichen Unterhalt zu zahlen. Selbst wenn der Unterhaltsverpflichtete bereits während der Trennung zur Unterhaltszahlung verurteilt wurde, so gilt dieses Urteil nicht automatisch für den nachehelichen Unterhalt.

WISO rät: Achten Sie darauf, bereits im Scheidungsverfahren einen Antrag zu stellen, dass Ihr Expartner verpflichtet ist, an Sie nachehelichen Unterhalt zu zahlen. Ist das nicht der Fall und ergibt sich die Zahlungsverpflichtung auch nicht aus einem gerichtlichen Vergleich, müssen Sie Ihren Expartner sofort schriftlich unter Setzen einer Frist auffordern, den ausstehenden nachehelichen Unterhalt zu zahlen. Lassen Sie sich auch nicht etwa telefonisch vertrösten. Sie verlieren dadurch Ihren Anspruch.

Unterhalt nach der Scheidung

Sind die Eheleute erst einmal geschieden, geht das Gesetz grundsätzlich davon aus, dass jeder für sich selbst verantwortlich ist. Will daher ein geschiedener Ehepartner vom anderen Unterhalt, müssen dafür besondere Gründe vorliegen. Was sich wie eine Ausnahme anhört, ist in der Praxis allerdings fast zur Regel geworden. Der Gesetzgeber hat eine Fülle von Gründen geschaffen, die zum nachehelichen Unterhalt führen.

Der Expartner betreut gemeinsame Kinder

Wer gemeinsame Kinder betreut, kann von seinem Expartner Ehegattenunterhalt verlangen. Dieser Anspruch besteht im Interesse der Kinder, denn sie brauchen Zuwendung und Pflege. Gerade das aber erfordert eine Einschränkung der beruflichen Tätigkeit bei demjenigen, bei dem die Kinder wohnen. Der Anspruch auf Ehegattenunterhalt wegen Kindererziehung muss andererseits aber nicht ewig gezahlt werden. Ab einem gewissen Alter der Kinder schließen sich Berufstätigkeit und Kindererziehung nicht mehr aus. Die Kinder werden größer und selbstständiger, so dass auch derjenige, bei dem sie wohnen, wieder arbeiten kann. Der Unterhaltsanspruch kann dann gemindert werden oder sogar ganz wegfallen.

Ab wann der Unterhaltsberechtigte wieder einer Berufstätigkeit nachgehen kann, hängt immer vom Einzelfall ab. Die Gerichte haben allerdings folgende Faustregeln aufgestellt:

- Ist ein Kind jünger als acht Jahre, ist dem betreuenden Elternteil eine Erwerbstätigkeit nicht zuzumuten.
- Ist das Kind zwischen acht und elf Jahren alt, kann unter Umständen eine Teilzeittätigkeit in Betracht kommen. Es kommt aber immer auf den Einzelfall an. Entscheidend ist hier beispielsweise, ob das Kind den ganzen Vormittag über betreut ist (Schule, Hort, Großeltern).
- Ist das Kind zwischen elf und 15 Jahren alt, ist in der Regel eine Halbtagstätigkeit zumutbar.
- Ab dem 16. Lebensjahr kann in der Regel Vollzeit gearbeitet werden.
- Bei mehreren Kindern kommt in der Regel keine Erwerbspflicht in Betracht, wenn das jüngste Kind noch nicht zehn Jahre ist.
- Ist ein Kind beispielsweise wegen einer Behinderung besonders zuwendungsbedürftig, gelten andere, vom Einzelfall abhängige Grundsätze.

In unserem Ausgangsfall verlangt Steffen Schumacher von seiner Frau, dass sie wieder arbeiten gehen solle, um ihren Unterhalt selbst zu verdienen. Doch darauf hat er kein Recht. Carmen Schumacher kann zu Hause bleiben. Beide Kinder sind bislang erst im Kindergarten. Ihr Mann Steffen muss Ehegattenunterhalt zahlen, weil seine Frau Carmen die beiden Kinder betreut.

Der Expartner ist arbeitslos

Wer zum Zeitpunkt der Scheidung keine angemessene Erwerbstätigkeit findet, kann von seinem Expartner Unterhalt verlangen. Der geschiedene Ehepartner hat somit das Arbeitsplatzrisiko seines Expartners zu tragen. Der Arbeitslose muss aber nachweisen, dass er sich dauerhaft und ernsthaft um einen Job bemüht. An die Arbeitsplatzsuche werden dabei hohe Anforderungen gestellt. Zum einen muss sich der Unterhaltsberechtigte beim Arbeitsamt als arbeitssuchend melden. Doch das allein reicht noch nicht aus. Er muss zudem nachweisen, dass er Stelleninserate liest, selbst Zeitungsanzeigen aufgibt oder auch bei möglichen Arbeitgebern nachfragt. Kommt der Arbeitslose diesen Anforderungen nicht nach, so verliert er seinen Unterhaltsanspruch.

Problematisch in diesem Zusammenhang ist allerdings die Frage, welche Tätigkeit dem Arbeitslosen überhaupt zumutbar ist. Nach dem Gesetz muss der geschiedene Ehepartner eine *angemessene* Erwerbstätigkeit ausüben. Maßgeblich ist danach seine Ausbildung, sein Alter, seine Gesundheit, aber auch die ehelichen Lebensverhältnisse, die Dauer der Ehe sowie die Dauer der Kindererziehung.

Lebten die Eheleute beispielsweise während der Ehe in guten bis gehobenen wirtschaftlichen Verhältnissen, so kann es für den geschiedenen Ehepartner unzumutbar sein, irgendwelche untergeordneten Hilfstätigkeiten anzunehmen. Eine Chefarztfrau wird demzufolge nicht als Reinigungskraft arbeiten müssen.

Der Unterhaltsanspruch wegen Arbeitslosigkeit kann im Übrigen zeitlich begrenzt sein. Als Anhaltspunkt dient hier die Dauer der Ehezeit. Bei kurzer Ehedauer kann demnach der Unterhaltsanspruch zeitlich beschränkt werden.

Beispiel: Ein Ehepaar wird nach fünf Jahren geschieden. Zum Zeitpunkt der Scheidung ist die Ehefrau arbeitslos. Ihr Exmann muss ihr Unterhalt bezahlen. Wegen der Kürze der Ehe kann das Gericht aber den Unterhaltsanspruch auf zum Beispiel drei Jahre beschränken.

Achtung: Bestand die Ehe demgegenüber beispielsweise 20 Jahre, so kann die Unterhaltsverpflichtung wegen Arbeitslosigkeit im Ergebnis auch bis ans Lebensende bestehen.

Der Expartner kann seinen Lebensstil nicht fortführen

Der so genannte Aufstockungsunterhalt kommt in den familienrechtlichen Verfahren mit am häufigsten vor. Er soll den Bedarf abdecken, falls der Unterhaltsberechtigte trotz eigenen Einkommens den ehelichen Lebensstandard nicht erreichen kann. War die Ehefrau also beispielsweise bereits während der Ehe berufstätig und geht sie auch nach der Ehe der gleichen Arbeit nach, so kann es dennoch sein, dass ihr Einkommen nicht zur Deckung des eigenen Lebensbedarfs ausreicht. Zwei Singlehaushalte kosten in der Regel nun einmal mehr als nur ein Haushalt. Der besserverdienende Partner muss daher das Einkommen des anderen aufstocken.

Das Problem des Aufstockungsunterhalts besteht darin, dass er auf die ehelichen Verhältnisse abstellt. Der Unterhaltsberechtigte hat sozusagen einen Anspruch darauf, so weiterzuleben wie bisher.

Beispiel: In einer Doppelverdienerehe verdiente der Ehemann vor der Ehescheidung als Ingenieur 3.000 Euro netto im Monat. Seine Frau hat während der Ehe ebenfalls gearbeitet und als Arzthelferin einen Nettoverdienst von 1.800 Euro erzielt. Nach der Scheidung arbeiten beide in gleichem Umfang weiter. Zwar könnte sich die Ehefrau nach der Scheidung durchaus selbst versorgen. Allerdings würde das für sie eine erhebliche Einbuße an Lebensqualität bedeuten. Sie kann deshalb von ihrem geschiedenen Mann den Anteil an der Differenz verlangen, den sie braucht, um den bisherigen Lebensstil weiterführen zu können.

Auch der Aufstockungsunterhalt kann beispielsweise wegen der Kürze der Ehe zeitlich begrenzt werden.

Der Expartner macht eine Ausbildung, Fortbildung oder Umschulung

Macht der unterhaltsberechtigte geschiedene Partner eine Aus- oder Fortbildung oder eine Umschulung, so gilt Folgendes:

- Eine bereits während der Ehe mit Zustimmung des anderen Ehegatten aufgenommene Ausbildung darf nach der Scheidung fortgesetzt werden.
- Hat der Ehegatte während der Ehe eine Ausbildung abgebrochen, beispielsweise wegen der Geburt eines Kindes, so darf er diese in der Regel nach der Scheidung aufnehmen beziehungsweise fortsetzen.
- Hat der Ehegatte vor der Ehe keine Schul- oder Berufsausbildung gemacht und lag dies an der Eheschließung, so darf er diese Ausbildung nach der Scheidung aufnehmen oder fortsetzen.

Achtung: Diese Grundsätze gelten normalerweise nur für die erstmalige Berufsausbildung. Eine Zweitausbildung muss der Expartner in der Regel nicht finanzieren.

Eine Umschulung oder eine Weiterbildung ist nur dann auf Kosten des unterhaltspflichtigen Expartners gestattet, wenn anderenfalls keine angemessene Erwerbstätigkeit gefunden werden kann.

Der Expartner kann nicht arbeiten, weil er zu alt ist

Es passiert nicht nur in jungen Jahren. Manche Ehen gehen auch noch nach 20 oder 30 Jahren auseinander. Die Partner sind dann häufig weit über 50 Jahre alt, und manch einer war schon die Hälfte seines Lebens nicht mehr berufstätig. Ist es ihm dann noch zuzumuten, wieder in das Berufsleben einzusteigen?

Eine pauschale Antwort hierauf gibt es nicht. Es kommt auf den Einzelfall an. Entscheidend sind dabei die Arbeitsmarktsituation, die örtlichen Gegebenheiten, wobei ein Wohnungswechsel unter Umständen verlangt werden kann, die Dauer der Berufsfremdheit, aber beispielsweise auch die Belastbarkeit und die psychische Widerstandskraft des geschiedenen Partners.

In Fällen, in denen Frauen von etwa Mitte 50 nach langjähriger Hausfrauentätigkeit ohne Ausbildung eine Arbeit suchen sollen, müssen diese nach der Auffassung vieler Gerichte keiner Erwerbstätigkeit mehr nachgehen.

WISO rät: Weil niemand im vorhinein wissen kann, wie das Gericht in dem konkreten Einzelfall entscheiden wird, sollten Sie sich in jedem Fall als arbeitssuchend melden und auch Bewerbungsversuche unternehmen. In einem Gerichtsverfahren können Sie sich so Vorwürfe hinsichtlich Ihres Unterhalts ersparen.

Der Expartner kann nicht arbeiten, weil er krank ist

Ist der geschiedene Ehepartner zum Zeitpunkt der Scheidung krank, kann er von seinem Expartner Unterhalt verlangen. Es muss sich dabei aber um eine dauerhafte –

wenn auch nicht unheilbare – Krankheit handeln. Ein kurzer Krankenhausaufenthalt reicht nicht aus. Zu einer Krankheit, die einen Unterhaltsanspruch begründet, kann aber auch eine Alkohol- oder Medikamentenabhängigkeit zählen.

WISO rät: Wer sich auf seine Krankheit berufen möchte, sollte sich stets um ein ausführliches medizinisches Gutachten bemühen und dieses im Prozess vorlegen. Außerdem sollte er nachweisen können, dass er die Krankheit behandeln lässt; ansonsten gefährdet er den Unterhaltsanspruch.

Andere schwerwiegende Gründe

Ein geschiedener Ehepartner kann von dem anderen auch dann Unterhalt verlangen, wenn ihm eine Erwerbstätigkeit aufgrund ganz besonders schwerwiegender Gründe nicht zugemutet werden kann. Außerdem muss es unter Berücksichtigung der Interessen beider Partner sehr ungerecht erscheinen, wenn der Unterhalt versagt würde.

Beispiel: Ein Ehepaar lässt sich nach 15 Jahren Ehe scheiden. Die Exfrau ist nicht krank und betreut auch keine gemeinsamen Kinder. Sie bekommt einen Job angeboten, von dem sie gut leben könnte. Sie hat jedoch eine nichteheliche schwer behinderte Tochter im Alter von 20 Jahren. Selbst wenn es sich hier nicht um das leibliche Kind des geschiedenen Ehemannes handelt, müsste er voraussichtlich an seine Exfrau Ehegattenunterhalt zahlen.

Zeitpunkt für das Vorliegen der Unterhaltsgründe

Ganz gleich, warum ein geschiedener Partner nach der Scheidung Unterhalt verlangen kann: Der Grund dafür muss zum Zeitpunkt der Scheidung vorliegen. Tritt er erst später ein, gibt es in der Regel keinen Unterhalt.

Beispiel: Nach der Ehescheidung geht die Expartnerin als Chefsekretärin wieder arbeiten. Sie verdient gut und hat keinen Unterhaltsanspruch gegenüber ihrem geschiedenen Mann. Nach fünf Jahren wird sie schwer krank. Sie muss ihren Beruf aufgeben. Dennoch hat sie keinen Unterhaltsanspruch gegen ihren Exmann.

Unerheblich ist hingegen, ob der Unterhaltsgrund wechselt. Voraussetzung ist nur, dass er ohne zeitliche Lücke an den vorherigen Grund anknüpft.

Beispiele:

1. Nach der Scheidung betreut die Mutter ihre Kinder. Weil sie nicht arbeiten kann, erhält sie von ihrem Mann Unterhalt. Als die Kinder größer sind, würde sie gerne wieder ins Berufsleben einsteigen. Jetzt ist sie allerdings schwer krank. Ihr Exmann muss weiter an sie Unterhalt bezahlen, wenn auch aus einem anderen Grund.

2. Nach der Scheidung betreut die Mutter die gemeinsamen Kinder. Als diese größer sind, geht sie einer Tätigkeit nach und bekommt von ihrem Exmann keinen Unterhalt mehr. Zwei Jahre später wird sie krank und in der Folge arbeitsunfähig. In diesem Fall hat sie keinen Anspruch mehr auf Ehegattenunterhalt. Denn beide Unterhaltstatbestände – nämlich Kinderbetreuung und Krankheit – schließen zeitlich nicht aneinander an.

Eine Ausnahme von all den Grundsätzen gibt es allerdings, wenn eine Frau nach der Scheidung wieder arbeitet, dann aber ihr Kind krank wird. In diesem Fall hat sie zwar eine Zeit lang keinen Ehegattenunterhalt mehr bekommen, weil sie ja auf eigenen Füßen stand. Ist sie jetzt aber gezwungen, zu Hause zu bleiben, um sich ihrem kranken Kind zu widmen, steht ihr in einem solchen Fall wieder Unterhalt zu.

Ehen von kurzer Dauer

Es kommt immer wieder vor: Die Hochzeit ist kaum vorbei und schon stellt sich heraus, dass der andere wohl doch nicht die richtige Wahl war. Das Ehepaar ist dann manchmal schneller wieder geschieden, als es verheiratet war.

Bei solchen Ehen, die nur von sehr kurzer Dauer waren, besteht oft gar kein Anspruch auf Ehegattenunterhalt. Als kurz gilt eine Ehe dann, wenn sie nicht länger als maximal zwei bis drei Jahre andauerte. Entscheidend ist dabei der Zeitpunkt der Eheschließung bis zur Antragstellung des Scheidungsantrags. Zeiten des vorehelichen Zusammenlebens zählen nicht.

Ausnahmsweise muss der Ehegattenunterhalt auch trotz nur kurzer Ehedauer gezahlt werden. Das ist beispielsweise dann der Fall, wenn aus der Ehe gemeinsame Kinder hervorgehen und diese beim Unterhaltsberechtigten leben. Gleiches kann gelten, wenn ein geschiedener Ehepartner wegen der Ehe seinen Beruf oder seine Ausbildung aufgeben musste. In beiden Fällen sprechen manche Gerichte den Ehegattenunterhalt aber nicht in voller Höhe zu, sondern kürzen ihn, um so beiden Partnern gerecht zu werden.

Höhe des Ehegattenunterhalts

Wie viel Unterhalt ein Ehepartner von dem anderen verlangen kann, hängt von der Einkommenssituation der Eheleute *während der Ehe* ab. Entscheidend ist also, in welchen wirtschaftlichen Verhältnissen das Paar bis zur Scheidung lebte. Wie beim Kindesunterhalt wird auch bei dem Ehegattenunterhalt zunächst einmal das unterhaltsrelevante Einkommen während der Ehe ermittelt. Zum Erwerbseinkommen des Berufstätigen zählen auch hier andere mögliche Einkunftsarten, wie beispielsweise Mieteinnahmen oder Kapitaleinkünfte. Demgegenüber sind Steuern, Sozialabgaben und berufsbedingte Aufwendungen abzugsfähig. Muss der Unterhaltspflichtige

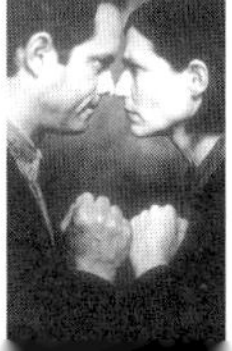

Kindesunterhalt bezahlen, wird dieser Betrag ebenfalls vom Einkommen abgezogen. Eine detaillierte Liste dessen, was abzugsfähig ist oder hinzugerechnet wird, finden Sie im Anhang.

Ist das unterhaltsrelevante Einkommen ermittelt, ist von dem Grundsatz auszugehen, dass jeder Partner die Hälfte aller zur Verfügung stehenden finanziellen Mittel bekommen soll. Derjenige, der allerdings einer Erwerbstätigkeit nachgeht, erhält einen Bonus als Erwerbsanreiz. Von dem unterhaltsrelevanten Einkommen wird deshalb 1/7 (in manchen Gerichtsbezirken auch 1/5 beziehungsweise 1/10) abgezogen. Der verbleibende Rest wird geteilt. De facto führt das dazu, dass der Ehepartner eines geschiedenen erwerbstätigen Unterhaltspflichtigen einen Anspruch auf 3/7 des Einkommens hat.

Wichtig: Der Bonus wird nur vom Erwerbseinkommen abgerechnet. Hat der Ehemann beispielsweise noch Zinseinkünfte oder ist er Rentner, darf er von den Einnahmen nicht etwa auch 1/7 abziehen. In diesen Fällen bekommt jeder der Expartner die Hälfte des bereinigten Nettoeinkommens.

Die Berechnung des Ehegattenunterhalts ist selbst für Juristen nicht immer einfach. Im wahren Leben spielen eine Fülle von Faktoren eine Rolle. Kein Fall ist wie der andere. Selbst verschiedene Gerichte kommen nicht immer zum selben Ergebnis. Deshalb hier einige vereinfachte Fallvarianten unseres Ausgangsfalles:

1. Fall: Nur einer der Eheleute hatte und hat Einkommen

Beispiel: Steffen Schumacher hat während der Ehe ein monatliches Nettoeinkommen von 4.000 Euro. Seine geschiedene Frau Carmen ist nicht erwerbstätig. Sie haben ein gemeinsames Kind. Nach Abzug der üblichen Bereinigungspositionen wie berufsbedingte Aufwendungen, Versicherungskosten und Kindesunterhalt, verbleibt ihm ein bereinigtes Nettoeinkommen von 3.500 Euro. Von diesem Betrag darf er einen Erwerbstätigenbonus von 1/7, also 500 Euro, abziehen. Die verbleibenden 3.000 Euro werden unter den Eheleuten aufgeteilt. Die Ehefrau würde demnach 1.500 Euro bekommen. Das macht 3/7 des bereinigten Nettoeinkommens.

Hätte Steffen Schumacher während der Ehe noch ein zusätzliches Zinseinkommen von 100 Euro monatlich, müsste er dieses ohne Abzug von 1/7 teilen, da es sich nicht um ein Erwerbseinkommen handelt. Jeder Partner bekäme also 50 Euro. Der Ehegattenunterhalt würde demzufolge 1.550 Euro betragen.

2. Fall: Beide Ehegatten haben und hatten Einkünfte aus Erwerbstätigkeit

Bei einer Doppelverdienerehe wird der Unterhalt bei den meisten Gerichten nach der so genannten Differenzmethode gerechnet. Die Differenz des Einkommens beider

Eheleute wird im Verhältnis 3/7 zu 4/7 geteilt. Den höheren Anteil bekommt der Besserverdienende.

Beispiel: Steffen und Carmen Schumacher waren während ihrer Ehe beide berufstätig. Nach der Scheidung ändert sich nichts. Carmen hat ein bereinigtes Nettoeinkommen von 1.000 Euro, Steffen von 2.500 Euro. Die Differenz der beiden Einkommen beträgt 1.500 Euro. Davon bekommt Carmen 3/7. Sie erhält also einen Ehegattenunterhalt von 642,85 Euro.

3. Fall: Nur einer der Eheleute war während der Ehe berufstätig. Nach der Scheidung nimmt der andere eine Arbeit auf.

Beispiel: Steffen Schumacher war während der Ehe Alleinverdiener und hatte ein bereinigtes Nettoeinkommen von 1.800 Euro. Seine Frau Carmen arbeitet zunächst nicht. Ein Jahr nach der Scheidung steigt sie wieder in den Beruf ein und verdient 770 Euro.

Bisherige Rechtslage: Die Anrechnungsmethode

Nach der bislang von den Gerichten oft angewandten Berechnungsmethode wurde das Gehalt des Unterhaltsberechtigen fast in vollem Unfang auf den Unterhalt angerechnet. Die Konsequenz: Hatte der Expartner wieder einen Job, musste der Unterhaltsschuldner wesentlich weniger Unterhalt zahlen.

Für unseren Beispielfall bedeutet das: Während der nicht berufstätigen Zeit erhielt Carmen Schumacher von ihrem Exmann 3/7 seines bereinigten Nettoeinkommens, also 771,43 Euro.

Nahm sie allerdings wieder eine Arbeit auf und verdiente sie dadurch 770 Euro, durfte sie davon einen Erwerbsbonus von 1/7 abziehen. Die restlichen 660 Euro musste sie sich auf ihren Unterhalt anrechnen lassen. Damit Carmen wieder auf den vollen Unterhalt kam, musste ihr Exmann also nur noch 111,43 Euro Unterhalt zuschießen. Sie hatte demnach ihr monatliches Gehalt von 770 Euro zuzüglich 111,43 Euro Ehegattenunterhalt zur Verfügung. Insgesamt lebte sie also von 881,43 Euro. Obwohl sie jetzt berufstätig war, hatte sie monatlich nur 110 Euro mehr zur Verfügung.

Neue Rechtslage: Mehr Geld für geschiedene Unterhaltsempfänger

Auf die Tatsache, dass es sich für viele geschiedene Unterhaltsberechtigte oft nicht lohnte, arbeiten zu gehen, hat der Bundesgerichtshof reagiert. Mit seinem Urteil vom 13.6.2001 (AZ: XII ZR 343/99) fällte er eine der wichtigsten Entscheidungen im Unterhaltsrecht der vergangenen 20 Jahre. Denn das Urteil bedeutet das lang erwartete Ende einer ungerechten Berechnungsmethode.

Bisher war ein geschiedener Partner, der erst nach der Scheidung wieder einer Berufstätigkeit nachging, gegenüber einer Doppelverdienerehe stark benachteiligt. Denn

sein Verdienst kam fast ausschließlich dem Expartner zu Gute. In der Praxis führte das dazu, dass so mancher Anwalt seinem Mandanten kurz vor der Scheidung noch ans Herz legte, sich schnellstens wieder einen Job zu suchen, um so in den Genuss einer günstigeren Berechnungsmethode zu kommen. Damit ist jetzt Schluss. Für geschiedene Hausfrauen und Hausmänner lohnt es sich erst jetzt richtig, wieder einer Berufstätigkeit nachzugehen.

De facto heißt das: Es spielt keine Rolle mehr, ob der Unterhaltsempfänger bereits während der Ehe eigenes Geld verdiente, oder ob er erst nach der Scheidung arbeiten geht. Der Unterhalt wird gleich berechnet.

Nehmen wir noch einmal den Beispielfall von Steffen und Carmen Schumacher. Die Ehefrau wird jetzt fiktiv so behandelt, als hätte sie schon während der Ehe gearbeitet. Ihr Unterhalt wird nach der günstigen Differenzmethode berechnet. Die Differenz beider Ehegatteneinkommen wird in dem Verhältnis 3/7 zu 4/7 zugunsten des Besserverdienenden aufgeteilt.

Das bereinigte Nettoeinkommen von Steffen beträgt 1.800 Euro. Carmen hat ein bereinigtes Nettoeinkommen von 770 Euro. Die Differenz beider Einkommen beträgt 1.030 Euro. Davon erhält Carmen 3/7, also 441,42 Euro. Nach der alten Berechnungsmethode hätte ihr Mann nur 111,43 Euro zahlen müssen. Tatsächlich hat sie jetzt 329,99 Euro mehr monatlich zur Verfügung – kein geringer Unterschied.

Wie man sieht, müssen Unterhaltszahler durch das neue Urteil des Bundesgerichtshofs jetzt zwar tiefer in die Tasche greifen. Langfristig gesehen wird es jedoch die Unterhaltszahler entlasten. Weil es sich bislang kaum lohnte, sich durch eigene Arbeit den Lebensbedarf zu finanzieren, haben Unterhaltsberechtigte so lange wie möglich versucht, den Ehegattenunterhalt in Anspruch zu nehmen. Durch das neue Urteil rentiert es sich wieder, berufstätig zu sein. Der Unterhaltsgrund fällt dadurch schneller weg, so dass auch der Unterhaltsschuldner langfristig gesehen Vorteile hat.

Das Problem: Die Altfälle

So viel Gutes die Änderung der Rechtsprechung auch mit sich gebracht hat, so lässt das Urteil des Bundesgerichtshofs dennoch eine Menge Zweifelsfragen offen, denn es gilt definitiv zunächst nur für neue Scheidungen. Was mit dem Unterhalt bereits geschiedener Ehen passiert, weiß derzeit noch niemand so recht. Bis sich dazu verbindliche Aussagen machen lassen, können möglicherweise noch Jahre vergehen. Der Bundesgerichtshof hat zwar Weichen gestellt, wie die Gerichte im Einzelnen darauf reagieren, bleibt aber abzuwarten.

Unwahrscheinlich ist es allerdings, dass Ehefrauen, die etwa schon vor 20 Jahren ohne einen Unterhaltsanspruch geschieden wurden, jetzt plötzlich Geld von ihrem Exmann fordern können. Hier wird der Vertrauensschutz des anderen Partners größer sein, der vielleicht gerade in der Annahme, keine Unterhaltsansprüche zu haben, neue Verbindlichkeiten – ganz gleich, ob familiärer Art oder nicht – eingegangen ist.

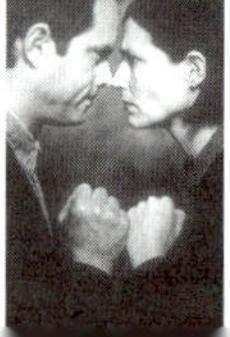

In anders gelagerten Altfällen, nämlich Ehen, die noch nicht sehr lange geschieden sind und in denen bereits Unterhalt zu zahlen ist, ist die Chance größer, dass Unterhaltsberechtigte in den Genuss der neuen Rechtsprechung kommen.

Betroffene können über einen Umweg versuchen, an mehr Geld zu kommen. Wer erfährt, dass sich die Einkommensverhältnisse des Ehegatten wesentlich verändert haben (um mindestens zehn Prozent), kann von dem Expartner eine Anpassung des Unterhalts verlangen. Im Rahmen dessen kann das Gericht auch die neue Rechtsprechung des Bundesgerichtshofs berücksichtigen.

Ob eine solche Abänderungsklage auch dann erfolgreich verlaufen wird, wenn keine wesentlichen Veränderungen bei dem Verdienenden eingetreten sind, ist ebenfalls noch zweifelhaft. Voraussetzung ist in solchen Fällen nämlich, dass sich ein Gesetz geändert hat. Das ist zwar hier nicht der Fall. Weil das Urteil des Bundesgerichtshofs aber als so wesentlich angesehen wird, dass es einer Gesetzesänderung nahezu gleichkommt, neigen derzeit auch manche Gerichte dazu, die Änderung zuzulassen.

Vorsorgeunterhalt

Der Vorsorgeunterhalt soll demjenigen, der nach der Scheidung nicht oder nur wenig erwerbstätig ist, die *zukünftige* Altersversorgung sichern. In der Praxis kann dieser Anspruch nur bei einkommensstärkeren Unterhaltsschuldnern geltend gemacht werden. Bei weniger gut Verdienenden reicht das Gehalt neben Kindesunterhalt und dem normalen Ehegattenunterhalt meistens nicht aus.

Wichtig: Der Unterhaltsberechtigte ist verpflichtet, den Vorsorgeunterhalt auch tatsächlich für die Altersvorsorge zu nutzen. Der Unterhaltsberechtigte darf das Geld nicht zweckwidrig verwenden, also beispielsweise Schulden damit tilgen. Hält er sich nicht daran, verliert er den Anspruch.

WISO rät: Wer als Unterhaltsschuldner verpflichtet ist, Vorsorgeunterhalt zu leisten, sollte kontrollieren, ob der Berechtigte das Geld auch tatsächlich für die Altersvorsorge nutzt. So lässt sich beispielweise vereinbaren, dass der Berechtigte einen Nachweis darüber erbringen muss, wie er das Geld für die Altersvorsorge einsetzt. Das ist etwa durch die Vorlage entsprechender Auszüge am Jahresende möglich.

Krankenunterhalt

Ist ein Ehepartner während der Ehe nicht oder nur geringfügig berufstätig, ist er in der Regel beim Hauptverdiener mit krankenversichert. Selbst während der Trennungszeit gibt es meistens keine Probleme, weil sich daran erst einmal nichts ändert. Nach der Scheidung aber sieht die Situation anders aus. Eine Mitversicherung scheidet normalerweise aus. Der geschiedene Partner muss sich nun selbst um seinen Versicherungsschutz kümmern. Er kann aber von seinem Expartner verlangen, dass dieser ihn mitversichert. Er hat sozusagen einen Anspruch auf Krankenversicherung. Dies gilt im Übrigen nicht nur für die gesetzliche, sondern auch für die private Krankenversicherung.

Die Kosten für die Krankenversicherung muss der Unterhaltsverpflichtete zahlen. Allerdings kann er – wie beim Vorsorgeunterhalt auch – die Kosten für die Krankenversicherung bei der Ermittlung seines unterhaltsrelevanten Einkommens abziehen. Dadurch verringert sich dann der restliche Ehegattenunterhalt. Entsprechendes gilt für die Pflegeversicherung.

WISO rät: Als unterhaltsberechtigter Expartner sollten Sie unbedingt innerhalb von drei Monaten nach der Scheidung bei der bisherigen gesetzlichen Krankenversicherung des anderen Ehegatten den Krankenversicherungsschutz beantragen.

Abfindung von Unterhaltsansprüchen

In der Regel hat der Unterhaltszahler keinen Anspruch darauf, den Unterhalt im Wege einer Abfindung abzugelten. Der Exmann kann also nicht einfach seiner Exfrau eine größere Geldsumme bezahlen und dann davon ausgehen, dass damit alle Unterhaltsansprüche erloschen sind. Dabei kann eine Abfindung für beide Seiten durchaus vorteilhaft sein. Denn mit einer Abfindung des nachehelichen Unterhalts weiß der Unterhaltszahler, woran er ist. Das Ende seiner Verpflichtung steht fest. Der Unterhaltsberechtigte hingegen hat eine bestimmte Geldsumme sicher. Er braucht nicht zu fürchten, dass irgendwann der Unterhalt weniger wird oder gar nicht mehr fließt. Die Praxis zeigt, dass dies infolge Arbeitslosigkeit oder neuer unterhaltsberechtigter Personen schneller passieren kann als gedacht. Hinzu kommt: Wenn der Unterhaltsberechtigte wieder heiratet, bekommt er ab diesem Zeitpunkt keinen Ehegattenunterhalt mehr von seinem geschiedenen Partner. Eine Abfindung allerdings kann er behalten.

Die Höhe einer möglichen Abfindung hängt nicht nur von der Höhe der eigentlich bestehenden Unterhaltsverpflichtung, sondern auch von der voraussichtlichen Dauer der Unterhaltsverpflichtung ab. Grob gesagt wird aber die Summe, die der Unterhaltsverpflichtete im Laufe mehrerer Jahre hätte zahlen müssen, auf einmal fällig.

Steuerlich kann die Abfindung nur in seltenen Ausnahmefällen als außergewöhnliche Belastung in vollem Umfang geltend gemacht werden. Der Steuerabzug von Abfindungen lässt sich aber auch dadurch optimieren, dass man die Abfindungssumme in jährlichen Raten zahlt.

WISO rät: Wollen Sie die Unterhaltsverpflichtung im Wege einer Abfindung abgelten, sollte Sie sich unbedingt von Ihrem Steuerberater beraten lassen. Er wird Ihnen aufzeigen, welche Lösung in Ihrem individuellen Fall die günstigste ist.

4. Selbstbehalt

Bei aller finanzieller Verantwortung für die getrennte Ehefrau und den Nachwuchs: Auch dem Unterhaltspflichtigen muss noch genügend Geld zur Deckung seines eigenen Lebensbedarfs bleiben. Deshalb gibt es den so genannten Selbstbehalt. Er besagt, wie viel Geld dem Unterhaltspflichtigen nach Abzug aller Unterhaltszahlungen monatlich noch zur Verfügung stehen muss.

Je nachdem, wem gegenüber eine Unterhaltspflicht besteht, darf der Unterhaltsschuldner derzeit folgende Beträge für sich behalten:

Der monatliche Selbstbehalt des Unterhaltspflichtigen beträgt ...	West	Ost
I. gegenüber *minderjährigen Kindern* und *volljährigen Schülern bis zum 21. Lebensjahr, die noch im Elternhaushalt leben*		
1. wenn der Unterhaltspflichtige erwerbstätig ist:	840 EUR	775 EUR
2. wenn der Unterhaltspflichtige nicht erwerbstätig ist:	730 EUR	675 EUR
II. gegenüber *volljährigen Kindern*		
1. wenn der Unterhaltspflichtige erwerbstätig ist:	1.000 EUR	925 EUR
2. wenn der Unterhaltspflichtige nicht erwerbstätig ist:	890 EUR	825 EUR
III. gegenüber dem *getrennt lebenden* und dem *geschiedenen Ehegatten*		
1. wenn der Unterhaltspflichtige erwerbstätig ist:	950 EUR	880 EUR
2. wenn der Unterhaltspflichtige nicht erwerbstätig ist:	840 EUR	775 EUR

In Ostdeutschland haben sich nicht alle Bundesländer exakt den Beträgen in der Tabelle angeschlossen. Teilweise gehen die Gerichte davon aus, dass dem Unterhaltsschuldner für seinen Lebensbedarf ein etwas geringerer Betrag reichen muss.

Der Selbstbehalt kann sich außerdem im gesamten Bundesgebiet dann verringern, wenn der Unterhaltsverpflichtete keine Mietkosten hat. Umgekehrt kann sich der notwendige Eigenbedarf erhöhen, wenn der Unterhaltsschuldner eine besonders hohe Miete zahlen muss. Kann er beispielsweise glaubhaft machen, dass er in einem Ballungsgebiet keine preiswertere Wohnung findet, kann er mehr Geld für sich behalten.

Da im Juli 2001 die Selbstbehaltsätze gestiegen sind, kann dies dazu führen, dass Unterhaltsschuldner weniger Unterhalt als zuvor zahlen müssen. Eine erneute geringe Veränderung der Sätze ist unter Umständen zum 1. Juli 2003 zu erwarten.

WISO rät: Gehören Sie als Unterhaltsschuldner zu den niedrigeren Einkommensgruppen, sollten Sie Ihren Unterhalt noch einmal neu berechnen lassen. Unter Umständen können Sie jetzt mehr Geld für sich behalten.

5. Mangelfälle – wenn der Unterhalt nicht ausreicht

Zieht man den Selbstbehalt vom unterhaltsrelevanten Einkommen ab und reicht der restliche Betrag nicht aus, um allen Unterhaltsverpflichtungen nachzukommen, liegt ein Mangelfall vor. Das verbleibende Einkommen wird dann unter den Unterhaltsberechtigten verteilt. Gibt es vorrangige Unterhaltsgläubiger (zum Beispiel Kinder aus erster Ehe gegenüber der Frau aus der zweiten Ehe), werden deren Ansprüche zuerst – und zwar wenn möglich in vollem Umfang – befriedigt. Der Rest wird an die anderen Unterhaltsberechtigten ausgezahlt. Liegt der Unterhalt unter dem Sozialhilfesatz, wird dieser vom Jugendamt oder vom Sozialamt entsprechend ergänzt.

Beispiel: Ein geschiedener Mann lebt in Hamburg. Er ist erwerbstätig und hat ein bereinigtes Nettoeinkommen von 1.200 Euro. Er muss für seine zwei Kinder im Alter von sieben und zwölf Jahren Unterhalt leisten. Nach der Düsseldorfer Tabelle sind das insgesamt 497 Euro. Dem Mann steht allerdings ein Eigenbedarf von 840 Euro zu. Diesen Betrag darf er auf jeden Fall für sich behalten. Die restlichen, von seinem unterhaltsrelevanten Einkommen verbleibenden 360 Euro reichen zur Unterhaltszahlung nicht aus.

Reicht das Gehalt des geschiedenen Ehegatten nicht aus, um seinem Expartner und den Kindern in vollem Umfang Unterhalt zu zahlen, hat er die Pflicht, alles nur Erdenkliche zu tun, um der Unterhaltsverpflichtung nachkommen zu können. Er muss sich also um einen besseren Job kümmern und notfalls auch seinen Arbeitsplatz wechseln. Diese gesteigerte Erwerbspflicht tritt allerdings nur dann ein, wenn der Mindestsatz der Düsseldorfer Tabelle nicht erreicht wird.

Beispiel: Der Mindestsatz für ein vierjähriges Kind beträgt nach der Düsseldorfer Tabelle derzeit 188 Euro. Musste der Vater bisher 228 Euro zahlen, weil er besser verdiente, obliegt ihm die gesteigerte Erwerbstätigkeit nicht, wenn er jetzt unverschuldet weniger verdient und zumindest noch den Mindestsatz von 188 Euro zahlen kann.

Kann der Unterhaltsschuldner allerdings noch nicht einmal den Mindestunterhalt zahlen und verstößt er gegen die gesteigerte Erwerbspflicht, wird er fiktiv so behandelt, als hätte er ein höheres Einkommen. Sein notwendiger Eigenbedarf kann dann auch unterschritten werden.

Beispiel: Ein Arzt könnte ein Nettoeinkommen von 3.500 Euro erzielen. Er bemüht sich aber nicht um einen entsprechenden Job. In diesem Fall wird ihm fiktiv ein Einkommen in der Höhe von 3.500 Euro unterstellt, egal, ob er so viel verdient oder nicht.

Wer einen sicheren Arbeitsplatz trotz Kenntnis seiner Unterhaltspflicht aufgibt, muss neben einer Strafanzeige wegen Verletzung der Unterhaltspflicht ebenfalls damit rechnen, dass ihm ein fiktives Einkommen angerechnet wird.

WISO rät: Sollte Ihnen vom Arbeitgeber gekündigt werden, sollten Sie auf jeden Fall Kündigungsschutzklage gegen den Arbeitgeber erheben, um sich nicht dem Vorwurf auszusetzen, den Arbeitsplatzverlust selbst herbeigeführt zu haben. Ansonsten laufen Sie Gefahr, ein fiktives Einkommen angerechnet zu bekommen.

6. Einkommensveränderungen beim Unterhaltsschuldner

Im Laufe der Zeit kommt es immer wieder vor, dass sich die Einkommensverhältnisse des Unterhaltsverpflichteten ändern. So kann es beispielsweise sein, dass er seinen Job verliert. Möglich ist aber auch der umgekehrte Fall, nämlich dass er nach der Scheidung Karriere macht und dadurch wesentlich mehr Geld verdient. Wie auch immer: Sobald eine wesentliche Änderung der Einkommensverhältnisse eintritt, können beide Seiten verlangen, dass die Höhe des zu zahlenden Unterhalts der neuen finanziellen Situation angepasst wird. Wesentlich ist die Veränderung in der Regel dann, wenn das Einkommen des Verpflichteten entweder um zehn Prozent steigt oder sinkt.

Auswirkungen auf den Kindesunterhalt

Weil es beim Kindesunterhalt auf das aktuelle Einkommen ankommt, wirken sich wesentliche Einkommensveränderungen immer auf den Unterhalt aus. Bei Einkommensverringerungen ist aber auch zu prüfen, ob ein Verstoß gegen die Arbeitspflicht vorliegt oder neu eingegangene Schulden hingenommen werden können.

Auswirkungen auf den Ehegattenunterhalt

Beim Ehegattenunterhalt gilt der Grundsatz: Einkommensveränderungen während der Trennungszeit wirken sich auf den Unterhalt aus, Einkommensveränderungen nach der Scheidung dagegen nicht. Allerdings gibt es auch hier Ausnahmen:

So bleiben Einkommensveränderungen während der Trennungszeit dann unberücksichtigt, wenn sie gerade auf der Trennung beruhen, ohne die Trennung also gar nicht eingetreten wären, oder wenn sie völlig unvorhersehbar waren.

Einkommensveränderungen nach der Scheidung werden berücksichtigt, wenn es sich um vorhersehbare Einkommensentwicklungen handelt, die auf Umständen beruhen, die bereits während der Ehe vorhanden waren. Unterhaltserhöhend wirken somit normale Beförderungen, ein normaler beruflicher Aufstieg innerhalb des gleichen Unternehmens oder Verbesserungen im selben Arbeitsverhältnis.

Der Unterhaltsanspruch erhöht sich dagegen nicht, wenn der höhere Verdienst des Unterhaltszahlers auf einem Laufbahnwechsel beruht oder der Karrieresprung völlig unvorhersehbar oder ungewöhnlich ist.

Beispiele:

1. Der Ehemann war bis zur Scheidung Assistenzarzt. Ein paar Jahre nach der Scheidung wird er Chefarzt. Hier gehen die Gerichte davon aus, dass die berufliche Laufbahn schon in der Ehe vorprogrammiert war, die Karriere sozusagen schon im Keim angelegt war. Die Ehefrau kann demnach einen höheren Ehegattenunterhalt verlangen.
2. Der Ehemann war während der Ehe in der Buchhaltung eines kleineren Unternehmens tätig. Drei Jahre nach der Scheidung macht er eine Umschulung und arbeitet danach als Programmierer in einem Softwareunternehmen. Er verdient dort wesentlich mehr. Trotzdem bekommt seine geschiedene Ehefrau nicht mehr Unterhalt.

Einkommensverringerungen infolge von Arbeitslosigkeit oder Kurzarbeit führen zu einer Verringerung des Anspruchs. Dies gilt aber nur, wenn der Unterhaltsschuldner nicht gegen seine Erwerbsobliegenheit verstoßen hat.

7. Der Unterhaltsverpflichtete verschweigt die Vermögensverhältnisse

Wer seinen Unterhaltsanspruch durchsetzen will, sollte über das Einkommen des Unterhaltsverpflichteten genau Bescheid wissen. In vielen Fällen haben Unterhaltsberechtigte aber nur einen schlechten Einblick in die Einkommensverhältnisse des geschiedenen Partners. Deshalb gibt ihnen das Gesetz einen Auskunftsanspruch.

Arbeitnehmer sind dadurch verpflichtet, die letzten zwölf Verdienstabrechnungen vorzulegen, aus denen sämtliche Einkünfte und gesetzlichen Abzüge für Steuern und Sozialversicherungsbeiträge ablesbar sind.

Bei Selbstständigen geht der Auskunftsanspruch etwas weiter. Sie müssen Gewinn- und Verlustrechnung, Bilanzen, Abschreibungsverzeichnisse, Einkommensteuer- und gegebenenfalls Umsatzsteuererklärungen sowie den dazu ergangenen Steuerbescheid vorlegen. Da Selbstständige sowohl die Erzielung von Einkünften als auch den Anfall von Ausgaben ihres Einkommens letztlich steuern können, reicht es nicht wie bei abhängig Beschäftigten aus, wenn sie einen Nachweis vorlegen, der sich nur auf die vergangenen zwölf Monate bezieht. In vielen Fällen wäre es nämlich dann so, dass die Ge-

schäfte in der Vergangenheit stets gut liefen, genau zur Trennung und Scheidung aber plötzlich ein erheblicher Umsatzrückgang festzustellen wäre. Um hier Manipulationen auszuschließen, wird beim Selbstständigen das durchschnittliche Einkommen der letzten drei Jahre betrachtet. In Ausnahmefällen kann aber auch ein längerer Zeitraum – wie etwa fünf Jahre – herangezogen werden.

Kommt der Unterhaltsschuldner seiner Verpflichtung nicht nach, können sich übrigens auch die Gerichte Auskünfte bei Arbeitgebern, Sozialleistungsträgern und Versicherungen einholen, um „abgetauchte“ Unterhaltszahler und ihre Einkünfte ausfindig zu machen. Geht es um den Kindesunterhalt, sind außerdem auch die Finanzämter den Gerichten gegenüber auskunftspflichtig.

8. Unterhaltsvorschuss und Sozialhilfe

Ein Gerichtsverfahren kann im schlimmsten Fall Jahre dauern. Damit die Unterhaltsberechtigten während dieser Zeit nicht auf dem Trockenen sitzen, springt das Jugendamt für den Kindesunterhalt ein. Es zahlt den Mindestsatz für Kinder bis zum 12. Lebensjahr und längstens für die Dauer von sechs Jahren. Nach Ablauf dieser Zeit wird der Kindesunterhalt genau wie der Ehegattenunterhalt in Höhe des Sozialhilfesatzes vom Sozialamt übernommen. Gerade alleinerziehende Mütter finden sich jedoch häufig mit der schlechten Zahlungsmoral der unterhaltspflichtigen Väter ab – aus Resignation und aus Scham vor dem Gang zum Sozialamt. Dabei sind Unterhaltszahlungen für die gemeinsamen Kinder keine milde Gabe des Verflossenen, sondern einklagbare Ansprüche.

WISO rät: Sozialhilfe in Anspruch zu nehmen, ist keine Schande, sondern Ihr gutes Recht. Warten Sie nicht allzu lange ab, bis Sie den Antrag beim Sozialamt stellen, sonst verlieren Sie Geld. Einen Unterhaltsanspruch gibt es rückwirkend nur für einen Monat vor Antragstellung.

Säumige Unterhaltsschuldner sollten sich außerdem nicht zu sehr darauf verlassen, dass der Staat den Unterhalt zahlt. Dieser kann den gezahlten Vorschuss vom Unterhaltspflichtigen nämlich wieder zurückfordern.

Vorsicht: Die Verletzung der Unterhaltspflicht ist auch ein Straftatbestand. Wer sich der gesetzlichen Unterhaltspflicht entzieht, muss mit einer Geldstrafe oder sogar mit einer Freiheitsstrafe bis zu drei Jahren rechnen. Eine Verurteilung droht außerdem nicht nur Berufstätigen, die nicht oder zu wenig zahlen. Auch wer arbeitslos ist und

sich nicht um eine neue Beschäftigung bemüht, indem er sich beispielsweise beim Arbeitsamt als arbeitssuchend meldet, oder wer Stellenangebote ablehnt, riskiert ein Strafverfahren.

9. Neue Partner – neue Unterhaltsregeln?

Auch wenn das Ende der ersten Ehe noch so bitter war: Kaum geschieden, finden viele Expartner schnell eine neue Liebe des Lebens. Manche wagen es ein zweites Mal, heiraten und bekommen mit dem neuen Partner weitere Kinder. Nicht selten wirkt sich das auf die Unterhaltsverpflichtung aus erster Ehe aus.

Der Unterhaltsberechtigte hat einen neuen Partner

Wenn der Unterhaltsberechtigte wieder heiratet, muss sein Expartner nicht mehr für ihn zahlen. Der Unterhalt für die Kinder dagegen entfällt nicht.

In vielen Fällen ist der Sachverhalt aber komplizierter: Die persönlichen Verhältnisse des Expartners sind nicht so klar zu durchschauen. Der Unterhaltsberechtigte lebt zwar vermutlich wieder mit einem neuen Lebensgefährten zusammen, heiratet diesen jedoch nicht – oft um den Ehegattenunterhalt aus erster Ehe zu „sichern“. In diesen Fällen kann sich jedoch der Unterhalt verringern oder ganz wegfallen, wenn sich das „eheähnliche Verhältnis“ gefestigt hat und mindestens zwei bis drei Jahre andauert. Wer als Unterhaltsschuldner deshalb weniger zahlen möchte, sollte sich aber darüber im Klaren sein, dass er hier Detailarbeit zu leisten hat.

WISO rät: Der einfach „ins Blaue“ hinein erhobene Vorwurf, Ihr Expartner lebe wieder mit jemandem zusammen, reicht nicht. Sie müssen dem Gericht Einzelheiten vortragen und diese vor allem nachweisen können. Gelingt Ihnen das nicht, verlieren Sie einen Prozess und müssen zudem noch die Kosten dafür tragen.

Der Unterhaltsverpflichtete heiratet wieder und/oder hat neue Kinder

Heiratet der Unterhaltsverpflichtete – wie Steffen Schumacher in unserem Ausgangsfall – wieder und bekommt er neue Kinder, kann sich das auf den Unterhalt der Erstfamilie auswirken. Grundsätzlich muss der Unterhalt zwar an alle Unterhaltsberechtigten in voller Höhe bezahlt werden. In der Praxis reicht das Einkommen jedoch oft nicht für alle Unterhaltsgläubiger aus. Es stellt sich dann die Frage, wer von den Unterhaltsberechtigten gleichberechtigt nebeneinander steht und wer erst nachrangig Unterhalt bekommt. Die Rangfolge ist juristisch gesehen häufig kompliziert, hier aber einige Grundsätze:

Minderjährige Kinder und volljährige, im Haushalt eines Elternteils lebende Schüler bis zum 21. Lebensjahr sind dabei immer gleichgestellt, und zwar unabhängig davon, ob das Kind aus erster oder aus zweiter Ehe ist. Auch nichteheliche Kinder werden genauso behandelt. Demzufolge gilt nicht etwa der Grundsatz „Wer zuerst kommt, malt zuerst". Bekommt ein Unterhaltsverpflichteter demnach weitere Kinder, kann sich das auf den Unterhalt der Erstfamilie auswirken, wenn nicht genug Geld vorhanden ist, um den vollen Unterhaltssatz an alle zu zahlen. Die Kinder aus erster Ehe bekommen dann häufig weniger Unterhalt, weil ja auch das neue Kind einen Unterhaltsbedarf hat.

Was die Ehefrauen betrifft, so gilt: In der Regel sind die Unterhaltsansprüche der zweiten Ehefrau gegenüber denen der Ehefrau aus erster Ehe nachrangig. Dies gilt jedenfalls dann, wenn die erste Frau einen Ehegattenunterhaltsanspruch wegen Kinderbetreuung hat, die erste Ehe lange dauerte (15 Jahre) oder wenn die zweite Ehefrau bei einer Scheidung selbst keine Unterhaltsansprüche hätte. Die Gerichte argumentieren damit, dass sich die zweite Ehefrau ja wissentlich auf die Situation eingelassen hat und deshalb zurückstehen muss.

Volljährige Kinder, wie etwa Lehrlinge oder Studenten, kommen erst an dritter Stelle, wenn sie noch einen Unterhaltsbedarf haben. Das gilt unabhängig davon, ob es sich um Kinder aus der ersten oder aus der zweiten Ehe handelt. In den meisten Fällen bleibt für sie aber kein Geld mehr übrig, wenn andere vorrangige Unterhaltsberechtigte vorhanden sind.

Der Unterhaltsverpflichtete hat einen neuen vermögenden Ehepartner

Auch das kommt vor: Der unterhaltsverpflichtete Exgatte heiratet wieder, und zwar einen sehr vermögenden Partner. Wie wirkt sich das auf den Unterhalt aus?

In der Regel kommt es ausschließlich darauf an, wie viel der Unterhaltsverpflichtete verdient. Selbst wenn der Exmann also eine steinreiche Frau heiratet, wirkt sich das auf den Unterhalt seiner Exfrau oder der Kinder nicht aus. In zwei Ausnahmefällen kann es allerdings doch eine indirekte Rolle spielen:

1. Der Exmann kann seiner Frau nicht den vollen Unterhaltssatz bezahlen, weil er ansonsten seinen persönlichen Eigenbedarf unterschreiten würde. Dieser Selbstbehalt dient aber dazu, die notwendigen Lebenshaltungskosten des Unterhaltsschuldners zu sichern. Lebt der Unterhaltsverpflichtete jetzt aber mit jemandem zusammen und teilt er beispielsweise auch die Miete mit ihm, hat er insgesamt geringere Lebenshaltungskosten. In diesen Fällen wird der Selbstbehalt unter Umständen niedriger angesetzt. Die Gerichte mindern diesen häufig um 25 Prozent. Dadurch bekommen seine Kinder oder der Expartner mehr Geld.
2. Der Exmann ist unterhaltspflichtig, hat aber kein Einkommen, weil er etwa als Hausmann in der zweiten Ehe fungiert. Seine neue Ehepartnerin hingegen ver-

dient sehr gut. In einem solchen Fall schuldet sie ihrem Mann Taschengeld. Dieses Taschengeld zählt dann als Einkommen und muss für Unterhaltszwecke eingesetzt werden.

Das Dilemma der zweiten Ehefrau

Viele Zweitehefrauen befürchten, dass sie mit ihrem eigenen Vermögen für die Unterhaltspflicht der ersten Familie haften könnten. Dem ist aber wie dargestellt nicht so. Unterhalt muss in der Regel nur der Ehemann für seine erste Familie bezahlen. Damit es trotzdem keine Zweifel gibt, sollten zweite Ehefrauen aber wirtschaftlich unabhängig bleiben und kein gemeinsames Konto mit ihrem Ehemann führen. Denn ansonsten kommen sie schnell in die Situation, nicht beweisen zu können, wem eigentlich in welcher Höhe das Geld auf dem gemeinsamen Konto gehört.

Wer als Mann übrigens denkt, er könne sich seinen Unterhaltspflichten entziehen, indem er das eigene vorhandene Vermögen einfach auf die zweite Ehefrau überträgt, der irrt sich gewaltig. Denn er wird vom Gesetz dann so behandelt, als ob er das Geld noch hätte, muss also trotzdem den vollen Unterhalt zahlen. Hinzu kommt: Eine Vermögensübertragung gerade in der Absicht, die erste Ehefrau unterhaltsrechtlich zu umgehen, ist sogar strafbar.

Stirbt der Ehemann, ist seine Ex-Frau nicht mehr erbberechtigt, wohl aber die Kinder. Die zweite Ehefrau ist ebenfalls gesetzliche Erbin. Das kann allerdings dazu führen, dass die zweite Ehefrau bestehende Unterhaltsansprüche gegen die Ex-Frau (nicht gegen die Kinder!) mit dem von ihrem Mann geerbten Vermögen erfüllen muss.

Weitere Informationen zum Thema Zweitfamilie erhalten Sie auch beim Interessenverband Unterhalt und Familienrecht ISUV, Postfach 210107, 90119 Nürnberg, Tel.: 0931/66 38 07, oder im Internet unter www.isuv.de. Dort ist auch das Merkblatt Nr. 7, „Die Benachteiligung von Zweitfamilien/Zweitfrauen“, zum Selbstkostenpreis von 3 Euro erhältlich.

VII. Vaterschaftstest und Vaterschaftsanfechtung

1. Jahrelang bezahlt und nichts geahnt

Beispiel: Miriam und Thomas Beier sind seit neun Jahren zusammen. Sie haben den gemeinsamen achtjährigen Sohn Tim. Seit Thomas vor zwei Jahren beruflich versetzt wurde und die beiden sich nur noch am Wochenende sehen, läuft die Beziehung immer schlechter. Schließlich lernt Thomas die junge, aufgeschlossene Kinderbuchautorin Petra kennen. Sie hat vieles, was er in den letzten Jahren vermisst hat. Sie interessiert sich für seinen Beruf und teilt seine Hobbys. Thomas entschließt sich, sich scheiden zu lassen. Am Anfang läuft auch alles gut. Er zahlt Unterhalt für Miriam und seinen Sohn. Nach zwei Jahren trifft er dann zufällig Miriams verfeindeten Bruder bei einem Einkauf. Als die zwei ins Gespräch kommen, macht dieser eine spitze Bemerkung: „Ich verstehe sowieso nicht, warum du für das Kind bezahlst, du müsstest das doch gar nicht." Seitdem grübelt Thomas. Als er Miriam kennen lernte, war sie noch mit ihrem Ex-Mann zusammen. Thomas hat mittlerweile Zweifel, der leibliche Vater zu sein. Er liebt das Kind zwar, dennoch stellt er sich die Frage: Hat er für ein Kind gezahlt, dass gar nicht das eigene ist? Thomas will Klarheit. Er will einen Vaterschaftstest machen.

2. Was ist ein Vaterschaftstest?

Insbesondere im Rahmen von Trennungen und Scheidungen kommt es immer öfter vor, dass Väter ihre Vaterschaft anzweifeln. In vielen Fällen ist das auch nicht grundlos. Etwa fünf bis zehn Prozent aller Babys stammen nicht von den Vätern ab, die sich dafür halten. Das ist jedes 10. bis 20. Kind. Man schätzt, dass in der Bundesrepublik derzeit rund eine Million Jugendliche bis 21 Jahre nicht von ihrem vermeintlichen Vater abstammen.

3. Das passiert im Labor

Die entsprechenden Abteilungen der Uni-Kliniken und immer mehr private Labors bieten Erbgutvergleiche durch eine DNA-Analyse an. Und ihre Dienstleistung ist gefragt. Kostenpunkt für einen Vaterschaftsnachweis: etwa 400 bis 800 Euro.

Geeignete Untersuchungsmaterialen sind ein Abstrich der Mundschleimhaut, ein benutztes Taschentuch, Zahnbürsten, Zigaretten-Kippen, Schnuller, Haare, Kaugummis oder benutzte Tassen. Das Ergebnis erhält man dann, meist innerhalb von 14 Tagen, per Post – ganz diskret und ohne Aufsehen. Dazu ist nicht einmal erforderlich, dass man vorher bei Gericht oder einer Behörde gewesen sein muss. Doch genau hierin liegt ein – rechtliches – Problem. Denn wenn ein Vater, eine Mutter oder auch ein Kind den Vaterschaftstest wünschen, so wollen sie in der Regel nicht nur darüber Gewissheit. Am Ende entscheidet das Ergebnis meist auch, ob gerichtliche Schritte eingeleitet werden oder nicht, etwa um Unterhaltsfragen für das Kind klären zu lassen.

Doch die Gerichte sind streng und erkennen nicht jeden Vaterschaftstest als Beweismittel an. Zwar sind die heutigen Untersuchungs- und Testmethoden ausgereift und Fehler dürften daher auf ein Minimum reduziert sein. Doch um als Beweismittel vor Gericht zulässig zu sein, muss eine gewisser Standard an Qualität und Zuverlässigkeit gewahrt sein. Damit ein solcher – meist privater – Vaterschaftstest vor Gericht als Beweismittel anerkannt wird, haben die Bundesärztekammer und das Robert-Koch-Institut Richtlinien für die Erstattung von Abstammungsgutachten erarbeitet, um genau diese Zuverlässigkeit zu gewährleisten. Diese Bestimmungen gelten seit dem 8. März 2002. Folgende Punkte müssen gegeben sein, damit der Vaterschaftstest vor Gericht als Beweismittel zulässig ist:

- Die **Identität** der Betroffenen muss – am besten mit Foto, häufig als Sofort-Bild, Fingerabdruck und Unterschrift – festgestellt werden. Da in der Regel eine Blutentnahme erforderlich ist, muss der Arzt die Personalien in einem Formblatt „Niederschrift über Blutentnahme und Identitätsprotokoll“ eintragen.
- Grundsätzlich müssen **Blutproben** von einem Arzt entnommen werden. Blut ermöglicht eine größere Bandbreite an Testmöglichkeiten.
- Es müssen **alle** Beteiligten getestet werden, also Eltern und Kind.
- In begründeten Ausnahmefällen sind auch Speichelproben und Ähnliches möglich.

Nur wenn all diese Voraussetzungen erfüllt sind, wird der Richter den Vaterschaftstest als Beweis anerkennen. Sind sich also im Ausgangsfall Miriam und Thomas Beier einig, einen Test durchführen zu lassen, und schicken Proben per Post an ein privates Institut, so erfüllen sie nicht alle zwingenden Voraussetzungen. Wer nämlich nur auf dem Postweg mit dem privaten Institut kommuniziert, dessen Identität ist nicht in erforderlicher Weise festgestellt worden. So kann das Gericht mögliche Verwechslungen der Proben nicht ausschließen. Ein solcher Test wäre als Beweismittel nicht zulässig. Allerdings könnte der Richter den Test als Indiz für einen Vaterschaftsausschluss, wie es in der Fachsprache der Mediziner heißt, werten. In der Regel wird er dann ein erneutes Gutachten durch die Rechtsmedizin anordnen. Entspricht aber das Gutachten den Voraussetzungen und sind beide Parteien damit einverstanden, wird der Richter dieses anerkennen. Damit lassen sich doppelte Kosten sparen.

In der Interessengemeinschaft der Sachverständigen für Abstammungsbegutachtung e. V. haben sich wissenschaftlich arbeitende Sachverständige aus allen Bundesländern Deutschlands zusammengeschlossen. Sie beherrschen die klassischen Blut-, Eiweiß- und Enzymgruppen-Bestimmungen ebenso wie die in den letzten Jahren in die Abstammungsbegutachtung aufgenommenen molekulargenetischen Verfahren. Sie arbeiten nach den vorgegebenen Richtlinien, die 2002 neu herausgegeben wurden.

Aber auch wenn ein solcher Privattest nicht den Anforderungen entspricht, ist er meist nicht umsonst gemacht. Neben der Gewissheit, den er den Betroffenen gibt, kann er im Vorfeld eines Gerichtsverfahrens etwa beim Jugendamt vorgelegt werden oder der Klärung von Abstammungsfragen bei Erbschaftsangelegenheiten dienen. Vor Gericht muss ein erneuter Test dann aber wieder bezahlt werden. Es wird eben doppelt so teuer.

4. Der heimliche Test

Aber Vorsicht: Ein privater Vaterschaftstest ist immer freiwillig. Niemand kann dazu gezwungen werden. Eine Frau kann also ihren Mann beispielsweise nicht dazu zwingen, eine solche Untersuchung durchführen zu lassen. Auch kann sich eine Frau weigern, dass Proben des Kindes an ein Institut zur Begutachtung geschickt werden.

Immer wieder kommt es in solchen Fällen vor, dass heimlich Schnuller oder Kinderhaare bei einem Institut eingeschickt werden, ohne dass die Mutter überhaupt etwas davon weiß. Im Ausgangsfall könnte Thomas zum Beispiel heimlich einen von Tim gelutschten Eisstil zusammen mit einer eigenen Speichelprobe an ein privates Institut schicken. Miriam hätte davon keine Ahnung. Nach zehn Tagen bekäme er das Ergebnis: Ausschluss der Vaterschaft.

Wie diese Tests zu bewerten sind, ist rechtlich umstritten. Die Arbeitsgemeinschaft der Sachverständigen für Abstammungsgutachten der Bundesrepublik Deutschland e. V. hält heimliche Gutachten nicht nur für verfassungsrechtlich, sondern auch für ethisch bedenklich. Solche Untersuchungen verletzen nach ihrer Ansicht das Persönlichkeitsrecht. Allerdings gibt es auch Labors, die der Meinung sind, dass Väter und Mütter das Recht haben, zu wissen, ob der gesetzliche Vater auch der biologische ist. Vor Gericht wird ein solcher Test, mangels Zustimmung der Mutter, als Beweismittel sicherlich durchfallen.

Doch nicht nur rechtlich ist ein heimlicher Test problematisch. In drei Viertel der Fälle erweist sich der zweifelnde Vater nämlich doch als Erzeuger des Kindes. Kommt dann heraus, dass er heimlich einen Vaterschaftstest angestrengt hat, ist das in den meisten Fällen ein schwerer – manchmal unverzeihlicher – Vertrauensbruch, verursacht oft die Zerrüttung der Ehe und kann sogar in einer Scheidung münden, die für das Kind sicherlich eine schwere Belastung darstellt. Und auch in den 25 Prozent, die

einen Ausschluss der Vaterschaft ergeben, wäre ein klärendes Gespräch vor einem Test sicherlich der bessere Weg gewesen. Denn auch in diesem Fall wird der Mann letztendlich seine Partnerin und das Kind von dem Ergebnis in Kenntnis setzen.

5. Anfechtung der Vaterschaft beim Gericht

Wer denkt, nicht der biologische Vater seines Kindes zu sein, kann beim Familiengericht, in dessen Bezirk das Kind seinen Wohnsitz hat, eine Vaterschaftsanfechtungsklage führen. Klagen kann aber nicht nur der gesetzliche Vater, auch die Mutter und das Kind selbst haben das Recht.

Bei der Anfechtung der Vaterschaft ist generell eine Frist zu beachten. Die Klage ist innerhalb von zwei Jahren zu führen. Normalerweise beginnt die Frist ab dem Zeitpunkt der Geburt zu laufen. Bestanden zu diesem Zeitpunkt allerdings keine Zweifel an der Vaterschaft und musste sich dem Mann auch kein Zweifel aufdrängen, beginnt die Frist von dem Zeitpunkt an zu laufen, an dem er von den Umständen erfährt, dass er möglicherweise nicht der biologische Vater ist.

Beispiel: Der Ehemann erfährt ein Jahr nach der Geburt, dass seine Frau während der Zeugung des Kindes fremdgegangen ist.

Besonders problematisch sind solche Fälle, bei denen schon zum Zeitpunkt der Geburt Zweifel an der biologischen Vaterschaft bestehen müssten.

Beispiel: Ein Kind kommt während einer Ehe nach sieben Monaten voll entwickelt zur Welt. Grundsätzlich gilt der Ehemann gesetzlich als biologischer Vater. Allerdings müsste die Diskrepanz von Schwangerschaftsdauer und Entwicklung des Kindes Anlass zu Zweifeln geben. In einem ähnlich gelagerten Fall entschied der Bundesgerichtshof (AZ: XII ZR 241/91) gegen den nicht biologischen Vater, da dieser zu spät seine Vaterschaft angefochten hatte.

Häufig wird moniert, die Frist diene lediglich einem legalen „Unterhaltsbetrug“ durch die Mutter und den biologischen Vater des Kindes. Denn nicht immer sind die Zweifel so eindeutig, dass ein Mann gleich vor Gericht ziehen möchte, und zwei Jahre sind dann schnell vorbei. Dann kann ein Vaterschaftstest zwar noch Gewissheit bringen, aber rechtlich gesehen bleibt der Mann Vater, ob er es nun biologisch ist oder nicht. Allerdings hat das Bundesverfassungsgericht die zeitliche Beschränkung der Anfechtung als verfassungsgemäß beurteilt.

Ist die Frist noch nicht verstrichen, klärt ein Abstammungsgutachten im Laufe des Prozesses vor Gericht die Vaterschaft. Stimmen die getesteten Erbmerkmale des „Vaters“ mit denen des Kindes zu 99,9 Prozent überein, gilt man als Vater.

Stellt das Gericht fest, dass der bislang angenommene Vater tatsächlich nicht der Vater des Kindes ist, wird mit dem Urteil das Vater-Kind-Verhältnis mit Rückwirkung auf den Zeitpunkt der Geburt des Kindes aufgelöst. Er muss keinen Unterhalt mehr für das Kind bezahlen. Der bislang – oft über Jahre – bezahlte Unterhalt kann von dem tatsächlichen Vater – falls dieser gerichtlich feststeht – wieder zurückverlangt werden. Der bisherige Vater hat allerdings kein Recht auf Feststellung der wahren Vaterschaft. Das hat nur das Kind und der vermutlich „wahre“ Vater. Dies hat der Bundesgerichtshof in einer Entscheidung von 1993 (AZ: XII ZR 238/91) festgestellt.

Weigert sich allerdings ein mutmaßlicher Vater, an einem Vaterschaftstest teilzunehmen, indem er eine Blutentnahme ablehnt, so kann er auch ohne Gutachten – also ohne medizinischen Nachweis – vom Gericht zum Vater erklärt werden, wenn das Kind die Feststellung der Vaterschaft gefordert hat. Der Bundesgerichtshof argumentiert, dass derjenige, der notwendige Untersuchungen verweigere, sich selbst in eine prozessual ungünstige Lage bringe. Er werde so behandelt, als hätten Untersuchungen keinen Anlass zum Zweifel an der Vaterschaft gegeben (AZ: XII ZR 241/91).

Beispiel: Wäre im Ausgangsfall Tim ein Jugendlicher, der sich für seinen wahren Vater interessiert, so könnte er vom mutmaßlichen Erzeuger die Feststellung der Vaterschaft verlangen. Da Miriam zum Zeitpunkt der Zeugung bereits mit Thomas zusammen, aber ihre erste Ehe noch nicht geschieden war, könnte Miriams Ex-Mann der biologische Vater sein. Verweigerte dieser eine Blutentnahme, so würde ihn dies in ein besonders ungünstiges Licht setzen.

Sind sich allerdings alle Beteiligten – also die Mutter, der Ehemann oder Partner und der wahre Vater – einig, genügt es, vor dem Jugendamt die Vaterschaft des richtigen Vaters zu dokumentieren. Damit fallen diesem dann alle Rechte und Pflichten eines „echten“ Vaters zu. Vor allem unterhaltsrechtlich kann er dann vom einstigen „Vater“ in Anspruch genommen werden.

Weitere Informationen

Interessengemeinschaft der Sachverständigen für Abstammungsgutachten e.V.
Internet: www.vaterschaftstest.de. Hier finden Sie eine Liste aller angeschlossenen Gutachter in den einzelnen Bundesländern.
Vorstand der Interessengemeinschaft: Privatdozent Dr. rer. nat. Jürgen Henke
Direktor des Instituts für Blutgruppenforschung
Hohenzollernring 57
50672 Köln

VIII. Zugewinnausgleich

1. Gerecht oder ungerecht?

Beispiel: Lars und Meike Petersen haben sich vor sechs Jahren im Urlaub auf Gran Canaria kennen gelernt. Aus dem Urlaubsflirt ist schnell echte Zuneigung geworden. Bereits nach einem halben Jahr heiraten sie. Kurze Zeit später wird Meike schwanger und bekommt den gemeinsamen Sohn Sören. Für Meike ist es selbstverständlich, dass sie nach der Geburt des Kindes ihren Job aufgibt. Als Brokerin war sie beruflich immer stark eingespannt, deshalb freut sie sich über die Auszeit. Lars macht während der Ehe Karriere, ebenfalls als Broker. Im Laufe der Zeit bauen sich beide eine gesicherte Existenz auf. Im verflixten siebten Jahr kriselt die Ehe, Meike kommt nicht damit klar, dass Lars mehr an den Job als an die Familie denkt. Sie will sich scheiden lassen. Als es darum geht, wie das gemeinsame Vermögen geteilt werden soll, lässt Lars nicht mit sich reden. Seiner Meinung nach muss er nichts an Meike zahlen. Sie komme schließlich aus einem reichen Elternhaus und habe schon ein ordentliches Vermögen mit in die Ehe gebracht. Er hat mit nichts geheiratet und alles, was er jetzt besitzt, hart erarbeitet.

2. Zugewinnausgleich

Die Zugewinngemeinschaft ist die Regelung des Güterstandes, die immer dann vorliegt, wenn die Eheleute nicht aufgrund eines notariellen Vertrages eine andere güterrechtliche Regelung wählen oder gewählt haben. 90 Prozent aller Ehepaare leben im Güterstand der Zugewinngemeinschaft.

Bei der Zugewinngemeinschaft behält jeder der Eheleute das Vermögen, das er auch mit in die Ehe gebracht hat, ganz ähnlich wie bei der Gütertrennung. Trotzdem glauben immer noch viele Paare, dass es mit der Eheschließung kein eigenes, sondern nur noch gemeinsames Vermögen gibt. Das ist aber nicht richtig, denn nur das, was die Eheleute während der Ehe an Vermögen hinzugewonnen haben, wird geteilt. Derjenige, der mehr hinzugewonnen hat, muss dem anderen von dieser Differenz die Hälfte abgeben. Der Hintergrund ist der, dass in der Ehe meistens einer zurücksteckt, der sich um den Haushalt und die Kindererziehung kümmert. Auch heute noch ist das in der Regel die Frau. Sie ist in dieser Zeit daran gehindert, eigenes Vermögen aufzubauen, leistet dafür aber wertvolle Arbeit, indem sie die Kinder erzieht und sich um das Heim kümmert. Diese Arbeit soll genauso hoch bewertet werden wie die reine Erwerbstätigkeit, weil sie genauso wichtig ist, sich aber nicht auf den Cent genau ausrechnen lässt. Im Falle einer Scheidung soll ausgeglichen werden, wenn einer dem anderen sozusagen „den Rücken freihält“.

3. Berechnung des Zugewinnausgleichs

Um den Zugewinn zu berechnen, müssen zunächst die jeweiligen Anfangs- und Endvermögen beider Parteien entweder durch die Anwälte oder, wenn es nicht anders geht, durch das Gericht festgestellt werden.

Anfangsvermögen ist dabei das Vermögen, das der Ehegatte am Tag der standesamtlichen Trauung hatte. Endvermögen ist das Vermögen, das ein Ehegatte am Tag der Zustellung des Scheidungsantrags hat.

Bei der Ermittlung beider Vermögen errechnet man den Saldo aller Aktiva und Passiva. Das heißt, Sie rechnen alle Vermögenswerte zusammen und ziehen davon die Schulden ab. Weder das Anfangs- noch das Endvermögen können dabei geringer als null sein. Es gibt keinen so genannten „negativen Zugewinnausgleich".

Die Partei, die nach der Eheschließung ein höheres Vermögen erwirtschaftet hat, muss nach der Scheidung an die Partei, die weniger Vermögen erwirtschaftet hat, die Hälfte der Differenz der beiderseitigen Vermögensmehrung zahlen.

Beispiel: Die Ehefrau hat 100.000 Euro mit in die Ehe gebracht. Am Ende der Ehe hat sie 300.000 Euro erwirtschaftet. Sie hat also einen Zugewinn von 200.000 Euro erlangt.

Der Ehemann hatte gar kein Anfangsvermögen. Als die Ehe auseinandergeht, hat er insgesamt ebenfalls 300.000 Euro. Sein Zugewinn beträgt demnach 300.000 Euro. Demzufolge hat er 100.000 Euro mehr als die Frau dazugewonnen. Davon muss er die Hälfte, also 50.000 Euro, abgeben.

Was ist Vermögen?

Die Höhe Ihres Vermögens erfahren Sie, wenn Sie feststellen, wie viel Geld Sie auf dem Giro- oder dem Tagesgeldkonto haben und wie viele Aktien oder festverzinsliche Wertpapiere Sie besitzen, wie viel die Lebensversicherung und die Bausparverträge wert sind. Auch alle Wertgegenstände, Immobilien, Forderungen gegen Dritte und Unternehmensanteile gehören zum Vermögen. Gegenstände aus dem Hausrat gehören nicht zum Zugewinn. Der Hausrat wird getrennt vom Vermögen aufgeteilt – etwas weniger streng, eher nach billigem Ermessen. Beim Zugewinnausgleich aber geht es nur um das Vermögen.

Vermögen sind im Sinne des Zugewinns demnach alle objektiv bewertbaren Sachen und Rechte, auch Forderungen und alle „rechtlich geschützten Positionen mit wirtschaftlichem Wert".

Bei den Lebensversicherungen kommt es auf die jeweiligen Zeitwerte, nicht nur auf die Rückkaufswerte an, wie meist gemeinhin angenommen wird. Die entsprechen-

den Zahlenwerte kann Ihnen die Lebensversicherung benennen. Die Lebensversicherungen fließen meistens in die Berechnung des Zugewinnausgleichs und nicht in die Berechnung des Versorgungsausgleichs ein, wenn nicht die Versicherungsleistung ausschließlich in einer periodisch wiederkehrenden Rentenzahlung besteht.

Nicht in den Zugewinn einzubeziehen sind auch Ansprüche auf Unterhaltszahlungen, sozialstaatliche Leistungen, Invalidenrenten, Leibrenten usw.

Problematischer ist es in Fällen künftiger Versorgungsleistungen, bei Abfindungen auf Versorgungsansprüche, die vor dem Anfangs- beziehungsweise Endvermögen-Stichtag erbracht werden (Vorauszahlungen), und bei Zahlungen, die nach dem Anfangsvermögen-Stichtag eingehen, aber als Abgeltung für die Vergangenheit dienen sollen.

Anfangsvermögen

Stichtag für die Berechnung des Anfangsvermögens ist der Tag der standesamtlichen Trauung. Die Partner ermitteln bei der Berechnung des Vermögens alle Vermögenspositionen und ziehen davon die Schulden ab. Dieser Saldo stellt das Anfangsvermögen dar. Achtung: Das Anfangsvermögen kann nie unter null liegen. Selbst wenn ein Ehepartner bei der Eheschließung Schulden hatte, wird sein Anfangsvermögen auf null angesetzt.

Beispiel: Hätte Lars bei der Heirat 20.000 Euro Schulden gehabt und Meike ein Vermögen von null, dann würde Lars trotzdem so behandelt, als ob auch er ein Vermögen von null hatte. Das kann dazu führen, dass es im Falle einer Scheidung zu seltsamen Ergebnissen kommt. Haben nämlich beide zum Zeitpunkt der Scheidung ein Endvermögen von 20.000 Euro, dann bekommt Meike trotzdem keinen Zugewinnausgleich, obwohl Lars eigentlich viel mehr hinzugewonnen hat.

Indexierung

Das Anfangsvermögen muss indexiert werden. Das bedeutet, der Verlust der Kaufkraft seit Beginn der Eheschließung wird „herausgerechnet". Denn die Wertsteigerung allein anhand der Zahlen ist eine unechte Wertsteigerung, solange sie nicht um den Index bereinigt ist. Vor 20 Jahren hatten 100 DM eben eine andere Kaufkraft als der entsprechende Betrag in Euro umgerechnet heute.

Beispiel: Hatte Meike zu Beginn ihrer Ehe beispielsweise ein Vermögen von 50.000 Euro, wird dieser Betrag nach 20 Jahren Ehe etwa mit 50 Prozent aufgezinst, so dass ein Anfangsvermögen von 75.000 Euro zugrunde liegt.

Die Aufzinsung wird nach den Lebenshaltungskosten-Indizes des Statistischen Bundesamtes berechnet. Die Formel dazu sieht so aus:

$$\frac{\text{Anfangsvermögen} \quad \text{x} \quad \text{Lebenshaltungskosten-Index zum Zeitpunkt des Antrags auf Scheidung}}{\text{Lebenshaltungskosten-Index zu Beginn der Ehe}}$$

Würde man auf die Aufzinsung beziehungsweise Indizierung des Anfangsvermögens verzichten, entstünden bei der Ermittlung des Zugewinns Scheingewinne, weil die nominalen Geldbeträge des Anfangsvermögens von früher heute weniger wert sind, aber den hohen Beträgen des Endvermögens von heute gegenübergestellt werden. Die Differenz und somit der Zugewinn würden zu hoch ausfallen.

Zuwendungen und Schenkungen

Schenkungen von Dritten *während* der Ehe zählen ebenfalls zum „Anfangsvermögen". Der Grund: Es soll nur der Zugewinn ausgeglichen werden, der auf der Entwicklung des eigenen Vermögens der Eheleute beruht. Bekommt einer der Eheleute während der Ehe etwas geschenkt, so wird das dem Anfangsvermögen zugerechnet, damit es nicht in den Zugewinn fällt. Der Betrag muss erfasst und ebenfalls vom Endvermögen abgesetzt werden. Dies gilt jeweils für beide Eheleute.

Beispiel: Bei Eheschließung hatte Meike ein Vermögen von 50.000 Euro. Während der Ehe bekommt sie von ihren wohlhabenden Eltern noch einmal einen Betrag von 50.000 Euro geschenkt. Dieser Betrag wird ihrem Anfangsvermögen hinzugerechnet, sodass dieses jetzt 100.000 Euro beträgt. Im Falle einer Scheidung fällt der geschenkte Geldbetrag nicht in den Zugewinn, Lars kann davon nicht profitieren.

Es kommt auch immer wieder vor, dass die Eltern eines Ehepartners den Eheleuten etwas schenken. Oft handelt es sich um Bargeld als Zuschuss zum Eigenheim. Trennen sich die Eheleute wieder, gibt es meistens auch Streit um dieses Vermögen. Entscheidend ist die entsprechende Absicht des Zuwendenden, die wirtschaftlichen Verhältnisse des Empfangenden und der Anlass der Zuwendung, mithin die konkreten Umstände des Einzelfalls. Im Klartext: Haben die Eltern beiden etwas geschenkt oder nur dem eigenen Kind? In der Praxis ist diese Frage oft nicht einfach zu beurteilen.

Eine Vernehmung der Eltern kommt nur dann in Betracht, wenn diese noch leben. Hilfreich können aber auch beispielsweise Kontoauszüge sein, aus denen sich ergibt, wer Empfänger der Summe sein sollte. Um ganz sicherzugehen, empfiehlt es sich aber, bereits zum Zeitpunkt der Schenkung schriftlich festzuhalten, wem man etwas zukommen lassen wollte.

WISO rät: Da Eltern meist vor den Kindern sterben, ist es ratsam, sich von den Eltern eine schriftliche Erklärung geben zu lassen, aus der sich ergibt, wem sie die Schenkung zugedacht hatten: entweder dem eigenen Kind oder auch dem Schwiegerkind.

Erbschaften

Auch Erbschaften, die ein Ehegatte während der Ehe erhält, werden dem Anfangsvermögen zugerechnet und fallen nicht in den Zugewinn.

Aber: Als Anfangsvermögen wird nicht der komplette Erbschaftsbetrag gerechnet. Vielmehr wird vom Betrag die Erbschaftssteuer und eventuell zu zahlende Vermächtnisse abgezogen.

Endvermögen

Zum Endvermögen zählt das Vermögen, das die Ehepartner zum Zeitpunkt der Ehescheidung haben. Das Endvermögen wird – genau wie das Anfangsvermögen – berechnet, indem man alle Vermögenspositionen zusammenrechnet und die Schulden davon abzieht. Maßgeblicher Stichtag für die Berechnung des Vermögens ist der Tag der Zustellung des Ehescheidungsantrags an den Expartner. Das ist wichtig, denn es kommt nicht auf den Tag der Trennung an.

Gerade wenn die Ehe nicht im Guten getrennt wird, kommt es häufig vor, dass ein Partner nach der Trennung Vermögen verschwinden lässt. Bis zum Stichtag, der für die Berechnung herangezogen wird, hat er vielleicht sein Vermögen so gut vermindert, dass er kaum noch Zugewinnausgleich zahlen muss. Bei solchen „illoyalen Vermögensminderungen" wird der Wert des verminderten Vermögens dem Endvermögen wieder hinzugerechnet.

Beispiel: Lars verkauft seinen Mercedes offiziell für 12.000 Euro an seinen besten Freund, obwohl das Auto eigentlich 22.000 Euro wert gewesen wäre. Er macht mit seinem Freund aus, dass dieser die restlichen 10.000 Euro erst nach der Scheidung zahlen soll. Bei der Berechnung des Endvermögens wird in solchen Fällen dieser Betrag trotzdem zum Endvermögen hinzugerechnet, da es sich um eine illoyale Vermögensminderung handelt. Der ausgleichsberechtigte Ehegatte wird also so gestellt, als ob der entsprechende Nominalwert des Geldes noch vorhanden sei.

Was passiert mit den Schulden?

Haben beide Parteien Verbindlichkeiten, reduziert sich demzufolge bei beiden Parteien das Endvermögen und damit meist auch der Zugewinnausgleichsanspruch. Da die meisten Eheleute für Kreditverbindlichkeiten und sonstige Verbindlichkeiten gegenüber den Banken in der Regel gemeinsam haften, ist bei beiden Parteien jeweils die Hälfte der gesamten Verbindlichkeit in die Berechnung aufzunehmen. Etwas schwieriger wird es, wenn beide Eheleute gegenüber der Bank haften, die Eigentumswohnung oder das Hausgrundstück aber nur einem der Ehegatten gehört. Meist wird dann davon ausgegangen, dass die Verbindlichkeit dem Alleineigentümer des Hauses alleine zuzurechnen ist, sodass sich dessen Endvermögen um die gesamte Verbindlichkeit reduziert.

Sollte in dem obigen Fall beispielsweise der Ehemann nicht dazu bereit sein, die Verbindlichkeit alleine zu übernehmen, so könnte die Ehefrau die Befreiung von diesen Verbindlichkeiten bei Gericht einklagen.

Einzelne Vermögenspositionen

Nicht immer ist es einfach zu entscheiden, ob einzelne Vermögensgegenstände beim Zugewinnausgleich berücksichtigt werden müssen. In der Regel gilt Folgendes:

- **Hausrat**: kein Zugewinn.
- **Einbauküche**: meist Zugewinn (Rechtsprechung urteilt aber nicht einheitlich).
- **Auto:** in den allermeisten Fällen Zugewinn, es sei denn, der Pkw wird nur für den Haushalt und für private Zwecke genutzt.
- **Schmuck:** Zugewinn.
- **Schadensersatzansprüche:** Zugewinn.
- **Lebensversicherung**: in der Regel Zugewinn.
- **Abfindung Witwenrente**: kein Zugewinn.
- **Steuererstattungen oder Steuerschulden**: Zugewinn.
- **Nießbrauch oder ein Wohnrecht**: wird im Zugewinn erfasst. Der Ertragswert muss durch einen Sachverständigen ermittelt werden. Er stellt den voraussichtlichen – statistischen – noch zu erfüllenden Zeitraum fest. Das heißt, er prüft, wie lange der Nießbrauchberechtigte rein statistisch noch leben wird. Sodann berechnet man den Wert und zieht ihn vom Endvermögen ab.

Bewertung des Vermögens

Im Regelfall wird der Begriff „Verkehrswert" zur Bewertung der einzelnen Vermögenspositionen herangezogen. Gerichte definieren diesen Wert folgendermaßen: „Der Preis, der zum Zeitpunkt der Wertermittlung im gewöhnlichen Geschäftsverkehr nach den rechtlichen Gegebenheiten und den tatsächlichen Eigenschaften des Grundstücks ohne Rücksicht auf ungewöhnliche und persönliche Verhältnisse zu erzielen ist."

Dies festzustellen ist aber oft nicht ganz einfach, denn es handelt sich nur um eine Schätzung. Was das Grundstück tatsächlich wert ist, ergibt sich oft erst, wenn das Hausgrundstück verkauft ist.

Exkurs: Die Bewertung der Praxis von Freiberuflern

Das gleiche Problem, das man mit der Bewertung eines Hausgrundstücks hat, ist natürlich in sehr viel schwierigerer Form beispielsweise bei der Bewertung von Praxen von Freiberuflern zu berücksichtigen. Zur Bewertung ist hier der „Geschäftswert" anzusetzen, den die entsprechende Praxis hat. Zunächst muss für eine entsprechende Praxis überhaupt ein Markt vorhanden sein. Dabei ist auch der so genannte „Goodwill" maßgebend, also der Wert, den der „Kundenstamm" hat. Er ermittelt sich anhand bestimmter Kriterien nach bestimmten Vorgaben. Dazu zählen die Bruttoumsät-

ze, meist die der letzten drei Jahre, von denen der „kalkulatorische Unternehmerlohn" und die „latente Steuerlast" abzusetzen sind. Wie dies zu geschehen hat, wissen zum Beispiel die Steuerberater und andere Sachverständige, die durch das Gericht oder die Rechtsanwälte mit der Schätzung beauftragt werden.

Fest steht jedenfalls, dass es keine einheitliche und abschließend sichere Bewertungsmethode gibt. Darüber hinaus sind noch andere Faktoren zu berücksichtigen, nämlich beispielsweise der Substanzwert der Einrichtung und noch nicht eingezogene Forderungen und Rechnungen.

Dies gilt sinngemäß auch für Handelsvertreter, Handwerksbetriebe, Anwaltspraxen und sonstige Unternehmen.

Wertsteigerung eines Grundstücks

Es kommt häufiger vor, dass früheres Ackerland zu Bauland wird. Diese Wertsteigerung fällt grundsätzlich in den Zugewinn, so dass die Vermögensmehrung in vollem Umfang zu teilen wäre.

Wohnrecht

Beim Wohnrecht richtet sich die Restnutzungsdauer nach der Wertermittlungsverordnung. Dies gilt sowohl für den Anspruch des Endvermögens als auch für die Berechnung evtueller Ansprüche aus einem Wohnrecht.

Nach dieser Verordnung ist von der Restnutzungsdauer der baulichen Anlage und der statistischen Restlebenserwartung des Berechtigten sowie nach einem zugrunde liegenden Zinssatz zu rechnen, meist zwischen drei und sechs Prozent.

4. Wann muss der Expartner zahlen?

Der Zugewinnausgleichsbetrag, den der vermögendere Partner an den anderen Partner zu zahlen hat, ist in der Regel mit der Rechtskraft der Ehescheidung fällig. Zu dem Zeitpunkt können Sie also von Ihrem Expartner die Zahlung verlangen. Von da an ist der Geldbetrag auch zu verzinsen.

Problematisch ist es dann, wenn Sie während der Trennungszeit merken, dass Ihr Partner Vermögen verschenkt oder sonstige Tricks anwendet, um sein Vermögen zu mindern.

WISO rät: Wenn Sie schon während der Trennung Klarheit über den Zugewinnausgleich haben wollen, können Sie ihn frühzeitig beim Notar festlegen lassen. Haben Sie Angst, dass Ihr Expartner Vermögen verschleiert oder vermindert, dann können Sie den Zugewinn schon vor der Scheidung beim Familiengericht einklagen. Sie müssen diese Umstände allerdings hieb- und stichfest nachweisen können.

Voraussetzung dafür ist, dass die Eheleute drei Jahre voneinander getrennt leben oder dass es für einen Ehegatten unzumutbar ist, am Güterstand festzuhalten, weil zu befürchten ist, dass der auszuzahlende Betrag nicht realisierbar ist. Dies ist zum Beispiel auch der Fall, wenn die Gefahr besteht, dass der andere Ehegatte das Vermögen ins vermeintlich sichere Ausland bringen will. Es darf aber nicht nur eine geringe Gefahr bestehen, sondern es muss eine erhebliche Gefährdung der Ausgleichsforderung bestehen. Außerdem müssen hierfür konkrete Anhaltspunkte vorliegen.

Darüber hinaus besteht die Möglichkeit der Sicherung des Ausgleichsanspruchs, indem man eine Sicherheitsleistung bei Gericht verlangt.

WISO rät: Wenn Sie die Befürchtung haben, dass Ihr Partner versucht, Geld beiseite zu schaffen, sollten Sie sofort Ihren Anwalt aufsuchen. Er hat dann die Möglichkeit, dinglichen Arrest über das Vermögen verhängen zu lassen. Das bedeutet, dass das Vermögen Ihres Expartners „eingefroren" wird, um unrechtmäßige Verfügungen zu verhindern.

Besonders wichtig ist die Sicherung des Zugewinnausgleichs auch vor folgendem Hintergrund: Der Ausgleichsanspruch wird begrenzt durch den Wert des Vermögens, der nach Abzug der Verbindlichkeiten zum Zeitpunkt der Beendigung des Güterstandes beim Ausgleichspflichtigen noch vorhanden ist. Dies bedeutet, dass bei einer Zugewinnausgleichsverpflichtung des Ehemannes gegenüber der Ehefrau beispielsweise in Höhe von 500.000 Euro und einem Endvermögen von beispielsweise nur noch 200.000 Euro die Ehefrau nur noch einen Betrag von 200.000 Euro geltend machen kann (sofern nicht andere rechtliche Gesichtspunkte greifen).

Es ist also ganz besonders wichtig, dass Sie Ihren Rechtsanwalt schon zu Beginn des Verfahrens auf entsprechende Risikofaktoren hinweisen.

WISO rät: Wenn Sie sich mit diesen Gedanken zum Ausgleich des Zugewinns nicht anfreunden können, so können Sie den Ausgleich des Zugewinns durch einen notariellen Ehevertrag ausschließen. Dieser Ehevertrag muss jedoch im beiderseitigen Einverständnis der Eheleute geschlossen sein, sei es während oder vor der Ehe.

5. Verjährung

Besondere Aufmerksamkeit ist der Frage der Verjährung des Zugewinnausgleichsanspruchs zu widmen, da die Ausgleichsforderungen drei Jahre nach der Rechtskraft des Scheidungsurteils verjähren.

Diese Verjährung wird erst durch Zustellung einer Klage unterbrochen. Dies bedeutet, dass spätestens binnen drei Jahren nach Rechtskraft der Scheidung der Zuge-

winnausgleichsbetrag eingeklagt werden muss, um sich diese Ansprüche zu sichern. Andernfalls müssen Sie damit rechnen, dass Sie Ihre Forderung nicht mehr erfolgreich durchsetzen können.

6. Auskunftsansprüche

Um den Zugewinn auszurechnen, ist es notwendig, dass beide Partner Anfangs- und Endvermögen ausrechnen. Deshalb hat jeder der Partner gegenüber dem anderen einen Auskunftsanspruch. Sie können also von Ihrem Partner verlangen, dass er Ihnen mitteilt, wie hoch sein Vermögen zum Zeitpunkt des Scheidungsantrags ist. Einen Auskunftsanspruch über die Höhe des Anfangsvermögens gibt es dagegen nicht. Die Auskunftspflicht bezieht sich auch nicht auf Hausratsgegenstände, für die besondere Auseinandersetzungsregeln gelten.

WISO rät: Gibt Ihr Expartner außergerichtlich keine oder nur unvollständige Angaben über sein Vermögen ab, dann können Sie eine Auskunftsklage bei Gericht erheben. Er muss dann eine umfassende Aufstellung abgeben. Tut er das nicht, muss er mit Ordnungsgeld oder Ordnungshaft rechnen. Haben Sie Zweifel an der Richtigkeit seiner Angaben, können Sie von Ihm die Abgabe einer eidesstattlichen Erklärung verlangen.

Im Regelfall sind die Belege für die letzten fünf Jahre vorzulegen, soweit es sich um Unternehmen und Beteiligungen an Unternehmen, um Grundstücke, Zahnarztpraxen, Kanzleien von Anwälten und Arztpraxen handelt.

Soweit sich die Bewertungsposition und deren Höhe eindeutig aus Urkunden ergeben (Sparbücher), auch aus Urkunden von Lebensversicherungen (Bestätigung durch Lebensversicherung), macht die Bewertung in den wenigsten Fällen ein Problem.

Doch in der Realität sieht das oft anders aus. Probleme entstehen in den Fällen, in denen man sich durchaus streiten kann, wie hoch der Wert anzusetzen ist. Es handelt sich in diesen Fällen im Wesentlichen um die Bewertung von Arztpraxen, Firmen, Handelsbetrieben und sonstigen schwer erfassbaren Werten. Das Gleiche gilt selbstverständlich für die Bewertung von Häusern und Grundstücken.

Der Partner ist verpflichtet, sein Grundstück oder Haus von einem Gutachter zur Wertermittlung begutachten zu lassen, wenn Sie dies von ihm verlangen. In solchen Fällen haben Sie hierfür aber in der Regel die Gutachterkosten zu tragen.

Beispiel: Wichtig ist, dass die Auskunft „in sich geordnet“ und für den Berechtigten nachvollziehbar zusammengestellt ist. Nachfolgend finden Sie ein Beispiel, wie ein solches Vermögensverzeichnis aussehen kann:

Vermögensverzeichnis von Lars Petersen:

Aktiva:

1.	Doppelhaushälfte Poststr. 21, 155 qm Wohnfläche, Grundstücksgröße 357 qm	Verkehrswert: 290.000 Euro
2.	Aktienfonds bei XY-Gesellschaft, 347 Anteile	Wert z.Zt. 48.000 Euro
3.	Bausparvertrag Nr. 481212 bei XY-Bausparkasse	30.000 Euro
4.	Lebensversicherung Nr. 300469 bei XY-Versicherung, Zeitwert nach Auskunft der Versicherung	20.000 Euro
5.	Tagesgeldkonto	19.000 Euro
	Summe Aktiva	**407.000 Euro**

Passiva

1.	Hypothek bei XY-Bank	90.000 Euro
2.	Arbeitgeberdarlehen	15.000 Euro
3.	Kredit Sparkasse	30.000 Euro
Summe Passiva		**135.000 Euro**

Saldo Endvermögen	407.000 Euro
	–135.000 Euro
	272.000 Euro

7. Beispielsrechnungen für den Zugewinnausgleich

Im Beispielfall von Meike und Lars muss im Falle einer Scheidung der Zugewinn ausgerechnet werden. Eine solche Berechnung kann folgendermaßen aussehen. Sie ist hier bewusst einfach gehalten. Unten folgen ausführlichere Beispiele mit anderen Fällen.

	Meike	**Lars**
Anfangsvermögen	**100.000 Euro**	**0 Euro**
Endvermögen bei Scheidungsantrag	Doppelhaushälfte Sparguthaben und Versicherungen **250.000 Euro**	Doppelhaushälfte Sparguthaben und Versicherungen **272.000 Euro**
Zugewinn:	150.000 Euro	272.000 Euro
Differenz:		122.000 Euro
Ausgleichspflicht:		61.000 Euro

Lars muss also an Meike 61.000 Euro Zugewinnausgleich zahlen. Seine Weigerung zur Zahlung, weil Meike aus einem vermögenden Elternhaus stamme und er sich während der Ehe alles selbst aufgebaut habe, zieht nicht. Es kommt hier einzig und allein auf die gesetzliche Regelung an. Meike hat einige Jahre beruflich ganz zurückgesteckt, um für das gemeinsame Kind und den Haushalt da zu sein. Damit hat sie Lars in hohem Maße ermöglicht, seinen Zugewinn zu erzielen und beruflich erfolgreich zu sein. Durch den Zugewinnausgleich wird dieser Konstellation Rechnung getragen.

Hier weitere detaillierte Rechenbeispiele mit Fall und Fallvarianten:

Die Eheleute Schröder haben am 11.11.1990 geheiratet. Genau zehn Jahre später ist der Scheidungsantrag des einen Ehepartners dem anderen Ehepartner zugestellt worden.

Herr Schröder besitzt ein großes Hausgrundstück im Wert von 500.000 Euro.

Zur Finanzierung dieses Hausgrundstücks hat er Darlehensverbindlichkeiten gegenüber der Bank in Höhe von 100.000 Euro.

Zu Beginn der Ehe besaß er keinerlei Vermögen. Frau Schröder hatte ebenfalls kein Anfangsvermögen, während der Ehe ist nichts hinzugekommen.

Daraus ergibt sich, dass die Ehefrau einen Zugewinnausgleichsanspruch in Höhe von 200.000 Euro hat. Das Anfangsvermögen bei beiden war null, der Ehemann hat jetzt ein Endvermögen von 400.000. Er hat also einen Zugewinn von 400.000 Euro. Davon muss er die Hälfte, also 200.000 Euro, als Zugewinnausgleich an seine Frau zahlen.

Dies bedeutet, dass der Ehemann diesen Betrag aufbringen muss. Sollte er dazu nicht in der Lage sein, müsste er sein Haus verkaufen, damit die Ehefrau einen Betrag in Höhe von 200.000 Euro erhält.

	Herr Schröder	Frau Schröder
Anfangsvermögen	§ 1374 Abs. 1 BGB 0 Euro	
Endvermögen Vermögenswerte:	zum Beispiel Hausgrundstück 500.000 Euro	§ 1375 Abs. 1 BGB 0 Euro
Schulden:	zum Beispiel Hausfinanzierung 100.000 Euro	
Zugewinn:	**400.000 Euro**	**0 Euro**
Differenz:	400.000 Euro	
Ausgleichspflicht:	**200.000 Euro**	

Fallvariante

Die Ehedaten der Eheleute Schröder lauten wie im Bespiel 1. Jetzt sind jedoch die Eheleute jeweils zur Hälfte Eigentümer des Hauses, sodass in ihrem Endvermögen auch nur jeweils 250.000 Euro zu berücksichtigen sind. Ebenso sind die Schulden geteilt, da diese beide Eheleute betreffen. Es ergibt sich, dass kein Ausgleichsanspruch besteht.

Will also einer der Eheleute das Hausgrundstück übernehmen, muss er für die Hälfte des Hausgrundstücks 250.000 Euro zahlen. Diese Summe ist zu reduzieren über die zu übernehmenden Schuldverbindlichkeiten in Höhe von 50.000 Euro, sodass der andere Ehegatte einen Auszahlungsanspruch in Höhe von 200.000 Euro hat. Der übernehmende Ehegatte muss an die Bank 50.000 Euro zahlen.

	Herr Schröder	Frau Schröder
Anfangsvermögen	§ 1374 Abs. 1 BGB 0 Euro	§ 1374 Abs. 1 BGB 0 Euro
Endvermögen		
Vermögenswerte:	z.B. Hausgrundstück 250.000 Euro	z.B. Hausgrundstück andere Hälfte 250.000 Euro
Schulden:	z.B. Hausfinanzierung 50.000 Euro	Hausfinanzierung andere Hälfte 50.000 Euro
	§ 1375 Abs. 1 BGB 200.000 Euro	§ 1374 Abs. 1 BGB 200.000 Euro
Zugewinn:	**200.000 Euro**	**200.000 Euro**
Differenz: **Kein Ausgleich**	0 Euro	0 Euro

Fallvariante

Beispiel 3 ist aufgebaut wie Beispiel 1, nur hat in diesem Fall Herr Schröder im Jahr 1995 von einer Tante 100.000 Euro geerbt.

Diese sind seinem „Anfangsvermögen" hinzuzurechnen und wegen Verlustes der Kaufkraft in der Zwischenzeit mit dem vom Statistischen Bundesamt festgelegten Jahresindex zu indizieren.

In diesem Fall ergibt sich zwar nach wie vor eine Ausgleichspflicht von Herrn Schröder, doch ist diese wesentlich geringer als im Ausgangsbeispiel des Falles 1. Ähnliches würde ein Beispiel ergeben, in dem Herr Schröder bereits bei Eingehung der Ehe 100.000 Euro besaß beziehungsweise in die Ehe eingebracht hätte.

Aus diesem Beispiel ersieht man, dass der Ehemann an die Ehefrau einen Betrag in

Höhe von 146.550 Euro zu zahlen hat, mithin deutlich weniger als im Fall 1. Dies liegt eben daran, dass ihm das so genannte „Anfangsvermögen" hinzuzurechnen ist.

	Herr Schröder	Frau Schröder
Anfangsvermögen	§ 1374 Abs. 1 BGB 0 Euro Zurechnung nach Abs. 2 Erbschaft Tante Lotti 100.000 Euro	§ 1374 Abs. 1 BGB 0 Euro
Zeit: 1995 Jahresindex aller privaten Haush. (95) im früheren Bundesgebiet * 106,9 / 100	106.900 Euro	
Endvermögen Vermögenswerte:	z.B. Hausgrundstück 500.000 Euro	 0 Euro
Schulden:	z.B. Hausfinanzierung 100.000 Euro	
	§ 1375 Abs. 1 BGB 400.000 Euro	§ 1374 Abs. 1 BGB 0 Euro
Zugewinn:	**293.100 Euro**	**0 Euro**
Differenz:	293.100 Euro	0 Euro
Ausgleichspflicht:	**146.550 Euro**	

8. Gütertrennung

Die Gütertrennung ist mit dem gesetzlichen Güterstand der Zugewinngemeinschaft am ehesten verwandt. Im Gegensatz zur Zugewinngemeinschaft ist jedoch der Ausgleich der jeweiligen Vermögensmehrung einer einzelnen Partei nicht nötig.

Dies bedeutet, dass Sie weder berechtigt noch verpflichtet sind, Vermögensmehrungen untereinander auszugleichen. Auch bei der Gütertrennung ist gemeinsames Vermögen möglich, beispielsweise bei Hausgrundstücken, wenn beide Eheleute je zur ideellen Hälfte Eigentümer eines Hauses sind, wie dies trotz der Gütertrennung oft der Fall ist.

Auch alle anderen Vermögenspositionen einer Ehe bleiben von der Gütertrennung

unberührt. Wer Gütertrennung vereinbart hat, hat allerdings nicht zwingend auch den Ausschluss des Versorgungsausgleichs vereinbart. Auch die Unterhaltspflicht und sonstige Pflichten der ehelichen Lebensgemeinschaft werden von der Gütertrennung nicht berührt. Getrennt werden demnach nur die Vermögensmassen.

9. Gütergemeinschaft

Der Güterstand der Gütergemeinschaft muss durch einen besonderen Vertrag zwischen den Eheleuten vereinbart werden. Bei der Gütergemeinschaft wird das gesamte Vermögen der Eheleute gemeinschaftliches Vermögen, das so genannte Gesamtgut. Dabei haften die Eheleute für sämtliche in der Ehe eingegangenen Verpflichtungen, teilweise sogar für die Schulden des anderen, die vor der Ehe entstanden sind. Vielleicht ist das mit ein Grund, warum dieser Güterstand heute fast vollständig aus der Gesellschaft verschwunden ist. Nur ein bis zwei Prozent aller Ehepaare haben sich dafür entschieden.

Lassen sich Eheleute scheiden, die Gütergemeinschaft vereinbart haben, sieht das Gesetz recht komplizierte Regeln vor, wie das Vermögen dann aufzuteilen ist. Wer in diesem Güterstand lebt, sollte unbedingt Rat vom Fachmann einholen.

IX. Verteilung von Vermögen und Schulden

1. Der Partner macht Tabula rasa

Beispiel: Uta und Ingo Klein sind seit 13 Jahren verheiratet. Ingo ist selbstständig und Uta hat immer in seinem Betrieb ausgeholfen. Das Haus, in dem sie wohnen, ist im Grundbuch auf beide eingetragen. Nach einem großen Streit zieht Uta von heute auf morgen aus. Ingo wohnt weiterhin im Haus und betreibt dort auch weiterhin seinen Sattlereibetrieb. Eines Tages erhält er Post von Uta. Sie will Geld dafür sehen, dass Ingo das zum Teil ihr gehörende Haus alleine weiternutzt. Außerdem möchte sie einen Ausgleich dafür haben, dass sie ihm 13 Jahre lang in der Firma geholfen hat. Weiterhin hat sie die Hälfte sämtlicher Konten abgeräumt und auf ein eigenes Konto umgeschrieben. Ingo ist entsetzt und fragt sich, ob Uta rechtmäßig gehandelt hat. Ihr Handeln bedeutet für ihn den finanziellen Ruin, zumal er mit Uta zusammen einen Kredit aufgenommen hat, der immer noch nicht abbezahlt ist.

2. Allgemeines

Dass in einer Ehe Schulden eingegangen werden, ist nichts Ungewöhnliches. Schließlich wollen die Eheleute während der Ehe vielleicht in einem gemeinsamen Haus wohnen, das Auto kann nicht gleich komplett bezahlt werden, oder einer will einen Betrieb aufbauen, um finanziell auf eigenen Beinen zu stehen. Bei der Scheidung sind diese Schulden meist noch lange nicht getilgt. Die Frage, wer die in der Ehe entstandenen Schulden zu tragen hat, ist dann oft nicht leicht zu klären.

Mindestens genauso schwer fällt es den Expartnern aber auch, das gemeinsame Vermögen aufzuteilen. Wer bekommt den Bausparvertrag, wer das Haus, wer das Auto? Nicht selten ergibt sich hier erhebliches Streitpotenzial, denn in den meisten Fällen haben die Eheleute sich diese Dinge gemeinsam angeschafft. Also wie aufteilen?

3. Eigene Schulden

Grundsätzlich gilt: Ist ein Ehegatte Verbindlichkeiten alleine eingegangen, haftet er grundsätzlich alleine dafür. Hat der Partner also Schulden gemacht, dann muss er sie auch selbst zurückzahlen.

Das gilt selbstverständlich auch für alle Schulden, die einer der Partner vor der

Eheschließung eingegangen ist. Selbst wenn immer wieder die falsche Auffassung vertreten wird, es würden durch die Eheschließung automatisch beide für die Verbindlichkeiten haften, so stimmt dies nicht.

Dennoch können Sie sich untereinander ohne weiteres darauf einigen, dass Sie die Schulden beide an die Gläubiger zurückzahlen. Eine solche interne Abmachung begründet aber noch lange nicht eine Verpflichtung gegenüber dem Kreditgeber, denn grundsätzlich gilt das Prinzip der Eigenverantwortung für eigene Verbindlichkeiten.

4. Gemeinsame Schulden

Für Schulden, die Sie gemeinsam mit Ihrem Partner eingegangen sind, haften Sie auch gemeinsam. Das gilt für sämtliche Kreditverträge, die Sie zusammen mit Ihrem Ehegatten unterschrieben haben.

Juristen unterscheiden bei Kreditverträgen zwischen dem so genannten „Innenverhältnis" und dem so genannten „Außenverhältnis" der Eheleute gegenüber den jeweiligen Banken.

Haben beide Eheleute gemeinsam einen Kreditvertrag unterschrieben, dann haften sie gesamtschuldnerisch im Verhältnis zu der Bank. Das bedeutet, dass der Gläubiger, meist die Bank, sich einen beliebigen Schuldner aussuchen und von ihm den gesamten Betrag verlangen kann.

Beispiel: Uta und Ingo schließen mit dem Möbelhaus Kaiser einen Ratenvertrag über 15.000 Euro für eine neue Küche ab. Der Betrag wird monatlich vom gemeinsamen Konto der beiden abgebucht. Nach der Trennung lösen beide das gemeinsame Konto auf und eröffnen eigene Konten. Das Möbelhaus kann sich jetzt aussuchen, ob es die monatliche Rate jeweils hälftig von Uta und Ingo einfordert oder sich nur an einen der beiden hält. Fordert das Möbelhaus die Beträge nur von Uta ein, dann kann diese wiederum die Hälfte von Ingo einfordern.

Das „Außenverhältnis" regelt die Rechtsbeziehung zwischen der Bank und den Schuldnern. Das heißt, nach außen hin haftet sowohl Uta als auch Ingo für den aufgenommenen Kredit gegenüber der Bank. Uta kann also nicht einfach mit der Trennung ihre Kreditverbindlichkeiten als beendet ansehen.

Das „Innenverhältnis" regelt das Verhältnis der Eheleute untereinander. Untereinander können sie beispielsweise vereinbaren, dass sie die Raten nicht jeweils zur Hälfte bezahlen, sondern Uta 30 Prozent und Ingo 70 Prozent. Die Regelung, wie die Eheleute miteinander im Innenverhältnis ihre Finanzangelegenheiten regeln, ist für die Bank nicht von Interesse.

WISO rät: Wenn Sie einen gemeinsamen Kreditvertrag unterschreiben, sollten Sie vorab unbedingt regeln, wer wie viel zahlen soll und wer die Raten im Falle einer Trennung weiterzuzahlen hat. Wichtig ist auch eine Vereinbarung darüber, wer den gekauften Gegenstand behalten soll.

5. Die Schulden für das Haus

In den meisten Ehen ist es so, dass die Eheleute irgendwann Grundbesitz haben wollen, um den Traum vom Eigenheim verwirklichen zu können. Meist kaufen sie dann das Haus, das Grundstück oder die Eigentumswohnung auf beider Namen. Im Falle der Trennung zieht dann einer aus und nimmt sich eine neue Wohnung. Nun stellt sich die Frage: Wer zahlt die Schulden für das Haus weiter?

Am sinnvollsten ist es, die Verpflichtungen, die die Eheleute miteinander eingegangen sind, weitestgehend zu entflechten. Die einfachste Lösung ist die, dass einer von beiden Partnern das Haus mitsamt den Schulden komplett alleine übernimmt und den anderen auszahlt. Doch aus finanziellen Gründen ist das oft nicht möglich. Eine andere sinnvolle Variante wäre in einem solchen Fall, das Haus zu verkaufen und sich den Erlös zu teilen. Das Problem hierbei ist aber häufig, dass das Haus nur unter Wert zu verkaufen ist.

Eine dritte Möglichkeit wäre, dass beide Partner weiterhin Eigentümer des Hauses sind. Das setzt ein hohes Maß an Kooperationsfähigkeit voraus.

Ein mögliches Modell sieht dann so aus: Wenn der unterhaltspflichtige Ehemann Ingo das Haus alleine nutzt, weil die Ehefrau Uta die gemeinsame Wohnung geräumt hat, zahlt er die Verbindlichkeiten an die Bank weiter. Er hat dann aber einen Anspruch auf Ausgleich der Hälfte der Raten, die er an die Bank geleistet hat. Gleichzeitig müsste er seiner Ehefrau eine Nutzungsvergütung zahlen. Der Grund: Er nutzt nicht nur seine eigene Hälfte, sondern auch die Hälfte des Hauses der Ehefrau. Im Fall hat Uta Anspruch auf eine Nutzungsentschädigung. Ingo wohnt weiterhin in dem Haus, das auch zur Hälfte ihr gehört, und betreibt sogar seinen Betrieb darin.

In diesen Fällen kann man dann beide Positionen unter bestimmten Voraussetzungen mit anderen Ansprüchen gegenrechnen.

WISO rät: Der Anspruch auf Nutzungsentschädigung kann entfallen, wenn er nicht rechtzeitig geltend gemacht wird. Die Zahlung sollte daher sofort nach Auszug schriftlich verlangt werden.

Wenn also zum Beispiel Uta das Haus räumt, sollte sie an Ingo schreiben:

„Lieber Ingo,
am 1. Dezember 2002 habe ich die eheliche Wohnung geräumt.
Ich fordere dich auf, ab sofort eine monatliche Nutzungsentschädigung für die mir gehörende Haushälfte in Höhe von 600 Euro zu zahlen."
Mit freundlichen Grüßen
Uta

WISO rät: Wenn Sie Ihr Haus nicht verkaufen wollen und einer den anderen auch nicht ausbezahlen kann, dann sollten beide die Verbindlichkeiten zahlen, die auf sie anteilig entfallen. Außerdem sollte derjenige, der die Wohnung bewohnt, an den anderen Ehegatten den halben Mietwert (die andere Hälfte gehört ihm selbst) zahlen.

Wird für das Haus Miete erzielt, müssen die Expartner diese untereinander aufteilen. Das Gleiche gilt für die Belastungen, nämlich für die Kreditverbindlichkeiten.

Von dem Grundsatz, dass jeder der Eheleute die Hälfte zu zahlen hat, gibt es jedoch Ausnahmen. Wenn Sie eine von diesem so genannten Halbteilungsgrundsatz abweichende Verteilung verlangen, sollten Sie sich mit Ihrem Partner darüber einigen.

WISO rät: Treffen Sie solche Vereinbarungen immer schriftlich und bewahren Sie sie gut auf! Der Grund: Vor Gericht müssen Sie solche vom Halbteilungsgrundsatz abweichenden Regelungen beweisen, wenn Sie sich darauf berufen wollen.

So kann beispielsweise die Ehefrau vor Gericht erklären, der Ehemann habe immer gesagt, er werde den Kredit für das Haus auf jeden Fall alleine zurückzahlen. Die Ehefrau muss aber beweisen, dass diese Vereinbarung geschlossen wurde, und das geht am besten, wenn sie schriftlich vorliegt. Kann sie es nicht beweisen, muss sie den Kredit gemeinsam mit ihrem Ehemann abbezahlen.

6. Kreditverträge und Bürgschaften

Oft haben Ehefrauen – häufig ohne eigenes Einkommen – Kreditverträge mit dem Ehemann gemeinsam unterschrieben. Das Gleiche gilt für Bürgschaftserklärungen. Das Problem ist, dass man als Bürge genauso für einen Kredit haftet wie der eigentliche Schuldner.

Beispiel: Willi will für den Ausbau seiner Schreinerei bei der XY-Bank einen Kredit aufnehmen. Die Bank verlangt dafür aber die Bürgschaft seiner Frau Klara. Klara

willigt ein. Sie ist zwar Hausfrau und verfügt über kein eigenes Einkommen. Allerdings geht sie nicht davon aus, dass sie auch nur einen Cent für den Kredit abzahlen muss. Sie ist schließlich nur Bürge.

Doch nach der Trennung geht Willis Schreinerei Pleite, er zahlt die Kreditraten nicht weiter. Deshalb verlangt die Bank jetzt von Klara, dass sie den Kredit zurückzahlt.

Viele Frauen sind in eine vergleichbare Situation geraten. Ihnen war bei der Unterzeichnung der Bürgschaftserklärung nicht klar, dass sie genauso haften müssen wie ein Schuldner. Viele wissen auch nicht, dass eine Bürgschaft in der Regel nicht kündbar ist. Wer einmal einen Bürgschaftsvertrag unterschrieben hat, kommt aus ihm normalerweise nicht wieder heraus. Gerade Ehefrauen müssen nach der Trennung dann für die Schulden des Exmannes aufkommen, obwohl sie über keine oder nur wenige Einnahmen verfügen.

WISO rät: Werden Sie aus einer Bürgschaft für Ihren Expartner in Anspruch genommen, dann sollten Sie das Gespräch mit der Bank suchen. Der Grund: Manche Bürgschaftsverträge sind sittenwidrig. Das kann für Sie die einzige Chance sein, aus dem Bürgschaftsvertrag herauszukommen.

Ein Kredit an eine Ehefrau ist beispielsweise dann sittenwidrig, wenn sie mittellos ist und ein krasses Missverhältnis zwischen Haftungsumfang und Leistungsfähigkeit besteht. Außerdem darf mit der Beteiligung an der Kreditrückführung in absehbarer Zeit nicht gerechnet werden können. Der Bundesgerichtshof geht zwar mittlerweile in manchen Fällen auch davon aus, dass die Ehefrau dann nicht mehr haften muss, wenn die Ehe rechtskräftig geschieden ist. Vertrauen sollten Sie aber in keinem Fall auf die Gunst der Gerichte. Es ist nämlich äußerst schwer, sich aus den Fängen der Bürgschaften zu befreien.

7. Die Auseinandersetzung des Vermögens

Probleme tauchen immer dann auf, wenn es um die Aufteilung von Dingen geht, die sich die Eheleute gemeinsam angeschafft haben. Streit entsteht dabei insbesondere bei:

- Immobilien,
- beweglichen Sachen wie Pkws,
- der Neuregelung der Nutzung von Anteilen an Immobilien oder beweglichen Sachen,

- der Aufteilung von Sparbüchern, Wertpapieren, Bausparverträgen und Versicherungen.

Soweit es Immobilien betrifft, sind die Eigentumsverhältnisse bereits durch die „Grundbücher“ bei den Amtsgerichten geklärt. Sind hier beide Eheleute oder nur einer als Eigentümer eingetragen, bleibt das auch nach der Scheidung so. Soll ein Eigentumswechsel vorgenommen werden, dann müssen die Expartner das durch einen notariellen Vertrag und Änderung der Eintragung im Grundbuch vornehmen. Möglich sind etwa folgende Varianten:

- Einer der Ehepartner kann den Anteil des anderen am gemeinsamen Haus übernehmen.
- Eine andere Möglichkeit besteht darin, den gemeinsamen Immobilienbesitz zu veräußern und den Erlös abzüglich der noch bestehenden Schulden zu teilen.
- Können sich die Expartner nicht einigen, wer den anderen ausbezahlt und damit das Haus übernimmt, dann bleibt als letzte Möglichkeit die Zwangsversteigerung in Form der so genannten Teilungsversteigerung. Diese wird durch das Amtsgericht durchgeführt.
  Der Nachteil: Bei Versteigerungen wird oft nur ein Bruchteil des wirklichen Werts der Immobilie erzielt.
  Auf der anderen Seite kann dies für einen der Partner auch ganz vorteilhaft sein: Bei der Versteigerung können die Partner natürlich genauso mitbieten wie fremde Bieter. So kann einer unter Umständen recht günstig an den Eigentumsanteil des anderen herankommen.

Nicht selten würde einer der Partner gerne das Haus übernehmen, kann aber das Geld dafür nicht aufbringen.

WISO rät: Nehmen Sie die Möglichkeit der Aufrechnung in Anspruch! Will die Frau mit den Kindern im gemeinsamen Haus bleiben, dann können der Anteil des Hauses und der Anspruch auf Zugewinnausgleich miteinander aufgerechnet werden, falls ihr Partner damit einverstanden ist.

Tun die Partner nichts dergleichen, dann bleibt alles beim Alten. Doch gerade wenn beide Eigentümer einer Immobilie sind, die nur einer bewohnt, dann kann dies zu schweren Problemen führen. Beachten Sie in solchen Fällen den Abschnitt zur Nutzungsentschädigung.

Schwierig wird es auch bei beweglichen Sachen wie bei einem Pkw. In der Regel kann einer der Partner nur dann etwas für sich verlangen, wenn er Eigentümer ist und dies auch nachweisen kann. Bei Autos wird üblicherweise einer der Eheleute als Halter im Kraftfahrzeugbrief stehen. Ausnahmsweise kann aber auch der andere Partner das Auto für sich beanspruchen, wenn er nachweisen kann, dass das Auto zwar nicht auf

ihn zugelassen war, er es aber in überwiegendem Maße für sich selbst und nicht als Familienauto genutzt hat.

Bei sonstigen gemeinsam angeschafften Gegenständen ist regelmäßig davon auszugehen, dass sie gemeinschaftliches Eigentum, also Miteigentum beider Partner sind.

Sofern die Eheleute Gegenstände zur gemeinschaftlichen Lebensführung erworben haben, wie zum Beispiel Möbel, Geschirr, Bettwäsche, Besteck, Stereoanlage, Fotoapparat oder Anrufbeantworter, so handelt es sich um Hausrat, der meist ebenfalls in gemeinschaftlichem Eigentum steht. Hier müssen die Eheleute versuchen, sich über die Aufteilung gütlich zu einigen. Schaffen sie das nicht, dann regelt der Familienrichter auf Antrag, wie der Hausrat aufzuteilen ist.

Für den in die Ehe eingebrachten Hausrat gilt, dass der Hausrat im Alleineigentum der Partei steht, die ihn mit in die Ehe eingebracht hat. Bei ganz persönlichen Dingen, wie beispielsweise Kleidung, Schmuck oder Arbeitsmittel, gehen die Gerichte meistens davon aus, dass sie im Alleineigentum einer Partei stehen. Das Gleiche gilt für geschenkte und ererbte Gegenstände.

Während des Zusammenlebens der Eheleute können diese wechselseitig kein Geld für die Nutzung von Gegenständen verlangen, die beiden gehören. Mit der Trennung ändert sich das. Dann besteht die Möglichkeit, dass ein Partner vom anderen ein Nutzungsentgelt verlangt, wenn ein Ehegatte den Gegenstand alleine nutzt.

Beispiel: Nach einem Streit verlässt Uta wutentbrannt die Wohnung und geht zu ihrer Mutter. Als sie am nächsten Tag in die Wohnung will, um ihre Sachen und den Autoschlüssel abzuholen, hat ihr Mann Ingo bereits die Schlösser ausgewechselt. Vier Wochen lang kommt sie nicht hinein, das Auto fährt in dieser Zeit Ingo. Als sie ihn nach vier Wochen endlich erwischt, verlangt sie von ihm ihr Auto heraus. Gleichzeitig will sie von ihm eine Nutzungsentschädigung für die vier Wochen, in denen Ingo mit ihrem Auto gefahren ist. Ingo ist einverstanden, bittet Uta allerdings, dass er das Auto noch weitere vier Wochen behalten darf, bis er sich ein neues Auto zugelegt hat. Selbstverständlich würde er auch für diese Zeit Steuer, Versicherung und sonstige Kosten für das Auto übernehmen.

WISO rät: Mit einer Nutzungsentschädigung sollten Sie immer auch eine Regelung hinsichtlich der Haftung für den Pkw vereinbaren. Hier sollten Sie festlegen, dass Ihr Expartner haftet, wenn das Auto zum Beispiel beschädigt oder gar gestohlen wird.

Für ein gemeinsam genutztes Haus, welches nicht im Eigentum beider Parteien steht, gilt Folgendes: Das aus der Ehe hergeleitete Mitbenutzungsrecht des Nichteigentümers endet meist mit Rechtskraft der Scheidung. Das bedeutet: Lebt Ihr Partner mit Ihnen in Ihrem Haus, dann muss er nach der Scheidung ausziehen. Bleibt er trotzdem in dem Haus wohnen, dann können Sie eine Räumungsklage gegen ihn einleiten.

WISO rät: Regeln Sie während der Trennung die Nutzung aller Gegenstände durch Ihren Partner. Insbesondere sollten Sie festlegen, unter welchen Voraussetzungen eine Entschädigung zu zahlen ist und wie hoch sie sein soll. Solche Vereinbarungen sollten Sie grundsätzlich schriftlich treffen.

Damit verbunden ist auch die Frage, wer für die Verbindlichkeiten, die Verbrauchskosten und eventuell weitere anfallende Kosten aufzukommen hat.

Diese Positionen sollten Sie ebenfalls mit in die Vereinbarung aufnehmen.

Finden die Parteien keine Einigung, muss im Zweifel das Gericht entscheiden. Derartige Prozesse sollten die Eheleute aber unter allen Umständen vermeiden, weil der mit einer Klage verbundene Kostenaufwand oft höher ist als die eventuell zu erreichenden Nutzungsentschädigungen.

Lässt sich allerdings der Gang zum Gericht nicht vermeiden, sind in der Regel nicht die Familiengerichte, sondern die Zivilgerichte – also je nach Streitwert das Amts- oder das Landesgericht – zuständig. Nur in Fällen, in denen es um gemeinsamen Hausrat oder das Familienwohnheim geht, ist das Familiengericht zuständig.

WISO rät: Weist das Gericht die eheliche Wohnung Ihrem Ehegatten zu, dann sollten Sie vor Gericht umgehend beantragen, dass er eine entsprechende Nutzungsentschädigung zu zahlen hat. Außerdem sollten Sie darauf hinarbeiten, dass er auch die Verbrauchskosten, die mit dem Eigentum verbunden sind, komplett zu tragen hat.

Grundsätzlich richtet sich die Höhe des Nutzungsentgelts nach dem halben Mietwert des gesamten Objekts. Der halbe Mietwert ist der Wert, der als ortsübliche Miete angemessen ist. Dabei ist zu beachten: Der Ehegatte, der alleine in der Wohnung zurückbleibt, benötigt meistens nicht den gesamten Wohnraum. Unter diesen Umständen muss die Höhe des Mietwertes möglicherweise etwas herabgesetzt werden.

Im Übrigen gilt die übliche Regelung, dass die Lasten je zur Hälfte übernommen werden. Gegebenenfalls kann mit anderen Positionen, wie Unterhalt, gegengerechnet werden. Dies setzt jedoch eine entsprechende Vereinbarung voraus.

WISO rät: Wenn Sie einzelne Positionen gegenrechnen wollen, sollten Sie diese Positionen in der Vereinbarung genau auflisten, und zwar mit den entsprechenden Beträgen, die gegenzurechnen sind.

Sofern beide Parteien eine in dem gemeinsamen hälftigen Eigentum stehende Immobilie vermieten oder verpachten, müssen sie die entsprechenden Einnahmen selbstverständlich hälftig teilen.

Wichtig: Der Ehegatte, der in dem gemeinsamen Haus bleibt, muss sich den Wohnwert (Mietwert) als Einkommen hinzurechnen lassen. Bedeutsam ist das insbesondere dann, wenn dieser Partner unterhaltspflichtig ist. Der Unterhalt errechnet sich nicht nur aus seinem Einkommen aus Arbeit, sondern auch aus dem Wohnwert. Die damit verbundene höhere Unterhaltslast kommt den Kindern zugute.

8. Zwangsversteigerung

Solange die Eheleute noch verheiratet sind, ist die Zwangsversteigerung des gemeinsamen Hausgrundstücks nicht möglich, zumindest dann nicht, wenn es sich bei dem Hausgrundstück um das „nahezu gesamte Vermögen“ der Eheleute handelt.

Nach der Scheidung ist die Versteigerung möglich und wird meist als letztes Mittel in den Fällen eingesetzt, in denen die Eheleute sich nicht einigen können, wer das Haus bekommen soll.

Bedenken Sie, dass eine Zwangsversteigerung oft beiden Eheleuten schadet. Meist wird dadurch ein Preis erzielt, der eindeutig unter dem Wert des Hauses liegt. Es gibt jedoch auch Fälle, in denen sich die Zwangsversteigerung als positiv herausgestellt hat. Das sind solche Fälle, in denen ein Ehepartner bei der Zwangsversteigerung den Miteigentumsanteil des anderen günstig erworben hat.

9. Ansprüche aus Ehegattenmitarbeit

Vor allem in klein- und mittelständischen Betrieben kommt es häufig vor, dass die Ehegatten mitarbeiten. Schließlich sollen die Gewinne aus dem Betrieb die Familie ernähren. So machen sich viele Paare in guten Zeiten keine Gedanken darüber, wie diese unentgeltliche Arbeit im Fall einer Trennung bewertet werden soll. Dabei ist es gerade auch aus steuerlicher Sicht sinnvoll, ein solches Arbeitsverhältnis vertraglich zu regeln.

Der Gewinn aus der Arbeitsleistung des Ehepartners wird für den Lebensunterhalt der Familie verbraucht, meist steigt auch der Wert des Betriebes zum Vorteil des anderen Ehegatten.

Dies schadet so lange nicht, wie die Eheleute im gesetzlichen Güterstand der Zugewinngemeinschaft leben. Im Falle der Scheidung nämlich muss sich der „Betriebsinhaber“ die Wertsteigerung seines Betriebes als Zugewinn anrechnen lassen. Er wird dann in der Regel gegenüber dem anderen Partner ausgleichspflichtig sein.

In dem Ausgangsfall könnte Uta von Ingo während der Ehe keinen Ausgleich für die Mitarbeit in dem Betrieb verlangen. Denn mit dieser Arbeit soll der Familienunterhalt mitbestritten werden. Wenn sie sich später aber einmal von Ingo scheiden lässt, dann kann sie über den Zugewinnausgleich an der Wertsteigerung des Betriebes teilnehmen. Anders wäre es nur, wenn das Ehepaar beispielsweise Gütertrennung vereinbart hätte.

10. Streit um Bankkonten

Viele Eheleute sind Inhaber gemeinschaftlicher Konten. Bei solchen „Oder-Konten" sind beide Eheleute Kontoinhaber. Jeder darf alleine darüber verfügen. Das führt nicht selten zum Streit, denn schon so manch einer hat sich auch nach der Trennung nach seinem Belieben von dem Konto bedient.

Dabei stehen ab diesem Zeitpunkt jedem Partner nur noch 50 Prozent der Guthaben auf den gemeinsamen Konten zu.

WISO rät: Heben Sie nach der Trennung die Hälfte des auf dem Konto befindlichen Geldes ab und überweisen Sie es auf ein eigenes Konto, auf das der Partner keinen Zugriff hat. So gehen Sie sicher, dass Sie Ihrem Geld nicht hinterherlaufen müssen.

11. Bausparverträge

Wird der Bausparvertrag nur auf den Namen eines Ehegatten abgeschlossen und das Bausparkonto nur auf dessen Namen geführt, liegt ein „Einzelkonto" vor.

Dies steht demzufolge auch nur dem einzelnen Kontoinhaber alleine zu. Derjenige, auf dessen Namen das Bausparkonto eingerichtet wurde, erhält also in der Regel auch den Bausparvertrag.

Doch gerade dann, wenn der andere Ehegatte die Einzahlungen hierfür immer alleine vorgenommen oder sich zumindest daran beteiligt hat, kann es schnell zu Unstimmigkeiten kommen. Ein Ausgleich wird in solchen Fällen immer dadurch vorgenommen, dass der Bausparvertrag bei der Berechnung des Zugewinns berücksichtigt wird.

Sind die Bausparverträge von beiden Eheleuten abgeschlossen worden, so findet eine hälftige Teilung statt.

X. Versorgungsausgleich

1. Die „Einverdienerehe“

Beispiel: Joachim Baumann ist angestellter Bauingenieur und arbeitet seit 1985 in seiner Firma. Im Sommer 1989 lernt er Brigitte kennen. Sie ist ebenfalls seit 1985 als Sekretärin in einem kleineren Unternehmen tätig. Die beiden ziehen zusammen und schon ein Jahr später, am 20.7.1990, geben sie sich das Ja-Wort.

Zunächst arbeiten beide in ihrem Beruf weiter. Doch als im September 1992 ihr Sohn Philipp zur Welt kommt, bleibt Brigitte zu Hause. Sie möchte sich ganz dem Kind widmen, und finanziell steht dem nichts im Wege, denn mit dem Verdienst von Joachim kommen die beiden gut über die Runden. Nachdem 1998 Tochter Julia geboren wird, beginnt die Ehe zu kriseln. Joachim kommt immer später von der Arbeit nach Hause, und Brigitte fühlt sich mit der Kindererziehung allein gelassen. Anfang 2000 zieht Joachim schließlich aus. Am 15. Oktober 2001 reicht Brigitte die Scheidung ein.

2. Was bedeutet Versorgungsausgleich?

Scheidung heißt: Auch die Rentenansprüche werden geteilt! Was von den Rentenansprüchen für jeden übrig bleibt, regelt der Versorgungsausgleich.

Eingeführt wurde der Versorgungsausgleich 1977 vor allem, um Hausfrauen abzusichern, die nach der Scheidung oft ohne eigene Rentenansprüche dastanden, weil sie während der Ehe gar nicht oder nur wenig gearbeitet hatten. Während sie sich um den Haushalt und die Kinder kümmerten, konnte der Ehepartner seiner Berufstätigkeit nachgehen oder sogar Karriere machen. Die Frauen selbst hatten aber keine Altersversorgung erworben.

Heutzutage hat sich die Situation in vielen Familien zwar grundlegend geändert. Der Ehemann als Alleinverdiener gehört immer mehr der Vergangenheit an. Häufig sind beide Ehepartner berufstätig und übernehmen auch gemeinsam die Kindererziehung. Immer öfter kommt es auch vor, dass die Ehefrau ihrem Beruf nachgeht und der Mann für die Kinder sorgt und den Haushalt führt. Doch ganz gleich wie die Rollenverteilung in der Familie ist, der Grundgedanke ist derselbe geblieben: Die Ehe ist eine Wirtschaftsgemeinschaft. Vom Erwerbsleben beider Ehepartner während der Ehe sollen auch beide zu gleichen Teilen profitieren, und zwar unabhängig davon, wer von den beiden mehr verdient hat.

Der Ehepartner, der während der Ehezeit die höheren Ansprüche erworben hat, muss dem anderen Partner so viel von seinen Ansprüchen abgeben, dass beiden für die gemeinsame Ehezeit die gleichen Versorgungsansprüche zustehen. Jeder Ehepartner erhält durch den Versorgungsausgleich eine eigene, vom anderen Partner unabhängige Altersversorgung.

Durch die vom Bruttolohn eines Erwerbstätigen abgeführten Rentenversicherungsbeiträge, aber zum Beispiel auch durch Kindererziehungszeiten oder andere Beiträge zur Rentenversicherung werden bei den gesetzlichen Rentenversicherungsträgern wie der Bundesversicherungsanstalt für Angestellte in Berlin (BfA), den Landesversicherungsanstalten (LVA) oder auch den Versorgungswerken für bestimmte Berufsgruppen (Ärzte, Rechtsanwälte) auf einem Rentenkonto Anwartschaften für den Versicherten gesammelt. Diese legen fest, in welcher Höhe ein Versicherter im Alter oder bei Erwerbsunfähigkeit eine Rente beziehen kann.

Neben diesen Anwartschaften können im Versorgungsausgleich aber auch noch andere Formen der Alterssicherung ausgeglichen werden, so zum Beispiel Betriebsrenten oder private Rentenversicherungen (nicht jedoch Kapitallebensversicherungen) und natürlich auch die Versorgungsansprüche von Beamten, Soldaten und Richtern oder von öffentlich Angestellten. Zu berücksichtigende Anwartschaften sind beispielsweise:

- Leistungen aus Pflicht- sowie freiwilligen Beiträgen der gesetzlichen Rentenversicherung (zum Beispiel Arbeiterrente, Angestelltenrente);
- Versorgungsbezüge aus öffentlich-rechtlichen Dienstverhältnissen (Renten von Arbeitern und Angestellten im öffentlichen Dienst);
- Versorgungen nach beamtenrechtlichen Vorschriften (Beamtenpension)";
- betriebliche Altersversorgungen (Betriebsrenten);
- Altersversorgungen aus Versorgungswerken, wie beispielsweise von Ärzten, Architekten und Anwälten;
- sonstige Renten oder rentengleich wiederkehrende Leistungen (zum Beispiel Altershilfe für Landwirte);
- sonstige private Rentenversicherungsverträge (zum Beispiel Lebensversicherungen auf Rentenbasis ohne Kapitalwahlrecht oder mit unwiderruflich ausgeübtem Rentenwahlrecht zum Zeitpunkt der Zustellung des Scheidungsantrags);
- tariflich vereinbarte Zusatzversorgungen (zum Beispiel aus der Zusatzversorgungskasse Bau).

Auch ausländische Anwartschaften, die einer der Ehegatten während der Ehezeit erworben hat, sind zu berücksichtigen. Hier stellt sich allerdings das Problem, dass ausländische Versorgungsträger den deutschen Gerichten meist keine Auskunft erteilen. In diesen Fällen ist es sinnvoll, einen Rentenberater als Gutachter zur Ermittlung der Höhe dieser Anwartschaften in Anspruch zu nehmen.

Alle Versorgungsanrechte, die in der ehemaligen DDR begründet wurden, sind in die gesetzliche Rentenversicherung überführt und werden so ebenfalls im Versorgungsausgleich berücksichtigt. Nicht berücksichtigt werden:

- Leistungen mit Entschädigungscharakter (zum Beispiel Unfallrente der gesetzlichen Rentenversicherung);
- geschenkte Versorgungen (zum Beispiel durch Testament);
- private Versicherungsverträge mit Kapitalwahlrecht (zum Beispiel Kapitallebensversicherungen);
- Versorgungen, die mit Vermögen erworben wurden, das dem (vorzeitigen) Zugewinnausgleich unterliegt.

3. Wie funktioniert der Versorgungsausgleich?

Der Versorgungsausgleich wird immer zusammen mit der Ehescheidung durchgeführt, wenn er nicht zuvor wirksam ausgeschlossen wurde. Das ist wegen der Bedeutung der Altersversorgung jedoch nur unter bestimmten Voraussetzungen möglich. Rentenanwartschaften von Partnern nichtehelicher Lebensgemeinschaften werden bei einer Trennung generell nicht ausgeglichen, selbst wenn Kinder aus der Beziehung hervorgegangen sind.

Unterschieden wird nach der Art der Versorgungsanwartschaften zwischen dem „normalen" öffentlich-rechtlichen Versorgungsausgleich und dem schuldrechtlichen Versorgungsausgleich, der anders als der öffentlich-rechtliche nur auf besonderen Antrag stattfindet.

Der öffentlich-rechtliche Versorgungsausgleich

Das Prinzip des weitaus häufigeren öffentlich-rechtlichen Versorgungsausgleichs ist relativ einfach. Für beide Ehepartner wird die Höhe der in der Ehezeit (nicht vor der Hochzeit und nicht seit Zustellung des Scheidungsantrags) erworbenen Anwartschaften ermittelt.

Im Fall von Joachim und Brigitte interessieren also nur die Anwartschaften, die zwischen der Hochzeit 1990 und dem Scheidungsantrag 2001 erworben wurden. Zur Vereinfachung wird nur mit vollen Monaten gerechnet, wozu die Ehezeit fiktiv mit dem Anfang des Monats der Eheschließung anfängt und mit dem Ende des Monats endet, der dem Scheidungsantrag vorausgeht. Für die Berechnung des Versorgungsausgleichs dauert die Ehe daher vom 1.7.1990 bis zum 30.9.2001. Nicht ausgeglichen werden die Anwartschaften aus der Zeit ihres unverheirateten Zusammenlebens oder aus der Zeit, bevor sie sich überhaupt kennen lernten.

Achtung: Auch die Ansprüche, die während der Trennungszeit erworben werden, fallen in den Versorgungsausgleich. Wer also bereits seit vielen Jahren von seinem Ehepartner getrennt lebt, aber noch keinen Scheidungsantrag gestellt hat, der sollte bedenken, dass alle während der Trennungszeit erworbenen Rentenansprüche bis zum Vormonat der Zustellung des Scheidungsantrags voll in den Versorgungsausgleich einfließen! Das heißt, je später der Scheidungsantrag gestellt wird, desto höher ist in der Regel die Ausgleichspflicht.

Jeder Ehepartner ist zudem auskunftspflichtig. Im Verlauf des Scheidungsverfahrens wird beiden ein umfangreicher Fragebogen zugesandt, den sie ausfüllen müssen. Gegebenenfalls müssen beide Rückfragen des Rentenversicherungsträgers beantworten, wenn sich herausstellt, dass im Rentenversicherungskonto bestimmte Versicherungszeiten ungeklärt sind, das heißt, dass der Versicherungsanstalt dazu keine oder unzureichende Angaben vorliegen. Kommt ein Ehepartner dieser Pflicht nicht nach, kann er dazu vom Familiengericht durch Verhängung eines Zwangsgeldes aufgefordert werden.

Hat der Rentenversicherungsträger alle Informationen beisammen, so erteilt er eine Auskunft, aus der sich die Höhe der Anwartschaften ergibt. Dann werden die jeweils erworbenen Anwartschaften gegenübergestellt und die Hälfte der Differenz vom Rentenkonto des Ehepartners mit der höheren Anwartschaft auf das des anderen übertragen.

Ein Beispiel anhand des Falles zur Verdeutlichung: Joachim hat in der Ehezeit 1.000 Euro an Anwartschaften erworben, Brigitte durch ihre zeitweilige Erwerbstätigkeit und die Kindererziehung 200 Euro.

	Joachim	Brigitte	halbe Differenz
Anwartschaften	**1.000 Euro**	**200 Euro**	**400 Euro**
Versorgungsausgleich	– 400 Euro	+ 400 Euro	
eigene Anwartschaften nach Scheidung	**600 Euro**	**600 Euro**	

Ist der Versorgungsausgleich durchgeführt, dann verfügen beide Ehepartner über gleich hohe Versorgungsanwartschaften. Dazu muss keine Zahlung vorgenommen werden, sondern die Anwartschaften werden einfach von den Versorgungsträgern von einem Konto auf das andere umgebucht. Besteht für einen Ehepartner noch kein Konto, so wird es eingerichtet.

Es ist denkbar, dass ein Ehepartner Anwartschaften in verschiedenen Versicherungssystemen erworben hat, zum Beispiel durch einen Berufswechsel. Häufig müssen

diese unterschiedlichen Anwartschaften erst „vergleichbar gemacht“ werden. Auf die einzelnen versicherungsmathematischen Unterschiede, Berechnungs- und Ermittlungsweisen soll an dieser Stelle nicht eingegangen werden, da sie ausgesprochen kompliziert und für das Verständnis des Prinzips nicht notwendig sind.

Auch die vergleichbar gemachten Anwartschaften werden dann gegenübergestellt und wie oben beschrieben ausgeglichen.

WISO rät: Wenn Sie Fragen zu Rentenansprüchen und Versorgungsausgleich haben, erteilt die BfA unter der Telefonnummer 0800-333 1919 kostenlos Auskunft. Umfangreiche Informationen können Sie auch über die Internetseite der BfA unter www.bfa.de abfragen.

Die BfA vertreibt zudem eine CD-ROM mit einem Rentenberechnungsprogramm zum Preis von 6,65 Euro inklusive Versandkosten. Damit können Sie zu Hause am PC Ihre Rentenansprüche berechnen – auch für die Zukunft. Zu bestellen ist diese CD-ROM bei der BfA:

- telefonisch (kostenlos): 0800-333 1919
- per Fax: 030-8652 272 40
- schriftlich: BfA Berlin, 10704 Berlin
- per e-Mail: bfa@bfa-berlin.de

Der schuldrechtliche Versorgungsausgleich

Der schuldrechtliche Versorgungsausgleich findet immer dann statt, wenn eine Rentenanwartschaft nicht geteilt werden kann, etwa weil der Rentenversicherungsträger in seinen Bestimmungen eine Teilung nicht vorsieht (häufig bei Betriebsrenten oder Versorgungswerken) oder der Ausgleichsbetrag bestimmte Höchstgrenzen überschreitet.

Wichtig: Dazu ist im Scheidungsverfahren ein Antrag notwendig. Das Familiengericht nimmt eine Prüfung und Berechnung der Ansprüche nämlich anders als im öffentlich-rechtlichen Versorgungsausgleich nicht selbstständig vor.

Im schuldrechtlichen Versorgungsausgleich erhält der ausgleichsberechtigte Ehepartner kein eigenes Rentenrecht. Die Aufteilung erfolgt erst, wenn der ausgleichspflichtige Ehepartner seine Rente tatsächlich bezieht und auch der ausgleichsberechtigte Ehepartner das Rentenalter erreicht hat. Dann muss der Ausgleichspflichtige durch monatliche Zahlung den ermittelten Teil seiner Rente an den anderen abgeben.

WISO rät: Der schuldrechtliche Versorgungsausgleich hat einige Nachteile, da der Ausgleichsberechtigte mit seinen Ansprüchen warten muss, bis der andere Ehepartner das Rentenalter erreicht hat. Die Abfindung des Anspruchs kann daher für den Ausgleichsberechtigten günstiger sein. Dies kann durch Zahlung von Beiträgen des Ausgleichspflichtigen in die gesetzliche Rentenversicherung oder auch durch einen Kapitalbetrag geschehen. Ein Rentenberater oder ein Rechtsanwalt kann Ihnen ausrechnen, ob eine solche Abfindung für Sie günstiger ist.

Die Zahlung einer Abfindung kann auch gegen den Willen des Ausgleichspflichtigen verlangt werden, wenn sie ihm nach seinen wirtschaftlichen Verhältnissen zumutbar ist.

4. Ausschluss des Versorgungsausgleichs

Die Eheleute können den Versorgungsausgleich nur durch einen notariellen Vertrag ganz oder teilweise ausschließen. Damit der vereinbarte Ausschluss wirksam ist, muss der Vertrag jedoch mindestens ein Jahr vor der Einreichung eines Scheidungsantrags bei einem Notar beurkundet werden. Wird innerhalb eines Jahres nach Beurkundung von einem der Ehepartner Scheidungsantrag gestellt, wird der Versorgungsausgleich trotz der Vereinbarung ganz normal vom Familiengericht zusammen mit der Scheidung durchgeführt.

Die Ehepartner können zwar auch im Laufe eines Scheidungsverfahrens oder kurz vor Einreichung des Scheidungsantrags noch einen Ausschluss vereinbaren. Diese Vereinbarung bedarf dann aber in jedem Fall der Genehmigung des Familiengerichts. Dieses überprüft, ob nicht einer der Ehepartner durch den Ausschluss um seine Ansprüche aus dem Versorgungsausgleich gebracht wird. Es genehmigt den Ausschluss nur, wenn anderweitig ein Ausgleich geschaffen wurde, zum Beispiel durch Zahlung eines Kapitalbetrags oder wenn andere rechtfertigende Umstände vorliegen.

In bestimmten gesetzlich geregelten Härtefällen kann der Ausschluss des Versorgungsausgleichs auch ohne Zustimmung des Ehepartners im Scheidungsverfahren beantragt werden. Voraussetzung ist, dass die Durchführung des Versorgungsausgleichs grob unbillig ist. Das kann dann der Fall sein, wenn der Ausgleichsberechtigte seine Pflicht, während der Ehe zum Familienunterhalt beizutragen, grob verletzt hat.

5. Rentnerprivileg

Steht beim Scheidungsentschluss zumindest einer der Eheleute kurz vor der Rente, dann muss das so genannte „Rentnerprivileg“ beachtet werden. Ist nämlich einer der Ehepartner schon bei der Ehescheidung Rentner, so wird der Versorgungsausgleich erst durchgeführt, wenn auch der andere Ehepartner in Rente geht.

Für den Ausgleichspflichtigen bedeutet das, dass er von der Scheidung bis zum Zeitpunkt der Verrentung des anderen Ehepartners seine volle und ungeteilte Rente

beziehen kann. Es kann also im Einzelfall sinnvoll sein, mit dem Scheidungsantrag zu warten, wenn ein Ehepartner kurz vor der Rente steht und Anwartschaften abgeben müsste, vor allem wenn er wesentlich älter als der andere Ehepartner ist. Dem anderen Ehepartner entstehen dadurch keine Nachteile.

Beispiel: Der 65-jährige Egon Schmidt und seine 50-jährige Ehefrau Gudrun lassen sich scheiden. Weil Gudrun nicht berufstätig war und keine eigene Rentenanwartschaft erworben hat, müsste Egon Schmidt der Ehefrau von seinen 1.000 Euro Versorgungsansprüchen die Hälfte abgeben. Seine eigene Rente würde also nur noch 500 Euro betragen. Weil er aber zum Zeitpunkt der Scheidung schon Rentner ist, greift das Rentnerprivileg. Herr Schmidt bekommt so lange die vollen 1.000 Euro, bis auch seine Frau in Rente geht. Erst dann wird geteilt. Im Fall der Schmidts also erst 15 Jahre später.

6. Volle Rente trotz Versorgungsausgleich?

Nach Durchführung des Versorgungsausgleichs hat der Ehepartner, der Rentenanwartschaften an den anderen abgeben musste, das Recht, die entstandenen Verluste wieder auszugleichen. Das kann er durch höhere Beitragszahlungen oder durch Beitragsnachzahlungen erreichen.

WISO rät: Überlegen Sie sich genau, ob Sie Beiträge in die gesetzliche Rentenversicherung nachzahlen. Wirtschaftlich ist dies im Regelfall nicht sinnvoll, da das dazu benötigte Geld in anderen Anlageformen meist ertragreicher und ähnlich sicher angelegt werden kann.

Verstirbt nach Durchführung des Versorgungsausgleichs der Ehepartner, der Rentenanwartschaften vom anderen erhalten hat, kann der Versorgungsausgleich unter Umständen wieder rückgängig gemacht werden. Voraussetzung ist, dass der verstorbene Ehepartner noch keine oder maximal zwei Jahresrenten bezogen hat. Dann fallen die durch den Versorgungsausgleich übertragenen Rentenanwartschaften wieder an den noch lebenden Ehepartner zurück und er kann seine volle Rente beziehen.

WISO rät: Geben Sie beim Ausfüllen Ihres Rentenantrags unbedingt an, wenn der frühere ausgleichsberechtigte Ehepartner entweder vor oder kurz nach dem Bezug der Rente verstorben ist.

7. Überprüfung des Versorgungsausgleichs

Liegt die Scheidung schon mehrere Jahre zurück, kann es sich lohnen, den Versorgungsausgleich noch einmal überprüfen zu lassen. Beim zuständigen Familiengericht kann ein Überprüfungsantrag gestellt werden – kostenlos. Wenn sich nach Scheidung der Ehe Änderungen ergeben haben, so wird der Versorgungsausgleich noch einmal berechnet und abgeändert, wenn der festgestellte Wertunterschied wesentlich ist. Solche Änderungen können sich durch Gesetzes- beziehungsweise Rechtsprechungsänderungen ergeben oder weil eine Anwartschaft einzubeziehen ist, die bei Ehescheidung noch nicht unverfallbar war (das heißt, es war noch sicher, dass der andere Ehegatte diese Rente einmal würde beziehen können).

An eine Überprüfung des Versorgungsausgleichs sollten auch Zweitfamilien denken, denn für diese ist die Altersversorgung oft ein Problem. Für die Zeit der ersten Ehe muss häufig der Mann seiner Ex-Frau Versorgungsansprüche abgeben, sodass seine Rente im Alter gemindert ist. Von dieser aber muss die Zweitfamilie später leben. Wichtig ist es deshalb, sich die Rente in frühen Zeiten berechnen zu lassen und – wenn erforderlich und möglich – Versorgungslücken gezielt zu schließen.

WISO rät: Lassen Sie die Angelegenheit vor Antragstellung unbedingt durch einen Rentenberater durchrechnen. Denn auch nachteilige Änderungen werden einbezogen und führen möglicherweise zu einem negativen Ergebnis.

Kostenlose Auskunft zu Rentenansprüchen – auch im Hinblick auf den Versorgungsausgleich – erteilt die BfA

- telefonisch (kostenlos): 0800-333 1919
- per Fax: 030-8652 272 40
- schriftlich: BfA Berlin, 10704 Berlin
- per e-Mail: bfa@bfa-berlin.de

XI. Steuerrechtliche Folgen der Scheidung

1. Gemeinsame Veranlagung auch nach der Scheidung

Beispiel: Jette und Oskar haben jahrelang eine klassische Ehe geführt. Oskar war immer der Hauptverdiener. In seiner Stelle als Diplomkaufmann bei einem großen Unternehmen hatte er ein Einkommen von zuletzt 4.500 Euro, mit dem er seine Familie sehr gut ernähren konnte. Jette hat sich um die drei kleinen Kinder gekümmert und ihre Arbeit als Bankkauffrau aufgegeben. Nachdem die Kinder größer geworden sind, fängt sie wieder an, halbtags für 1.400 Euro in der Bank zu arbeiten. Oskar hat jetzt Steuerklasse drei, Jette die ungünstigere Steuerklasse fünf, weil sie wesentlich weniger verdient. In ihrem neuen Job lernt Jette Boris kennen, der als alleinerziehender Vater in derselben Bank arbeitet wie sie. Für ihn verlässt sie Oskar und nimmt die Kinder mit. Im Jahr darauf ruft Oskar bei ihr an und möchte, dass beide sich steuerlich gemeinsam veranlagen lassen. Jette lehnt ab. Sie fürchtet die Auseinandersetzung darüber, wer eine eventuelle Steuernachzahlung tragen muss.

2. Steuerliche Situation während der Ehe

Mit der Trennung oder der Scheidung ändert sich einiges: Das Vermögen wird auseinanderdividiert, die Kinder leben nur noch bei einem Elternteil, statt einer Wohnung müssen nun zwei unterhalten werden, die Eheleute streiten um Unterhalt. Was viele zunächst vernachlässigen, wird nach der Trennung oft zum ganz großen Streitfall: die steuerlichen Folgen der Scheidung.

Während der Ehe werden die Partner meist steuerlich gemeinsam veranlagt, das heißt, das zu versteuernde Einkommen beider Eheleute wird zusammengezählt und in der Berechnung durch das Finanzamt wird unterstellt, beide Eheleute hätten je die Hälfte des Einkommens erzielt.

Dies hat zur Folge, dass – wenn eine der Parteien im Verhältnis zum anderen Ehegatten relativ wenig verdient – beide in einem Bereich liegen, der günstiger als die einzelne Veranlagung ist. Der mehr Verdienende kann einen Vorteil daraus ziehen, dass der niedriger Verdienende weniger Steuern zu zahlen hat.

3. Steuerliche Situation nach der Ehe

Nach der Trennung oder der Scheidung sieht das anders aus. Die Eheleute müssen dann wieder eine eigene Steuererklärung abgeben. Dieser Grundsatz gilt aber nicht etwa auch schon für das Trennungsjahr. Für diesen Zeitraum hat ein Ehegatte Anspruch auf Mitwirkung bei der steuerlichen Zusammenveranlagung gegen den anderen.

Beispiel: Die Eheleute trennen sich im Februar 2003. Für das gesamte Jahr 2003 können sie noch gemeinsam veranlagt werden.

Das Recht auf gemeinsame Veranlagung besteht dann, wenn dem in Anspruch genommenen Ehegatten durch die gemeinsame Veranlagung keine steuerlichen Nachteile und dem anderen Ehegatten nur Vorteile daraus erwachsen. Diese Voraussetzung lässt sich dadurch schaffen, dass man dem anderen die durch die gemeinsame Veranlagung eventuell entstehenden Nachteile erstattet.
Im Wesentlichen geht es bei all diesen Dingen um folgende Problemkreise:

- Wem stehen Steuererstattungen aus der Zeit der Zusammenveranlagung zu und wer muss für Steuernachforderungen aufkommen?
- Kann ein Ehegatte vom anderen auch nach der Trennung die Mitwirkung an der Zusammenveranlagung verlangen?

Aufteilung von Steuererstattungen und Nachzahlungen

Grundsätzlich gilt: Werden beide Eheleute gemeinsam steuerlich veranlagt, stehen auch beiden die Steuererstattungen zu. Das Gleiche gilt für Nachzahlungen. Sie sind ebenfalls von beiden Eheleuten zu erbringen. Normalerweise gibt es in einer Ehe keinen Streit über diese Frage; dies ändert sich meist mit der Trennung. Denn jetzt taucht das Problem auf, wie sich die Eheleute finanziell einigen.

Der einfachste Fall ist der, wenn es in der Ehe einen Ernährer gab und der andere nicht gearbeitet hat. In solchen Fällen wird dem Alleinverdiener dann die Steuererstattung alleine zukommen, genauso muss er eine Nachzahlung in voller Höhe selbst aufbringen.

Haben beide Ehepartner gearbeitet, sollte grundsätzlich so verfahren werden, dass die Steuerschuld nach dem Verhältnis der jeweiligen Einkünfte aufgeteilt wird. Das bedeutet, dass man die jeweiligen Bruttoeinkünfte in Verhältnis zueinander setzt. So wäre es jetzt auch bei Jette und Oskar. Die beiden müssten ihre Einkünfte von 4.500 und 1.400 Euro gegeneinanderstellen und die Steuerersparnis im selben Verhältnis teilen. Das Gleiche gilt für eventuelle Nachzahlungen.

Der Weg ist einfach und praktikabel. Kompliziert wird er erst, wenn die Eheleute

sich streiten, weil beispielsweise Sonderausgaben aus anderen steuerlichen Merkmalen nicht ausreichend berücksichtigt werden könnten. Denn möglicherweise hat nur die Ehefrau Fahrtkosten und Werbungskosten, die sie von der Steuer absetzen kann, was steuerlich dann aber auch dem Mann zugute kommt.

WISO rät: Wenn Sie sich mit Ihrem Expartner nicht einigen können, wie die Steuererstattung oder -nachzahlung aufgeteilt wird, dann lassen Sie sich vom Steuerberater ausrechnen, wie hoch die Steuerlast gewesen wäre, wenn Sie getrennt veranlagt worden wären. Die Aufteilung sollte dann im Verhältnis der ermittelten Einzelbeträge erfolgen.

Mitwirkung bei der Zusammenveranlagung

Es hat sich mittlerweile die rechtliche Auffassung durchgesetzt, dass Ehegatten verpflichtet sind, einer Zusammenveranlagung zuzustimmen, wenn sie zu einer geringeren Gesamtbelastung der Ehegatten führt und keinem der Ehegatten steuerliche Nachteile erwachsen. Die Ehegatten haben also einen gegenseitigen Anspruch auf Mitwirkung bei der gemeinsamen Steuererklärung. Nicht immer ist es allerdings günstiger, einer gemeinsamen Veranlagung zuzustimmen. Das gilt insbesondere für den Ehegatten, der in der schlechteren Steuerklasse geführt wird. Für diesen entstehen durch die gemeinsame Veranlagung steuerliche Nachteile, die er nicht hätte, wenn er eine getrennte Veranlagung beantragt.

WISO rät: Prüfen Sie vor der Zustimmung zur gemeinsamen Veranlagung genau, ob Sie sich steuerlich nicht besser stellen, wenn Sie sich getrennt veranlagen lassen. Stimmen Sie in solchen Fällen einer Veranlagung nur zu, wenn Ihnen Ihr Expartner die steuerlichen Nachteile finanziell ersetzt.

Dies würde sich möglicherweise auch für Jette rechnen. Würde sie sich getrennt veranlagen lassen, dann würde sie erheblich weniger Steuern zahlen. Dies gilt gerade deshalb, weil sie durch ihren geringen Verdienst ohnehin wenig Steuern zahlen muss und weil sie erhebliche Sonderausgaben absetzen kann. Von Oskar kann sie daher verlangen, dass er ihr diese Nachteile ersetzt, bevor sie einer gemeinsamen Veranlagung zustimmt.

4. Realsplitting

Nach dem Einkommensteuergesetz sind Unterhaltsleistungen an den geschiedenen oder dauernd getrennt lebenden, unbeschränkt einkommensteuerpflichti-

gen Ehegatten auf Antrag des Unterhaltspflichtigen und Zustimmung des Unterhaltsempfängers bis zu 13.805 Euro im Kalenderjahr als Sonderausgaben abzugsfähig.

Damit hat der Unterhaltsempfänger – meist die Ehefrau – die erhaltenen Unterhaltsleistungen als Einkünfte zu versteuern. Dieses Verfahren wird als begrenztes Realsplitting bezeichnet. Eine bestimmte Form ist nicht erforderlich. In der Praxis erfolgt es durch Unterzeichnung der „Anlage U" zur Einkommensteuererklärung.

Die Ehefrau ist dann verpflichtet, dem Realsplitting zuzustimmen, weil sie damit die finanzielle Belastung des Unterhaltspflichtigen mindert. Die Zustimmung muss nur erteilt werden, wenn der andere Ehegatte sich im Gegenzug verpflichtet, dem Unterhaltsempfänger die aus der Zustimmung erwachsenden finanziellen Nachteile auszugleichen. Dazu zählen nicht nur die steuerlichen Nachteile. Auch sonstige Nachteile müssen ausgeglichen werden. Dazu zählen:

- höhere Krankenversicherungsbeiträge der Ehefrau;
- der Verlust des Anspruchs der Ehefrau auf Wohnungsbauprämie;
- der Verlust des Anspruchs der Ehefrau auf den Wohnberechtigungsschein;
- der Verlust der Sparprämie;
- der Verlust der Arbeitnehmersparzulage;
- die Verminderung der Rente nach dem Bundesversorgungsgesetz.

Es ist nicht möglich, einzelne der genannten Nachteile aus der Vereinbarung über das Realsplitting herauszunehmen. Die Eheleute können also nicht Realsplitting vereinbaren und gleichzeitig festlegen, dass der Nachteil beim Verlust der Wohnungsbauprämie nicht ausgeglichen wird. Es gilt sozusagen das Alles-oder-Nichts-Prinzip.

Dies hat zur Folge, dass die vom Unterhaltszahlenden zu leistenden Nachteilsausgleichungen im Einzelfall mit einem unkalkulierbaren Risiko verbunden sein können.

Die einmal erteilte Zustimmung ist so lange wirksam, bis sie widerrufen wird. Dieser Widerruf muss dem Finanzamt mitgeteilt werden, bevor das Realsplitting nicht mehr gelten soll.

WISO rät: Prüfen Sie unbedingt vor Einreichung des Antrags, ob sich die Durchführung des Realsplittings, das heißt die steuerliche Geltendmachung der Unterhaltszahlung überhaupt lohnt.

Der Bundesfinanzhof hat nämlich entschieden, dass von getrennt lebenden oder geschiedenen Eheleuten abgegebene Anträge zur Durchführung des Realsplittings nach der Abgabe beim Finanzamt nicht mehr zurückgenommen oder beschränkt werden können, und zwar selbst wenn dies von beiden Parteien einvernehmlich beantragt wird.

Zwar kann der Unterhaltspflichtige die Zahlung insgesamt oder auf die im Antrag begrenzte Höhe absetzen, der Empfänger muss aber auch diese Zahlung versteuern.

5. Berücksichtigung des Unterhalts auf die Steuern

Die Unterhaltsleistungen sollten bei der Steuererklärung unbedingt angegeben werden. Der Grund: Sie können die Steuerschuld auch dann verringern, wenn der Empfänger einer Versteuerung nicht zustimmt.

Ehegattenunterhalt

Müssen Sie an Ihren Ehegatten Unterhalt bezahlen, dann können Sie diesen als so genannte außergewöhnliche Belastung in besonderen Fällen bis zu einer Höhe von 7.188 Euro im Jahr absetzen.

Diese Möglichkeit ist dann vorteilhaft, wenn der Unterhaltspflichtige kein oder nur ein sehr geringes Einkommen hat. Ansonsten kann auch die Möglichkeit des begrenzten Realsplittings vorteilhafter sein.

Kindesunterhalt

Beim Kindesunterhalt sieht die Sache anders aus. Er kann steuerlich nicht berücksichtigt werden.

Grundsätzlich gilt: Demjenigen, der Kindesunterhalt zahlen muss, steht die Hälfte des Kinderfreibetrags zu. Das Finanzamt rechnet dabei aus, ob es günstiger ist, sich das Kindergeld auszahlen zu lassen oder den Freibetrag zu wählen. Seit 2002 wird jedem Elternteil für jedes Kind ein Kinderfreibetrag von 1.824 Euro sowie ein Freibetrag von 1.080 Euro für den Betreuungs- und Erziehungs- oder Ausbildungsbedarf gewährt.

6. Auswirkungen der Steuern auf den Unterhalt

Muss einer der Partner Unterhalt zahlen, dann wird zunächst sein unterhaltsrelevantes Einkommen errechnet. Der Unterhaltspflichtige ist dann verpflichtet, die ihm zustehenden Steuerfreibeträge auf seiner Lohnsteuerkarte eintragen zu lassen. Er muss alle steuerlichen Vorteile wahrnehmen, die ihm möglich sind. Tut er das nicht, dann wird er so behandelt, als ob er die Freibeträge hätte eintragen lassen. Steuerliche Vergünstigungen erhöhen das Einkommen. Sie wirken sich in voller Höhe auf das unterhaltsrelevante Nettoeinkommen aus.

Beispiel: Hat Oskar wegen eines Steuerfreibetrags 3.000 Euro mehr Einkommen im Jahr, dann muss er entsprechend mehr Unterhalt zahlen. Anhand der Unterhaltstabellen kann der neu zu zahlende Unterhalt dann abgelesen werden.

Geht der Unterhaltspflichtige eine neue Ehe ein, ist er verpflichtet, hier die für ihn günstigere Steuerklasse zu wählen. Er muss dann also mindestens Steuerklasse IV und darf nicht Steuerklasse V wählen. Tut er es dennoch, dann wird er unterhaltsrechtlich so behandelt, als ob er doch Steuerklasse IV gewählt hätte.

7. Überlassen eines Einfamilienhauses als Unterhaltsleistung

Überlässt ein geschiedener Ehemann seiner Ehefrau aufgrund einer Unterhaltsvereinbarung das Haus zur alleinigen Nutzung, so kann der Ehemann den Mietwert seines Mieteigentumsanteils als Sonderausgabe im Sinne des § 10 Abs. 1 ESTG oder als außergewöhnliche Belastung nach § 33 a Abs. 1 EStG absetzen.

Auch die verbrauchsunabhängigen Kosten für den eventuellen Miteigentumsanteil der geschiedenen Ehefrau, welche der Ehemann nach der Unterhaltsvereinbarung aus der Scheidungsvereinbarung trägt, sind Sonderausgaben oder außergewöhnliche Belastungen, die er steuerlich absetzen kann.

Bei Streit hierüber sind nicht etwa die Finanzgerichte, sondern die Familiengerichte zuständig.

8. Hausübergabe im Rahmen der Ehescheidung

Nach der Abschaffung der erst kürzlich von zwei auf zehn Jahre verlängerten Spekulationsfrist für Immobilien müssen Eigentümer weiter mit Steuerforderungen des Staates rechnen, wenn sie dem Ehegatten im Rahmen der Ehescheidung Grundstücke oder Miteigentumsanteile übertragen.

Solche Vorgänge werden steuerlich wie eine gewöhnliche Grundstücksveräußerung gesehen. Denn eine Immobilienübertragung der Ehegatten zum Ausgleich des Zugewinns ist ein steuerpflichtiges Veräußerungsgeschäft.

Ausgenommen von der Steuerpflicht sind Grundstücke, die ausschließlich als eigene Wohnung oder im Jahr der Veräußerung und in den beiden vorangegangenen Jahren zu eigenen Wohnzwecken genutzt wurden.

9. Eigenheimzulage

Im Bereich der Eigenheimzulage gibt es seit 2003 umfangreiche Änderungen: Die Reform führt einen einheitlichen Familiengrundbetrag von 1.000 Euro und eine Kinderzulage von 800 Euro je Kind für Familien und Alleinstehende mit Kindern bei der Förderung im Alt- und Neubau ein. Außerdem senkt sie die Einkommensgrenze für die Summe der positiven Einkünfte im Zweijahreszeitraum auf 70.000/140.000 Euro zuzüglich 20.000 Euro je Kind ab. Wurde der Bauantrag oder der notarielle Kaufvertrag vor dem 1. Januar 2003 geschlossen, gelten noch die alten Bestimmungen.

Zum Teil lassen die Finanzverwaltungen im so genannten „Eigenheimzulage-Erlass" als auch die Rechtsprechung eine Art „Befreiung vom Objektverbrauch" zu. Dies ermöglicht, dass der „befreite Partner" die Zulage auch noch für ein weiteres Objekt über acht Jahre beanspruchen kann. Beide Parteien sollten sich daher darauf einigen, dass der eine dem anderen seinen Miteigentumsanteil an dem bisher gemeinsamen Objekt überträgt. Dies muss jedoch in dem Jahr erfolgen, in dem letztmals eine Zusammenveranlagung durchzuführen ist. Die Eheleute müssen also ihre Vermögensverhältnisse spätestens in dem Jahr regeln, in dem ihr dauerndes Getrenntleben beginnt. Wird die Übertragung erst zu einem späteren Zeitpunkt vollzogen, kann der doppelt wirkende Objektverbrauch nicht rückgängig gemacht werden.

10. Steuerdelikte und Steuerfahndung

In etlichen Berufsbranchen ist es fast üblich, so genanntes Schwarzgeld zu besitzen, also Geld, das beim Finanzamt nicht versteuert wurde. So erfreulich die Eheleute dies auch empfinden mögen, so unangenehm kann dies für beide Parteien sein, wenn es um die Scheidung geht. Der Grund: In der Regel wissen beide Eheleute, dass Schwarzgeld vorhanden ist. Dadurch kann einer der Eheleute durch den anderen leicht erpressbar werden. Schwarzgeld ist daher im Rahmen der Ehescheidung in vielen Fällen nur noch wertloses Geld.

Schwarzgeld birgt aber nicht nur das Risiko eines Strafverfahrens, es birgt auch das Risiko des Vermögensverlusts, wenn die entsprechenden Banken nicht wissen, wer der Erbe des Schwarzgeldkontos ist. Dieses Risiko besteht insbesondere bei den namenlosen Konten in der Schweiz.

WISO rät: In verfahrenen Scheidungssituationen ist es manchmal günstiger, Selbstanzeige beim Finanzamt zu erstatten. Sie kommen damit unter Umständen Ihrem Ehegatten zuvor und verhindern eine Strafverfolgung. Allerdings müssen Sie dann die hinterzogenen Steuern verzinst an das Finanzamt nachzahlen. Auf diese Art verringert sich auch der Zugewinnausgleichsanspruch des anderen Partners. Beachten Sie auch,

dass eine strafbefreiende Selbstanzeige in diesen Fällen gleichzeitig eine Anzeige des Ehepartners ist und dieser mit einer Strafe rechnen muss. Deshalb müssen Sie Ihre Selbstanzeige dem Partner zuvor anzeigen, damit auch dieser die Möglichkeit hat, sich strafbefreiend anzuzeigen. Die Anzeigen sollten am besten zusammen oder zumindest in sehr kurzem zeitlichen Abstand erfolgen. Wer seinem Partner die Selbstanzeige nicht vorher ankündigt, muss darauf gefasst sein, dass sein Unterhaltsanspruch wegfällt oder gekürzt wird. Denn der andere muss dann mit einer Strafe und finanziellen Folgen rechnen, die durch eine Kürzung des Unterhaltsanspruchs wieder ausgeglichen werden kann.

11. Kinderfreibeträge

Kinderfreibeträge stehen den Eheleuten nach der Scheidung je zur Hälfte zu und sind somit hälftig in die Lohnsteuerkarten einzutragen. Sie können den vollen Freibetrag allerdings auch einvernehmlich auf einen anderen Ehegatten alleine übertragen.

Bei einer Übertragung des Kinderfreibetrags gibt es jedoch auch andere Steuerbegünstigungen, wie Haushalts- und Ausbildungsfreibeträge, die Kinderzulage bei der Eigenheimförderung sowie die Minderung der zumutbaren Belastung. Es empfiehlt sich, dies mit dem Steuerberater zu besprechen.

12. Die Wahl der Steuerklasse nach der Trennung

Im Jahr der Trennung können sich die Eheleute, wie oben bereits erwähnt, noch gemeinsam veranlagen lassen. Sie können aber für dieses Jahr auch beantragen, getrennt veranlagt zu werden, was einer Besteuerung nach den Steuerklassen IV/IV entspricht. Das kann für den Unterhaltspflichtigen vorteilhafter sein, weil sich dann seine Unterhaltspflicht verringert.

In dem Jahr, das auf die Trennung folgt, können die Ehegatten nicht mehr gemeinsam veranlagt werden. Das bedeutet, dass sie dann beide die Einzelveranlagung wählen müssen. Das entspricht einer Besteuerung nach der Steuerklasse I.

Lebt dagegen ein Kind im Hause mit dem Elternteil zusammen, dann erhält dieser einen Haushaltsfreibetrag für das Kind. Das entspricht der Besteuerung nach Steuerklasse II. Von den Beträgen her ist es übrigens unerheblich, ob Sie Lohnsteuerklasse IV/IV oder I/I sind. Eine Umschreibung der Steuerkarte ist demnach nicht erforderlich.

13. Beratungs- und Prozesskosten bei der Steuerklärung

Keine Scheidung geht vorüber, ohne dass Anwalts- und Gerichtskosten anfallen. Diese mit der Scheidung zusammenhängenden Kosten können Sie als außergewöhnliche Belastungen steuerlich geltend machen.

Es bleibt aber eine zumutbare Eigenbelastung. Der Steuerpflichtige muss einen Teil der Kosten selbst tragen. Wie hoch dieser Anteil ist, richtet sich nach folgenden Kriterien:

- nach dem zu versteuernden Einkommen,
- nach der Steuerklasse und
- nach dem Familienstand.

Richtwerte für „außergewöhnliche Belastungen"

Gesamtbetrag der Einkünfte in Euro	bis 15.340	15.340 bis 51.130	über 51.130
Arbeitnehmer Steuerklasse I oder ledige Selbstständige ohne Kinder	5%	6%	7%
Arbeitnehmer Steuerklasse III oder IV ohne Kinder oder verheiratete Selbstständige ohne Kinder	4%	5%	6%
Arbeitnehmer oder Selbstständige, die Kinderfreibeträge für 1 oder 2 Kinder erhalten	2%	3%	4%
Arbeitnehmer oder Selbstständige, die Kinderfreibeträge für 3 und mehr Kinder erhalten	1%	1%	2%

Von der Steuer absetzbar sind die Kosten für:

- Scheidung,
- Unterhaltsprozess,
- Sorgerecht und Umgangsrecht,
- Zugewinnausgleichsverfahren,
- Verfahren über Verteilung von Hausrat,
- Verfahren über Zuteilung der Ehewohnung,
- notarielle Scheidungsfolgevereinbarung.

Beispiel: Ein Arbeitnehmer mit Steuerklasse I und einem Gesamtbetrag der Einkünfte von 50.000 Euro muss einen Anteil von sechs Prozent seines Einkommens, das sind 3.000 Euro, selbst tragen.

XII. Erbrechtliche Fragen

1. Situation bei gescheiteter Ehe

Beispiel: Karin und Peter Bayer sind zwar verheiratet, leben aber seit mehreren Jahren getrennt. Beide haben schon wieder neue Partner, mit denen sie zusammenwohnen. Über eine Scheidung haben sie bisher noch nicht nachgedacht, weil sie gemeinsame Kinder haben und fürchten, dass eine endgültige Scheidung für die Kinder zu belastend ist. Sie wollen damit warten, bis die Kinder größer sind.

Nach einem Arztbesuch wird bei Karin eine Krebserkrankung festgestellt. Der Arzt macht ihr wenig Hoffnung, dass sie die Krankheit überleben kann. Karin möchte daraufhin alle ihre Angelegenheiten regeln. In ihren Unterlagen entdeckt sie ein gemeinsames Testament, das sie vor Jahren mit Peter verfasst hat. Sie würde es gerne ändern, damit ihr neuer Partner Erbe wird, und fragt sich, ob das so einfach geht.

2. Die Eheleute lassen sich scheiden

Entgegen der immer noch verbreiteten landläufigen Meinung ist eins klar: Sobald die Eheleute geschieden sind, ist der Ex-Partner nicht mehr erbberechtigt, und zwar unabhängig davon, ob beispielsweise kein Testament vorlag oder etwa ein gemeinschaftliches Testament. Erbrechtlich gesehen haben die früheren Eheleute nichts mehr miteinander zu tun. Es gibt auch keinen Pflichtteil mehr. Etwas anderes gilt natürlich, wenn die Eheleute ausdrücklich bestimmt hätten, dass sie auch nach einer Scheidung voneinander erben wollten. Diese Folgen treten übrigens auch schon dann ein, wenn das Scheidungsverfahren zwar noch nicht abgeschlossen ist, bei Gericht aber ein Scheidungsantrag gestellt wurde. Auch dann erben die Eheleute nicht mehr voneinander.

Viele Eheleute leben allerdings jahrelang voneinander getrennt, ohne geschieden zu sein und ohne den Scheidungsantrag bei Gericht gestellt zu haben. Dann sieht die Situation anders aus.

3. Die Eheleute leben nur getrennt

Gemeinsames Testament

Wer nicht geschieden ist und keinen Scheidungsantrag gestellt hat, muss damit rechnen, dass sein Partner noch erbberechtigt ist. Allein die Tatsache nämlich, dass die Partner voneinander getrennt leben, ändert nichts an der Gültigkeit der getroffenen erbrechtlichen Regelungen oder an der gesetzlichen Erbfolge.

Haben die Eheleute also ein gemeinsames notarielles Testament gemacht, in dem meistens bestimmt wird, dass bei dem Tod des Erstversterbenden der gesamte Nachlass auf den Ehepartner übergeht und erst mit dem Tod des zweiten Ehepartners die Kinder den gesamten Nachlass erhalten, so gilt dieses auch während der Trennungszeit. Die Ehegatten haben zwar die Möglichkeit, das gemeinschaftliche Testament formlos wieder aufzuheben. Dies gilt aber nur, wenn sich beide darüber einig sind. Sie können es zusammen vernichten, es aus der öffentlichen Verwahrung wieder zurücknehmen oder ein neues Testament formulieren.

Will lediglich einer aus dem gemeinsamen Testament aussteigen, muss er dafür zum Notar gehen und dort den Widerruf schriftlich aufnehmen lassen. Dieser Widerruf wird dann dem anderen Ehepartner durch den Gerichtsvollzieher zugestellt.

Würde Karin auf diesem Weg ein gemeinschaftliches notarielles Testament widerrufen, hätte dies im Regelfall zur Folge, dass zwar das gemeinschaftliche Testament nicht mehr gilt, das heißt aber nicht, dass ihr Mann gar nicht mehr erben würde. Vielmehr tritt dann die gesetzliche Erbfolge ein. Das würde bedeuten, dass Peter beim Tod von Karin die Hälfte und die beiden Kinder je ein Viertel erbten. Möchte Karin dies vermeiden, so wäre ihr zu empfehlen, gleichzeitig mit dem Widerruf ein neues, eigenes Testament zu machen. Aber: Selbst dadurch bleibt der Ehegatte pflichtteilsberechtigt. In unserem Ausgangsfall würde er immer noch ein Viertel des Nachlasses bekommen.

Ist einer der Ehegatten bereits während der Trennungszeit gestorben und wurde das Testament nicht notariell widerrufen, so ist es nur dann ungültig, wenn beim Tod eines Ehepartners sämtliche Scheidungsvoraussetzungen vorgelegen haben. Das heißt, die Zerrüttung der Ehe muss im Regelfall durch mindestens ein einjähriges Getrenntleben der Eheleute nachgewiesen werden. Außerdem wird die Ungültigkeit nur dann anerkannt, wenn der verstorbene Ehepartner vor seinem Tod selbst Scheidungsantrag gestellt oder der Scheidung zugestimmt hat.

Liegen diese Voraussetzungen nicht vor, gibt es für den überlebenden Ehegatten nur noch eine Möglichkeit, seine Nachlassangelegenheiten neu zu regeln: Er kann die Erbschaft ausschlagen. In diesem Fall erhält er die Verfügungsbefugnis über seinen eigenen Nachlass zurück. Für die Ausschlagung hat er sechs Wochen Zeit. Tut er das nicht oder versäumt er die Frist, ist er an das gemeinsame Testament gebunden.

Erbvertrag

Haben die Ehepartner miteinander einen Erbvertrag abgeschlossen, so können sie diesen jederzeit einvernehmlich gemeinsam abändern. Möchte jedoch nur einer von beiden diesen Vertrag ändern, so ist auch dies nur in engen Grenzen möglich und hängt von den einzelnen Regelungen des individuellen Vertrags ab.

Es gibt kein Testament

Existiert kein Testament der Eheleute, so gilt für den Fall des Todes die so genannte gesetzliche Erbfolge. Würde also Karin sterben und es läge kein Testament vor, bekäme Peter die Hälfte des Vermögens. Die andere Hälfte würden die beiden Kinder bekommen.

Will einer der Ehegatten diese Erbfolge vermeiden, so muss er ein Testament machen. Doch Achtung: Auch hier bleibt der Ex-Partner pflichtteilsberechtigt. Einen geminderten Anteil des Erbes bekommt er also trotzdem. Das Testament kann entweder bei einem Notar oder auch handschriftlich angefertigt werden. Wer sich für die letzte Möglichkeit entscheidet, muss beachten, dass der gesamte Text mit der Hand geschrieben und zu unterschreiben ist. Außerdem sollte das Datum nicht fehlen, denn nur so lässt sich später feststellen, zu welchem Zeitpunkt das Testament verfasst wurde. Ganz wichtig ist auch der Aufbewahrungsort. Der Verfasser sollte unbedingt sicherstellen, dass das Dokument nicht in falsche Hände gerät und vernichtet wird.

Wer ganz sichergehen will, kann das Testament beim Nachlassgericht hinterlegen. Das ist eine Abteilung des Amtsgerichts, in dessen Bezirk der Verfasser seinen Wohnsitz hat. Dort wird das Testament gegen eine Gebühr in Verwahrung genommen. Im Falle des Todes wird es dann offiziell eröffnet und sämtliche in Frage kommenden Erbberechtigten von dessen Inhalt informiert. Beim notariellen Testament wird dessen beabsichtigter Inhalt sowie die korrekte juristische Formulierung vor dem Notar aufgenommen. Eine Ausfertigung der Urkunde erhält der Erblasser. Eine zweite Ausfertigung wird der Notar in der Regel ebenfalls in die Verwahrung des Nachlassgerichts geben.

WISO rät: Im Fall der Trennung von Ihrem Partner sollten Sie unbedingt vorhandene testamentarische Regelungen überprüfen. Überlegen Sie sich, ob Sie an den Bestimmungen festhalten wollen. Möchten Sie das bereits vorhandene gemeinsame Testament oder den Erbvertrag ändern, sollten Sie schnellstmöglich einen Notar aufsuchen, um sich beraten zu lassen. Haben Sie kein gemeinsames Testament errichtet, wollen den Ehepartner aber aufgrund der Trennung nicht mehr erben lassen, sollten Sie unter Umständen ein Testament mit dem gewünschten Inhalt verfassen.

Gut zu wissen: Sind sich die Partner einig, können sie auch gegenseitig auf sämtliche Erb- und Pflichtteilsansprüche vertraglich verzichten. Es treten dann die gleichen Rechtsfolgen ein, wie wenn die Ehe bereits geschieden oder der Scheidungsantrag schon bei Gericht gestellt worden wäre.

XIII. Der Ehevertrag

1. Ehevertrag – ein Vertrauensbruch?

Beispiel: Gabi und Falk Bahnsen leben seit drei Jahren unverheiratet zusammen. Als Gabi schwanger wird, freuen sich beide sehr und beschließen zu heiraten. Falk macht allerdings zur Bedingung, dass beide einen Ehevertrag abschließen, in dem sie Gütertrennung vereinbaren. Schließlich hat er ein Unternehmen mit 150 Mitarbeitern und Gabi verdient als Sekretärin nur wenig. Doch Gabi ist empört, als Falk ihr seine Absicht mitteilt. Für sie ist es ein Vertrauensbruch, dass Falk bei Schließung der Ehe ihr Scheitern gleich mitkalkuliert. Außerdem ist ihr nicht wohl bei dem Gedanken an einen solchen Vertrag, weil sie für das Kind ihren Beruf aufgeben wird und dann kein eigenes Geld mehr verdient. Sie fragt eine befreundete Notarin, ob sie ihr zum Unterzeichnen des Vertrags raten kann.

2. Der Begriff des Ehevertrags

Das Gesetz definiert den Ehevertrag als den Vertrag, durch den Ehegatten „ihre güterrechtlichen Verhältnisse" regeln. Mit güterrechtlichen Verhältnissen sind Vermögensbeziehungen der Eheleute untereinander gemeint. Das können entweder die so genannte Zugewinngemeinschaft, die Gütertrennung oder die Gütergemeinschaft sein. Einen solchen Ehevertrag können die Eheleute entweder vor der Eheschließung oder auch während der Ehe vereinbaren, und zwar unabhängig davon, für welchen Güterstand sie sich entscheiden.

Der Ehevertrag hat jedoch im Laufe der Jahre noch einen anderen, ergänzenden Inhalt erfahren. Heute setzt man mit dem Ehevertrag oft auch die so genannte Scheidungsfolgevereinbarung gleich. Das bedeutet, dass viele Eheleute ihre Trennung oder Scheidung bereits vorab mit einem Vertrag regeln.

3. Für wen kommt ein Ehevertrag in Betracht?

Für über 90 Prozent aller Ehen gilt die Zugewinngemeinschaft. So nennt sich der gesetzliche Güterstand, wenn die Eheleute nichts Abweichendes vereinbart haben. Danach muss ein Ehepartner bei der Scheidung das, was er im Laufe der Ehe mehr hinzugewonnen hat als der andere, mit diesem teilen. Vermögen, das die Eheleute jeweils mit in die Ehe gebracht haben, dürfen also beide behalten.

Für die Mehrzahl aller Ehepaare ist ein Ehevertrag nicht notwendig und auch nicht unbedingt sinnvoll. Gerade Frauen, die nach der klassischen Rollenverteilung einige Jahre ihren Beruf aufgeben, um sich um die gemeinsamen Kinder zu kümmern, sind mit einem Ehevertrag oft besonders schlecht beraten. Denn für diese lohnt sich der Zugewinnausgleich besonders, da er den Zeiten der Kindererziehung Rechnung trägt.

WISO rät: Besondere Vorsicht sollten Sie walten lassen, wenn Sie Ihr Ehegatte zu einem Ehevertrag überreden will, obwohl Sie sich in der Ehe vorwiegend um Kinder und Haushalt kümmern wollen. Im Falle einer Scheidung können Sie zum Sozialfall werden, wenn Sie durch einen Vertrag Gütertrennung und insbesondere den Ausschluss von Zugewinnausgleich oder Unterhalt vereinbaren.

Ein Ehevertrag kann dagegen dann sinnvoll sein, wenn es sich um unabhängige Ehepartner handelt, die mit dem Vertrag einen bestimmten Zweck erfüllen wollen.

Hier einige Beispiele für sinnvolle und nicht sinnvolle Konstellationen:

- **Schuldenregelung**

Der künftige Ehemann hat Schulden. Die Ehefrau befürchtet, für diese Schulden mit eigenem Vermögen haften zu müssen, wenn nicht Gütertrennung vereinbart wird.

In diesen Fällen ist es nicht notwendig, einen Ehevertrag zu schließen. Es gilt auch ohne Ehevertrag das Prinzip der getrennten Vermögensmassen.

Niemand muss mit eigenem Vermögen für die Schulden des anderen haften, es sei denn, er hat den Kreditvertrag mitunterschrieben oder eine Bürgschaft für den Partner übernommen.

- **Selbstständigkeit**

Der Mann ist selbstständiger Kaufmann, die Frau Beamtin. Beide haben Angst davor, dass riskante Geschäfte den Ehemann finanziell ruinieren könnten.

Hier empfiehlt sich ein Ehevertrag, in dem beide Gütertrennung vereinbaren. Das Vermögen und das Einkommen der Ehefrau kann helfen, die gesamte Familie wirtschaftlich abzusichern.

- **Unternehmer**

Der zukünftige Ehemann aus dem obigen Fall hat ein Unternehmen und erwartet, dass dessen Wert im Laufe der Ehe erheblich zunehmen wird. Er fürchtet, dass er im Falle einer Scheidung das Unternehmen verkaufen muss, um seiner Frau Gabi den Zugewinnausgleich auszuzahlen. Auch hier kann vertraglich ein modifizierter Zugewinnausgleich vereinbart und das Unternehmen aus den Zugewinnberechnungen herausgehalten werden.

Erbschaft
Die Ehefrau wird im Laufe der Ehe Immobilienvermögen erben. Zwar fallen Erbschaften nicht in den Zugewinn. Allerdings erfahren Immobilien im Laufe der Zeit häufig eine Wertsteigerung, sei es, weil sie sich einfach besser verkaufen oder weil sie aufwändig renoviert werden und dadurch mehr wert sind. An der Wertsteigerung des Objektes und den etwaigen Mieteinnahmen kann der Ehegatte aber dennoch am Zugewinnausgleich teilhaben. Hier können die Eheleute den so genannten modifizierten Zugewinnausgleich vereinbaren. Das heißt, sie vereinbaren, dass im Falle einer Scheidung zwar ein Zugewinnausgleich stattfinden soll. Allerdings sollen die Einkünfte sowie der Wertzuwachs aus den ererbten Immobilien dabei nicht berücksichtigt werden.
Ob es in Ihrem individuellen Fall sinnvoll ist, einen Ehevertrag zu schließen, sollten Sie mit dem Notar klären. Im obigen Fall wird Gabis befreundete Notarin ihr raten, entweder keinen Ehevertrag abzuschließen oder eine modifizierte Zugewinngemeinschaft zu vereinbaren. Wenn Falk Angst um seine Firma hat, kann er sie damit aus der Berechnung des Zugewinns heraushalten. Da Gabi sich aber während der Ehe um die Kinder kümmert und weder eigenes Vermögen noch eine eigene Altersversorgung aufbauen kann, sollte sie auf Zugewinnausgleich, Unterhalt und Versorgungsausgleich auf keinen Fall verzichten.

Verändert sich im Laufe der Jahre ihre Lebenssituation, dann sollten Eheleute den Ehevertrag unbedingt den neuen Gegebenheiten anpassen. Denn oft würde man diesen Vertrag zehn Jahre später nicht mehr so unterschreiben.

Beispiel: Till und Nadja heiraten. Sie sind beide Karrieremenschen. Da sie die Ehe nicht als „Versorgungsinstitut" sehen wollen, vereinbaren sie in einem Ehevertrag Gütertrennung und den Verzicht auf Unterhalt im Falle einer Scheidung. Sie wollen finanziell weiterhin selbstständig sein und auf eigenen Beinen stehen. Auch Kinder wollen sie nicht. Zehn Jahre später sieht alles ganz anders aus: Nadja ist schwanger geworden. Beide sind überglücklich und freuen sich auf die Geburt der Zwillinge. Für die nächsten Jahre will Nadja ihren Beruf an den Nagel hängen und nur noch für die Kinder da sein.

Jetzt ist auf alle Fälle der Zeitpunkt gekommen, den Ehevertrag abzuändern. Die Vorzeichen stimmen nicht mehr. Würde die Ehe irgendwann scheitern, stünde Nadja ohne finanzielle Absicherung da. Tills Vermögen hätte sich stetig gemehrt, während Nadjas Vermögen zusammengeschrumpft wäre. Je nach Ausgestaltung könnte ein Unterhaltsverzicht sogar sittenwidrig sein. Für die beiden wäre es besser, sie würden den Ehevertrag wieder aufheben und zum Güterstand der Zugewinngemeinschaft zurückkehren.

Von Zeit zu Zeit sollten Ehepartner also doch einmal in die Schublade schauen und den Ehevertrag auf seine Aktualität hin prüfen. Eine Änderung ist in der Regel allerdings nur möglich, wenn der andere Partner zustimmt. Schließlich handelt es sich um einen Vertrag, an den zunächst einmal beide Seiten gebunden sind.

WISO rät: Nehmen Sie bei Abschluss des Ehevertrags eine Abänderungsklausel mit auf. Damit gewährleisten Sie, dass Sie den Ehevertrag ändern können, wenn eine Änderung Ihrer Lebenssituation eintritt.

4. Zulässiger Inhalt

In einem Ehevertrag kann man vieles regeln, und es kann auch auf vieles verzichtet werden:

- Möglich ist das beim Ehegattenunterhalt.
- Auf Trennungsunterhalt, den es vor der endgültigen Scheidung gibt, kann man dagegen nicht verzichten.
- Genauso wenig wie auf den Kindesunterhalt, denn das wäre ja ein Verzicht auf einen Anspruch, den eigentlich das Kind hat und der zu dessen Lasten ginge.
- Auf den Versorgungsausgleich kann man grundsätzlich verzichten. Wirksam ist dieser Verzicht aber nur, wenn zwischen der Unterzeichnung des Ehevertrages und des Scheidungsantrags mehr als ein Jahr liegt. Ansonsten muss das Familiengericht dem Verzicht zustimmen.

Achtung: Das Bundesverfassungsgericht hat sich erst im Jahr 2001 mit einem Ehevertrag beschäftigt, bei dem die Ehefrau quasi auf so gut wie alle Ansprüche generell verzichtet hat. Das Gericht hat dabei entschieden, dass ein gänzlicher Verzicht auf alles unwirksam sein kann, nämlich immer dann, wenn ein grobes Ungleichgewicht zwischen den Partnern besteht (BVerfG 1 BvR 12/92).

Genauso sieht es auch das OLG München (4 UF 7/02), dessen Entscheidung jetzt der Bundesgerichtshof überprüft. Tendenziell neigen die Gerichte somit immer mehr dazu, die beiden Ehepartner in ihrer bislang uneingeschränkten Vertragsfreiheit zu begrenzen. Sollte der Bundesgerichtshof das Urteil des OLG München bestätigen, dürften etliche Verträge unwirksam sein.

5. Trennungsregelungen

Einen Ehevertrag können Sie zu jeder Zeit abschließen: vor der Ehe, während der Ehe oder auch, wenn Sie sich schon getrennt haben. Meist regeln die Eheleute vorab schon wesentliche Punkte, die die Scheidung betreffen. Sie können aber auch Trennungsregeln aushandeln, wenn sie sich noch nicht sicher sind, ob die Scheidung durchgeführt werden soll oder nicht. Darüber hinaus sollte die Trennungsregelung dann geschlossen werden, wenn die Eheleute sich gerade getrennt haben und noch das Trennungsjahr abwarten müssen. In diesen Fällen könnten sich unter anderem die

nachstehenden Gesichtspunkte als regelungsbedürftig herausstellen:

- elterliche Sorge für die gemeinsamen Kinder;
- Umgangsrecht;
- Regelung zur Erteilung der Auskunft, um Kindes- und Ehegattenunterhaltsansprüche zu errechnen;
- Regelung der Verbindlichkeiten;
- Regelung der Bankangelegenheiten;
- Höhe von Kindes- und Ehegattenunterhaltsansprüchen;
- Vorsorgeunterhalt;
- Wer bekommt die Ehewohnung?;
- Neuregelung von Nutzung und Verwaltung des Wohnungseigentums oder eines Hauses;
- Hausratnutzung oder Verteilung;
- Zugewinnausgleich (auch für Vergangenheit und Zukunft);
- Prozesskostenvorschussanspruch;
- erbrechtliche Fragen;
- Kontenklärung (Versorgungsausgleich);
- steuerliche Fragen;
- Regelung über die Verpflichtung zur Erteilung weiterer Auskünfte hinsichtlich der Einkommensverhältnisse;
- versicherungsrechtliche Fragen.

Im Anhang finden Sie mehrere Muster eines Ehevertrags. Beachten Sie dabei aber, dass ein solches Muster nie eine individuelle Regelung ersetzen kann. Die jeweiligen Situationen in einer Ehe sind zu unterschiedlich, als dass sie über einen Mustervertrag abgedeckt werden könnten.

Hier noch einige wichtige Punkte, die Sie bei der Regelung eines Ehevertrags wissen sollten:

Versorgungsausgleich

Viele Paare wünschen sich, dass mit der Trennung auch der Versorgungsausgleich beendet wird. Der Grund ist einleuchtend: Sind die Partner mehrere Jahre getrennt, bevor sie die Scheidung einreichen, dann werden für diese Zeit trotzdem Versorgungsansprüche berechnet – und das, obwohl man längst getrennt lebt und vielleicht schon eine neue Familie gegründet hat. Um das zu vermeiden, können Sie vereinbaren, dass der Versorgungsausgleich nur bis zum Zeitpunkt der Beurkundung durchgeführt werden soll.

WISO rät: In solchen Fällen ist es sinnvoll, den Versorgungsausgleich mit Zustimmung des Ehepartners auszuschließen und gegebenenfalls die bislang unterschiedlichen Anwartschaftsrechte auf andere Art auszugleichen, beispielsweise durch den Abschluss einer Lebensversicherung.

Unterhalt

Im Ehevertrag können Sie auch vereinbaren, wie viel Unterhalt Ihr Expartner an Sie zu zahlen hat. Sie sollten aber nicht nur die Höhe, sondern auch die Dauer des Ehegattenunterhalts festhalten.

WISO rät: Denken Sie auch daran, dass nicht nur der so genannte Elementarunterhalt geregelt werden sollte, das heißt, der monatliche Unterhaltsbetrag, der dem Ehepartner monatlich zusteht, sondern darüber hinaus gegebenenfalls der Unterhalt, um eine eigene Krankenversicherung und eine eigene Altervorsorge zu erreichen.

Im Ehevertrag kann auf Kindesunterhalt nicht verzichtet werden. Der Grund: Eine solche vertragliche Regelung zwischen den Eheleuten würde zu Lasten der Kinder gehen. Das ist nicht zulässig. Auch ein Ausschluss des Anspruchs auf Ehegattenunterhalt vor der Scheidung, aber während des Getrenntlebens ist nicht möglich.

WISO rät: Vergessen Sie in derartigen Vereinbarungen nicht den Unterhaltsrückstand. Darüber hinaus sollten Sie darauf achten, dass folgende Formulierung nicht fehlt: „Wegen dieser Zahlungsverpflichtungen unterwirft sich der Ehemann der sofortigen Zwangsvollstreckung in sein gesamtes Vermögen."

Verbindlichkeiten

Auch die Frage, was mit den gemeinsamen Verbindlichkeiten nach der Trennung passieren soll, können die Eheleute in den Vertrag aufnehmen. Diese Schulden sind weiter zu tilgen, da es den Gläubigern gleichgültig ist, wer von den beiden Eheleuten die Belastungen zurückführt.

Gerade in der Trennungszeit als Zeit des Umbruchs sollten die Eheleute vertraglich festlegen, wer die Verbindlichkeiten weiterzuzahlen hat. Regeln die Eheleute nichts und zahlt auch keiner die Schulden weiter, laufen sie Gefahr, dass die Bank den Kredit kündigt.

Lebensversicherung/Unfallversicherung

Sie sollten regeln, wer die Versicherungen weiter führt, wer die Prämien zahlt und unter welchen Voraussetzungen die Versicherung an welche Person zahlen soll, falls der Versicherungsfall eintritt.

Ändern Sie die bezugsberechtigte Person in der Lebensversicherung. Versäumen Sie das, erhält im Todesfall Ihr Expartner den Versicherungsbetrag, obwohl Sie das vielleicht gar nicht so wollten.

Sonderbedarf des Kindes

Legen Sie fest, wer welchen Sonderbedarf des Kindes (Nachhilfestunden, Babyerstausstattung, Schüleraustausch) in welcher Höhe zu tragen hat.

WISO rät: Es besteht die Möglichkeit, den Sonderbedarf bis zu einer bestimmten Höhe zu begrenzen. Der Formulierungsvorschlag könnte wie folgt lauten:

„Der Ehemann wird sich an dem künftigen Sonderbedarf des Kindes für den Fall von Sportbedarf mit 50 Prozent der notwendigen Mehrkosten beteiligen, sofern nicht ein Betrag in Höhe von 300 Euro überschritten wird.

Wegen des darüber hinausgehenden Betrags stellt die Ehefrau den Ehemann von Ansprüchen des Kindes frei.

Die Zahlung hat nach Vorlage der prüfungsfähigen Belege innerhalb von drei Wochen an die Ehefrau oder einen von ihr zu benennenden Dritten zu erfolgen.“

Krankenversicherung

Häufig wird die Krankenversicherung für die gemeinsamen Kinder in der Trennungsregelung übersehen. Sie sollten auf jeden Fall eine Regelung in den Vertrag aufnehmen, damit die Krankenversicherung für die Kinder gesichert ist. Darin muss festgehalten sein, bei wem die Kinder versichert sein sollen und wer die Beiträge hierfür übernimmt.

Kindergartenbesuch

Auch der Kindergartenbesuch sollte in die Trennungsregelung aufgenommen werden, sofern sich die Eheleute untereinander schlecht einigen können. Vor allem sollte darin geklärt sein, welche Kosten aus dem Kindergartenbesuch entstehen und wer sie zu tragen hat.

Ausgleichsansprüche

In manchen Fällen können Eheleute von Gläubigern in der Weise in Anspruch genommen werden, dass sich der Gläubiger aussuchen darf, von wem er den gesamten geschuldeten Betrag verlangt. Gerade bei Banken ist das häufig der Fall. Hat die Bank beispielsweise einem Ehepaar einen Kredit gegeben, dann muss sie nicht etwa von jedem die Hälfte verlangen. Sie kann sich auch beispielsweise nur an den Ehemann wenden. Dieser muss dann zusehen, wie er einen Teil des Geldes von seiner Frau bekommt.

WISO rät: Nehmen Sie die Regelung über die Ausgleichsansprüche unbedingt in Ihre Trennungsvereinbarung mit auf. Das ist umso wichtiger, als das Familiengericht unter Umständen zu ganz anderen Ergebnissen kommen kann. Vielleicht können Sie sich mit Ihrem Partner hierüber schneller und besser einigen, als eine lang dauernde Entscheidung durch das Gericht auf sich zu nehmen.

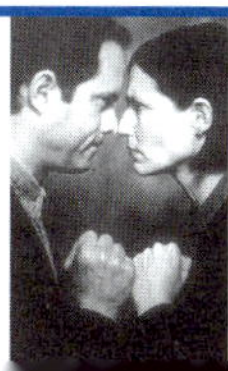

In diese Regelung sollten Sie Folgendes mit aufnehmen:

- Widerruf einer Schenkung;
- die Rückforderung einer unbenannten Zuwendung;
- einen eventuellen Ausgleich hinsichtlich der Steuern;
- die Freistellung von Schulden;
- die Abklärung von Zuwendungsansprüchen von und an die Schwiegereltern;
- Rückforderungsansprüche aus der Führung eines gemeinsamen Kontos.

Rückforderung einer unbenannten Zuwendung

Unbenannte Zuwendungen können Geldbeträge sein, die ein Ehepartner dem anderen für welchen Zweck auch immer gegeben hat. Sie können im Vertrag festlegen, dass solche Zuwendungen wieder zurückgegeben werden müssen, wenn Sie sich trennen.

Ehewohnung

Im Vertrag können Sie vereinbaren, wer die eheliche Wohnung bewohnt und wer eventuell eine entsprechende Nutzungsentschädigung oder ein entsprechendes Nutzungsentgelt zahlt.

WISO rät: Regeln Sie auch die Frage, wer Grundsteuern, den Strom, das Wasser, die Versicherung und die sonstigen Lasten und Verbrauchskosten zu tragen hat. Das Gleiche gilt für eine eventuelle Renovierung.

Regelung von Nutzung und Verwaltung eines Hausgrundstücks

Diese Gesichtspunkte sollten Sie auf jeden Fall regeln, weil hierüber häufig Streit entsteht.

Lohnsteuer/Einkommensteuer

Hier können Sie regeln, wie Sie eventuelle Steuernachzahlungen oder -rückerstattungen untereinander aufteilen und wie die nächste Steuererklärung aussehen wird. Wichtig: Derartige steuerliche Regelungen sollten nur nach vorheriger Rücksprache mit dem Steuerberater erfolgen.

Versicherungsrechtliche Regelung

Während der Ehe haben die meisten Eheleute die notwendigen Versicherungen abgeschlossen, wie zum Beispiel Haftpflicht-, Hausrat-, Rechtsschutz- oder Lebensversicherung. Vereinbaren Sie im Vertrag, wer welche Versicherungen übernimmt und wer neue Versicherungen abschließen muss.

Mündliche Nebenabreden

Grundsätzlich gelten auch mündliche Nebenabreden genauso, wie wenn sie Sie schrift-

lich aufgenommen hätten. Das Problem ist allerdings, dass Sie mündliche Nebenabreden im Ernstfall nicht beweisen können. Deshalb immer alles schriftlich vereinbaren!

6. Die Scheidungsvereinbarung

Fallvariante: Gabi und Falk leben mittlerweile seit einem Jahr getrennt und wollen sich jetzt scheiden lassen. Bei Freunden haben sie beobachten können, wie aufreibend eine solche Scheidung werden kann. Sie beschließen, ihre eigene Scheidung friedlich ablaufen zu lassen. Glücklicherweise haben sie sich getrennt, ohne viel Porzellan zu zerschlagen, und gehen auch jetzt noch ganz entspannt miteinander um. In den wesentlichen Punkten sind sie sich sowieso schon einig. Gabis befreundete Notarin rät ihr deshalb, eine so genannte Scheidungsvereinbarung mit Falk zu treffen.

Was ist eine Scheidungsvereinbarung?

Auch Scheidungsvereinbarungen sind Eheverträge. Es handelt sich aber um Eheverträge, die eventuelle Folgen einer Scheidung regeln sollen. Eine solche Vereinbarung bietet sich immer dann an, wenn Sie die Scheidungsfolgen einvernehmlich und nicht streitig vor Gericht verhandeln wollen – das spart Zeit und Geld.

Jede Regelung, die Sie als Scheidungsvereinbarung treffen, muss am Schluss „wasserdicht“ sein, das heißt, sie muss präventiv alles so vorsorglich und so gut regeln, dass der Inhalt der Regelung nicht mehr angreifbar ist.

WISO rät: Lassen Sie die Scheidungsvereinbarung von einem Notar beurkunden und legen Sie diese Urkunde spätestens beim Scheidungstermin dem Familiengericht vor. Die Scheidung kann dann schnell und kostengünstig abgewickelt werden.
Die gerichtlichen Zuständigkeiten sind so zersplittert, dass es in einem denkbaren und nie auszuschließenden Streitfall zu einer Vielzahl von Prozessen vor verschiedenen Gerichten mit hohen Kosten und zeitlichen Verzögerungen kommen kann.

Beispiel: Die Familiengerichte sind nur für das Güterrecht, den Hausrat, für Kindschaftssachen und den Unterhalt zuständig. Die Zivilgerichte kümmern sich um die Rückforderung ehebedingter Zuwendungen, um Nutzungsentgelte, die Herausgabe persönlicher Gegenstände oder die Zulässigkeit der Teilungsversteigerung.

Alle diese Verfahren sind einzelne Verfahren, die jeweils mit gesonderten Kosten und erheblichen Kostenrisiken verbunden sind.

Darüber hinaus laufen Scheidungen in der Regel wesentlich friedlicher ab, wenn beide Ehepartner die Scheidungsfolgen gemeinsam und einvernehmlich geregelt haben. Die Auseinandersetzung vor Gericht über die Scheidungsfolgen ist nicht nur extrem teuer, sie verschärft das gesamte Verhandlungsklima.

Da Falk und Gabi sich in den wesentlichen Punkten ohnehin einig sind, spart es Zeit und Geld, wenn sie ihre Scheidung durch eine Scheidungsfolgevereinbarung regeln. Diese legen sie beim Scheidungstermin vor. Vor Gericht braucht über diese Punkte dann nicht mehr verhandelt zu werden.

Die Beendigung des Güterstandes

Einer der entscheidenden Gesichtspunkte der Scheidungsvereinbarung ist die Regelung der Beendigung des Güterstands. Die Vereinbarung der Gütertrennung beendet den bisherigen Güterstand.

WISO rät: In die entsprechende notarielle Regelung sollten Sie auch aufnehmen, ob und welche Zuwendungen zurückerstattet werden sollen. Das Gleiche gilt selbstverständlich für eventuelle Ausgleichszahlungen. Listen Sie also die Beträge und Positionen auf, die Sie nach der Trennung ausgegeben haben. Gegebenenfalls sind in diesen Positionen nämlich Beträge enthalten, die Sie von Ihrem Expartner zumindest hälftig verlangen können.

Die Frage nach der Höhe der endgültigen Ausgleichsverpflichtung sollte sich aus der Scheidungsvereinbarung genau ergeben, ebenso wie die dazugehörige Berechnung.

Beispiel zum Hauseigentum: Sofern das gemeinsame Haus im beiderseitigen Eigentum der Eheleute steht, möchte häufig eine der Parteien von der anderen die dem anderen gehörende Hälfte übernehmen. In diesen Fällen sollten Sie nicht nur die Übernahme des Hausgrundstücks, sondern auch das Nutzungsentgelt bis zur endgültigen Übernahme regeln. Dazu gehört auch die Frage, wer die Belastungen trägt, die mit dem Halten des Hauses verbunden sind.
Es ist zwar möglich, dass beide Eheleute nach der Ehescheidung weiterhin Eigentümer des Hauses sind. Das setzt jedoch ein außergewöhnlich hohes Maß an Kooperationsfähigkeit voraus, die gerade nach einer häufig emotionalen Angelegenheit wie der Scheidung nicht immer leicht aufzubringen ist.

Meist ist es daher besser, wenn ein Ehepartner den anderen ausbezahlt und die Immobilie alleine übernimmt. Ein Formulierungsvorschlag könnte wie folgt lauten:

> „Die Ehefrau überträgt die ihr gehörende Hälfte des Hausgrundstücks an den Ehemann zum Alleineigentum.
> Der Ehemann übernimmt die Verbindlichkeiten bei der XY-Bank mit befreiender Wirkung für die Ehefrau zur Alleinschuld und alleiniger Rückzahlung und Verzinsung.
> Die XY-Bank hat die Entlassung der Ehefrau aus der Mitschuld bereits bestätigt.

WISO rät: Vergessen Sie nicht die Einschränkung der Zweckbestimmungserklärung, damit die Bank dieses Grundpfandrecht nicht weiter zur Absicherung künftiger Schulden des Ehegatten verwenden kann.

Der Formulierungsvorschlag sollte daher sinngemäß wie folgt lauten:

> Die Parteien beantragen bei der XY-Bank, die Zweckerklärung einzuschränken, so dass die Grundpfandrechte nur noch zur Sicherung von Forderungen gegen den Ehemann dienen.

Verkauf des Hausgrundstücks

Sofern sich die Parteien nicht darüber einigen können, wer das Haus übernimmt, oder dies finanziell für keinen der Ehepartner möglich ist, kommt entweder nur der gemeinsame Verkauf oder die Zwangsversteigerung in Frage.

WISO rät: Achten Sie darauf, dass Sie den Zwangsversteigerungsantrag nicht vor Rechtskraft des Scheidungsurteils einreichen. Nur in Ausnahmefällen kann die Zwangsversteigerung vorher beantragt werden. Bis dahin sollte jedoch eine Nutzungsregelung geschaffen und eine entsprechende Entschädigung vereinbart werden.

Wertermittlung des Hauses

Um den Wert eines Hauses erfassen zu können, bestehen mehrere Möglichkeiten.

Zum einen können Sie einen freien und amtlich anerkannten vereidigten Sachverständigen mit der Schätzung des Hauses beauftragen. Darüber hinaus können Sic Ortsgerichte und vergleichbare Institutionen für die Schätzung in Anspruch nehmen.

In der Praxis hat sich auch die Beauftragung eines freien, amtlich anerkannten und vereidigten Sachverständigen bewährt, da dessen Schätzung der Realität häufig am nächsten kommt. Eine derartige Schätzung kostet etwa 750 bis 1.500 Euro.

Wollen Sie sich die Kosten für die Begutachtung sparen, können Sie zunächst auch einen Makler befragen, zu welchem Betrag er das Haus veräußern könnte. Diese Variante ist in der Regel kostenlos.

Verbindlichkeiten

Mit der Übernahme des Hausgrundstücks ergibt sich nicht zwingend, wer die Verbindlichkeiten übernimmt. Zunächst müssen dafür Sie die Höhe der restlichen Verbindlichkeiten gegenüber den Banken festhalten, den Zugewinn ausrechnen und diese Positionen gegenüberstellen. Bei einem Verkauf des Hauses ist es sinnvoll, mit der Bank abzuklären, ob eine Vorfälligkeitsentschädigung durch die Bank geltend gemacht wird.

Durch die meist vorzeitige Kündigung des Kreditvertrags entsteht der Bank ein Zinsverlust, den sie den Kreditnehmern gegenüber geltend macht. In diesem Fall handelt es sich um eine Vorfälligkeitsentschädigung, für die meist beide Eheleute haften. Für die Vorfälligkeitsentschädigung gibt es neue und abschließende verlässliche Kriterien, seitdem der Bundesgerichtshof im November 2000 eine genaue Berechnungsmethode vorgegeben hat, an die sich die seriösen Kreditinstitute halten.

WISO rät: Sie können die genaue Höhe der Vorfälligkeitsentschädigung im Zweifel durch die Verbraucherzentrale Bremen, Altenweg 4, 28195 Bremen, Tel.: 0421/160777, berechnen lassen.
Oder Sie erwerben den WISO-Vorfälligkeitsrechner zum Preis von 7,41 Euro.
Sie können die entsprechende CD bestellen unter Tel.: 0180/535455-1 (0,12 Cent/Min.)
Per Post: Buhl Data-Service GmbH, Servicecenter
57290 Neunkirchen, Am Sieberstweiher 3–5

Steuerliche Probleme

Wird bei einer Scheidung der Zugewinn durch ein Grundstück ausgeglichen, kann ein so genanntes privates Veräußerungsgeschäft vorliegen. Dies ist beispielsweise dann der Fall, wenn Falk an Gabi einen Zugewinn von 150.000 Euro zu zahlen hat und ihr stattdessen seine ihm gehörende Hälfte des Hauses im Wert von 150.000 Euro überträgt.

In solchen Fällen kann es passieren, dass Steuern auf „stille Reserven“ fällig werden, falls seit dem Kauf die Spekulationsfrist von zehn Jahren noch nicht verstrichen ist.

Beispiel: Gabi verlangt 150.000 Euro Zugewinn. Dafür erhält sie eine Immobilie, die vor acht Jahren 100.000 Euro kostete, jetzt aber 150.000 Euro wert ist. Falk muss unter Umständen 50.000 Euro Spekulationsgewinn versteuern.
Der Zugewinn sollte also besser vor der Scheidung der Ehe durch Schenkung ausgeglichen werden oder aber die Immobilie mit einer Hypothek belastet und der Zugewinn in bar gezahlt werden.

Wichtig: Tätigen Sie derartige Geschäfte nie, ohne vorher den Steuerberater um Rat gefragt zu haben.

Verschenken an die Kinder

Häufig kommt es vor, dass sich Eheleute mit dem Gedanken tragen, die Hälfte eines Hausgrundstücks oder sogar das gesamte Hausgrundstück auf die Kinder zu übertragen, um Streit bei der Scheidung zu vermeiden.

WISO rät: Überlegen Sie sich Schenkungen an Ihre Kinder sehr sorgfältig. Eine Vermögensübertragung auf die Kinder vermindert logischerweise das eigene Vermögen,

das Sie später vielleicht zur Altersversorgung benötigen. Eine Schenkung sollten Sie nur dann vornehmen, wenn Sie sich ein Wohnrecht auf Lebenszeit oder die Rückübertragung der Immobilie bei wirtschaftlicher Not sichern.

Lebensversicherungen

Bei der Finanzierung von Immobilienbesitz schließen Eheleute häufig Lebensversicherungen ab. Wird der Kredit für das Haus fällig, wird er mit der Auszahlungssumme komplett zurückgezahlt – eine übliche Form der Finanzierung.

Schon aus Gründen der Transparenz empfiehlt es sich, die Beträge aus der Berechnung des Zugewinnausgleichs mit in die Übertragung einfließen zu lassen, bevor der Kaufpreis, nämlich der Übernahmepreis für das meist hälftige Hausgrundstück, endgültig festgestellt wird.

Ansonsten ist festzuhalten, wie mit den Lebensversicherungen umzugehen ist. Hier könnte man etwa folgende Regelung finden:

> Falk hat eine Lebensversicherung bei der XY-Versicherung über 75.000 Euro abgeschlossen, deren Bezugsberechtigte Gabi ist. Der Rückkaufswert beträgt am 1.12.2001 20.000 Euro. Hieraus stehen Gabi aus einem Zugewinnausgleichsanspruch 10.000 Euro zu. Falk verpflichtet sich, als Bezugsberechtigten anstelle von Gabi die gemeinsame Tochter Luise einzusetzen. Die Bezugsberechtigung muss bis zum ... nachgewiesen sein.

Ein weiteres Beispiel: Der Versicherungsvertrag wird fortgeführt. Der Ehemann verpflichtet sich, die monatlichen Prämien in Höhe von 200 Euro an die Versicherungsgesellschaft zu leisten und jeweils am Jahresende den Nachweis der jeweiligen Zahlung zu erbringen.

Es besteht auch die Möglichkeit, die Versicherung zu kündigen. Unter wirtschaftlichen Gesichtspunkten ist dies meist jedoch die ungünstigste Lösung. Wenn keiner der Partner die Versicherungsprämie weiter aufbringen will, ist es günstiger, die Versicherung beitragsfrei stellen zu lassen.

Kindes- und Ehegattenunterhalt

Mit der Scheidung werden in den meisten Fällen Unterhaltsansprüche fällig. So muss derjenige Elternteil, bei dem die Kinder nicht leben, Unterhalt an die Kinder zahlen. Der andere Elternteil erfüllt schon durch die Betreuung der Kinder seine Unterhaltsverpflichtungen. Auch Ehegatten können Unterhaltsansprüche haben, nämlich dann, wenn sie durch die Kindererziehung an der Aufnahme einer eigenen Erwerbstätigkeit gehindert sind.

Aus dem Ehevertrag beziehungsweise der Scheidungsvereinbarung sollte genau zu ersehen sein, wie sich der Unterhaltsanspruch errechnet, damit die Parteien auch später

kein gerichtliches Verfahren durchführen müssen. In den Verträgen sollten Sie regeln:

- die Höhe der monatlichen Leistung;
- die Fälligkeit der monatlichen Leistung;
- die Dauer der monatlichen Zahlung.

Auf keinen Fall sollten Sie vergessen zu regeln, wer

- die Krankenversicherung für die Kinder zu übernehmen hat,
- in welcher Höhe die Krankenversicherung zu tragen ist und wer
- Sonderbedarf sowie
- die Kosten des Kindergartenbesuchs
- und eventuelle weitere Verpflichtungen zu tragen hat.

Darüber hinaus sollten Sie in die Vereinbarungen die Bereinigungspositionen aufnehmen, die das Einkommen beider Partner erhöhen beziehungsweise reduzieren, um eine genaue Berechnung im Falle einer notwendigen Nachberechnung zu ermöglichen.

Unterhaltsverzicht

Es gibt seltene Fälle, in denen trotz des wechselseitigen Unterhaltsverzichts die Vereinbarung rechtlich unwirksam ist. Dies gilt insbesondere in den Fällen, in denen der Unterhaltsberechtigte aufgrund von Krankheit oder hohen Alters an einer eigenen Erwerbstätigkeit gehindert ist und durch einen Verzicht auf Unterhalt der Sozialhilfe und damit der Allgemeinheit zur Last fiele.

Realsplitting

Auch das Realsplitting sollte in den Ehevertrag aufgenommen werden, um vorsorglich spätere Auseinandersetzungen zu vermeiden.

Eheliche Wohnung

Sofern das gemeinsame Hausgrundstück nicht verkauft oder aber von einer der Parteien zum alleinigen Eigentum übernommen wird, sollten die Eheleute eine Regelung zur Nutzung der Ehewohnung in die Scheidungsvereinbarung aufnehmen.

In der Scheidungsvereinbarung sollten Sie auch regeln, wer von Ihnen die eheliche Wohnung übernimmt beziehungsweise das Mietverhältnis fortsetzt.

Immer wieder kommt es nämlich zum Streit über die Frage, wer die noch offene Miete aus der Vergangenheit oder für die Zukunft übernimmt, wenn keine klare Regelung getroffen wurde.

WISO rät: Falls Sie einen gemeinsamen Mietvertrag mit Ihrem Expartner unterschrieben haben, sollten Sie gemeinsam mit ihm den Mietvertrag kündigen. Derjenige, der weiter in der Wohnung bleibt, sollte einen neuen Vertrag mit dem Mieter ab-

schließen. Der Grund: Versäumen Sie die Kündigung und ziehen einfach so aus, dann können Sie vom Vermieter weiterhin in Anspruch genommen werden. So müssen Sie nach dem Unterhalt möglicherweise weiterhin für Mietrückstände oder Schäden an der Wohnung aufkommen.

Achten Sie darauf, dass auch die Frage der Rückzahlung der Kaution und der bislang entstandenen Renovierungsverpflichtungen geklärt ist.

Zugewinnausgleich

In der Scheidungsvereinbarung kann auch der Zugewinnausgleich abschließend und umfassend geregelt werden. Die Eheleute sollten Verpflichtungen zur Zahlung des Zugewinnausgleichs und der entsprechenden Berechnung ganz genau festlegen.

Aus der notariellen Regelung beziehungsweise aus der Protokollierung der Vereinbarung, die beim Gericht vorgenommen wird, sollte sich im Detail ergeben, wie sich die Zugewinnausgleichsforderung errechnet. Es kommt nämlich immer wieder vor, dass bestimmte Vermögensteile bewusst oder unbewusst nicht in eine Berechnung mit einfließen, so dass eine der Parteien einen unrechtmäßigen Nachteil erleiden kann, der ansonsten noch nachgebessert werden könnte.

Vermögensauseinandersetzung

In die sonstige Auseinandersetzung des Vermögens sind alle Positionen einzubeziehen, die noch nicht an anderer Stelle geregelt sind.
Der entsprechende Text könnte wie folgt lauten:

Die Parteien sind darüber einig, dass dem Ehemann/der Ehefrau ein Zugewinnausgleichsanspruch in Höhe von Euro ... zusteht.

Der Zugewinnausgleich errechnet sich im Detail wie folgt:
Grundlage dieser Forderung ist die beigefügte Zugewinnausgleichsberechnung in Ziffer ......

Unter Anrechnung/Hinzurechnung dieser Zugewinnausgleichsforderung überträgt der Ehemann der Ehefrau die ihr oder ihm gehörende Hälfte des Hausgrundstücks zum Alleineigentum.
Der Kaufpreis errechnet sich wie folgt:

- Wert des zu übertragenden Hausgrundstücks ... Euro
- abzüglich Übernahme von Verbindlichkeit gegenüber den beleihenden Banken ... Euro
- abzüglich/zuzüglich Zugewinnausgleichsanspruch des Mannes/der Frau ... Euro
- abzüglich/zuzüglich Gesamtschuldnerausgleichsansprüchen ... Euro

ergibt **... Euro**

Mit Zahlung dieses Betrages sind sämtliche vermögensrechtlichen Ansprüche der Parteien untereinander geregelt/nicht geregelt.

Gesamtschuldnerausgleich

Hier geht es um Fälle, in denen einer der Eheleute auf gesamtschuldnerische Verpflichtungen gegenüber der Bank einen höheren Anteil gezahlt hat, als er im so genannten rechnerischen Innenverhältnis hätte zahlen müssen. Im Klartext: Er hat mehr als die Hälfte der gemeinsamen Schulden an die Bank zurückgezahlt.

In diesen Fällen stellt man zunächst klar, welcher der beiden Eheleute welchen Betrag hätte zahlen müssen. Dann verrechnet man die Ansprüche gegeneinander

WISO rät: Regeln Sie auch hier vorsorglich die Frage, wie mit Schenkungen beziehungsweise mit Widerruf von Schenkungen vorzugehen ist. Dies betrifft auch

- die Rückführung von unbenannten Zuwendungen,
- den Ausgleich von Steuern und
- die Leistungen von Eltern und Schwiegereltern.

Denn häufig wird mit solchen Geldgeschenken ein großer Teil der ehelichen Schulden gezahlt.

Versorgungsausgleich

Der Versorgungsausgleich wird in der Regel nur für die Ehezeit durchgeführt, das heißt, Versorgungsanwartschaften aus den Zeiten **vor** der Ehe und aus Zeiten **nach** der Ehe werden **nicht** untereinander aufgeteilt.

Durch die Scheidungsvereinbarung können die Eheleute den Versorgungsausgleich auch ausschließen. Dabei ist Folgendes zu beachten:

WISO rät: Den Ausschluss des Versorgungsausgleichs müssen Sie ein Jahr vor der Zustellung des Scheidungsantrags vereinbaren, damit er mit Sicherheit wirksam bleibt. Sie können selbstverständlich auch vorher den Scheidungsantrag einreichen. Für diese Fälle muss jedoch das Gericht den Ausschluss des Versorgungsausgleichs genehmigen.

Ob das Gericht den Ausschluss genehmigt, hängt allein von der Entscheidungsbefugnis des Gerichts ab. In vielen Fällen steht jedoch dem Ausschluss des Versorgungsausgleichs eine direkte Gegenleistung des Ausgleichsverpflichteten an den Ausgleichsberechtigten gegenüber. Sie muss in Zusammenhang mit der Gesamtvereinbarung zur Sicherung des Berechtigten für den Fall der Erwerbsunfähigkeit und des Alters geeignet sein. Dabei ist zu berücksichtigen, dass diese Eignung nicht nur isoliert zu erfolgen hat, sondern unter Betrachtung der gesamten Umstände, insbesondere der Unterhaltsregelung und der sonstigen Vermögensauseinandersetzungen.

Die Vereinbarung bedarf auf jeden Fall der notariellen Form, sonst ist sie unwirksam.

7. Formelles

Zwar können Sie einen Ehevertrag formlos errichten. Der Gesetzgeber hat aber zwingend eine notarielle Beurkundung nur dann vorgesehen, wenn der Vertrag

- güterrechtliche Vereinbarungen (beispielsweise eine Gütertrennung) oder
- Regelungen zum Versorgungsausgleich

enthält.

Wichtig: Weil diese Punkte in der Praxis fast immer Gegenstand eines Ehevertrags sind, kommen sie in der Regel um den Gang zu einem Notar nicht herum. Diese notarielle Beurkundung kostet Geld. Die Höhe der Notargebühren hängt von der Höhe des Vermögens beider Ehegatten zum Zeitpunkt der Beurkundung ab.

WISO rät: Gerade wenn Ihr Partner Sie zu einem Ehevertrag drängen will, sollten Sie den Vertrag noch einmal von einem Fachmann prüfen lassen. Am besten gehen Sie zu einem Anwalt, mit dem Ihr Gatte nichts zu tun hat und der ausschließlich Ihre eigenen Interessen vertritt. Zwar fallen hier auch noch einmal Gebühren an; diese sind im Extremfall aber nur ein Bruchteil dessen, was Ihnen durch das unüberlegte Unterzeichnen eines Ehevertrags verloren gehen kann.

XIV. Mediation

1. Keiner will nachgeben

Beispiel: Klara und Jürgen Becker sind seit zwölf Jahren verheiratet und haben zwei Kinder. Jürgen ist sehr aufbrausend und hat stets versucht, in seiner Ehe den Ton anzugeben. Nach zwölf Jahren hat Klara es satt: Sie will die Scheidung. Doch Jürgen ist damit absolut nicht einverstanden. Nachdem Klara ihm ihre Absicht verkündet hat, gehen seine Emotionen mit ihm durch. Er zertrümmert vor den Kindern das Geschirr und kündigt lauthals an, dass sie die Kinder niemals bekommen wird. Dafür würde er schon sorgen. Und den Unterhalt könne sie sich auch aus dem Kopf schlagen. Klara will dagegen die Kinder und das gemeinsame Haus. Ihrer Meinung nach steht ihr das Haus zu, weil sie das Grundstück mit in die Ehe gebracht hat. Doch Jürgen will auch das nicht zulassen. Schließlich habe er das Haus mit seinen eigenen Händen errichtet. Beide nehmen sich einen Anwalt und sind wild entschlossen, ihre Interessen durchzuboxen.

2. Mediation – was ist das?

Zerbrechende Partnerschaften enden meistens in Wut, Enttäuschung und Vorwürfen. Oft lassen die Expartner dann gegnerische Anwälte für sich streiten, weil sie scheinbar „nichts mehr mit dem Ganzen zu tun haben" wollen.

Die negative Bilanz: Je nach Ausgang des Verfahrens fühlt sich am Ende einer als Verlierer, der andere als Gewinner. Dieses Ergebnis führt dann statt zu einer Konfliktlösung meistens zu einer weiteren Verschlimmerung der Situation. Die wirklichen Verlierer sind auf die Dauer die gemeinsamen Kinder.

Die Mediation will dazu eine Alternative bieten. Sie ist ein Konfliktregelungsverfahren. Ziel dieses Verfahrens ist es allerdings nicht, die Scheidungswilligen wieder zu versöhnen oder die Scheidung zu verhindern. Die streitenden Parteien sollen vielmehr mit Hilfe einer neutralen dritten Person – dem Mediator – versuchen, im Rahmen der Scheidung Lösungen zu erarbeiten, die ihrem eigenen Gerechtigkeitsgedanken entsprechen. Dabei ist es dem Paar auch möglich, ein Ergebnis zu finden, das sich nicht an bestehenden Gesetzen orientiert.

Am Ende einer gelungenen Mediation steht eine Vereinbarung, die für beide Parteien rechtsverbindlich ist. Darin werden alle für die Scheidung relevanten Punkte schriftlich festgehalten. Mit dieser Urkunde, die in der Regel vom Notar beurkundet wird, haben Scheidungswillige dann einen Titel, der einem Urteil gleichsteht. Die Scheidung vor dem Gericht wird nur noch zum formalen Akt.

3. Verfahren

Häufig wird das Verfahren in Form einer so genannten Comediation durchgeführt. Hierbei arbeiten zum Beispiel ein Mann und eine Frau, je aus einem juristischen und einem sozialpsychologischen Grundberuf, miteinander. Von den Parteien wird dies meistens als sehr angenehm empfunden, weil sozusagen eine Art Waffengleichheit zwischen den Geschlechtern herrscht.

In einer ersten gemeinsamen Sitzung wird zunächst einmal geklärt, was die Mediation eigentlich ist. Danach entscheidet sich das Paar, ob die Mediation zur individuellen Situation passt oder nicht. Entschließen sich beide zu einer Mediation, so wird gemeinsam zusammengetragen, welche Punkte zu regeln sind. Entscheidend ist dabei aber nie der Blick in die Vergangenheit. Es soll nicht die berühmte „schmutzige Wäsche“ gewaschen werden. Wichtig ist der Blick nach vorne, also in die Zukunft: Was ist zu regeln im Hinblick auf Unterhalt, den Hausrat, die Wohnung, vorhandene Schulden oder Besuchsregelungen mit den Kindern? Hier gibt es aber keinerlei starres Raster. Bei jedem Paar sieht die Liste dessen, was zu klären ist, anders aus.

Ganz wichtig dabei ist, dass eine Wertung durch den Mediator unterbleibt: Es gibt also keine „wichtigen“ und „unwichtigen“ Themen, niemand muss sich rechtfertigen, wenn „nur“ um einen Schrank oder ein Foto gestritten wird, um eine bestimmte Art der Besuchsregelung oder aber um die Frage, was mit der im Hause mitwohnenden Mutter werden soll.

Das Paar schließt dann mit den Mediatoren eine Eingangsvereinbarung, die die zu lösenden Punkte beinhaltet. Beide verpflichten sich außerdem, im Hinblick auf ihre materielle Situation aufrichtig zu sein. Das bedeutet im Umkehrschluss: Wer mit Tricks und Unwahrheiten zu seiner Scheidung kommen möchte, ist bei einer Mediation fehl am Platz.

Für Klara und Jürgen könnte eine Liste in der Mediation zum Beispiel enthalten:

- Wie viel Unterhalt zahlt Jürgen für Klara?
- Wie sieht die Besuchsregelung für Jürgen bei den Kindern aus?
- Wer wird künftig im gemeinsamen Haus wohnen?

Beide begründen dann ihre Vorstellungen, zum Beispiel:

- Jürgen will Klara deshalb keinen Unterhalt zahlen, weil sie während der Ehe immer gearbeitet hat und es nach der Scheidung auch tun soll.
- Klara will die Kinder, weil sie sich immer um sie gekümmert hat, während Jürgen das höchstens am Abend oder am Wochenende tat.
- Klara möchte im Haus bleiben, weil die Kinder in der Nähe zur Schule gehen.

Hier klingt schon an, dass auch gegenseitige Enttäuschungen und Vorwürfe eine Rolle spielen, die sich in den Geldforderungen oder Besuchszugeständnissen widerspiegeln, die jeweils gemacht werden.

Vielleicht wird in den Sitzungen aber auch einmal zur Sprache kommen, dass Jürgen einräumt, sich zu wenig um die Kinder gekümmert zu haben, dass er Klara dafür dankt, dass sie die ganzen Jahre eine so verlässliche Mutter war. Klara könnte vielleicht auch anerkennen, dass Jürgen so viele Jahre für die Familie geschuftet hat, dass er das Haus sehr gut gebaut hat und sie sich darin wohlfühlen konnten.

Die Erfahrung in der Mediation zeigt dabei immer wieder, dass es im Scheidungsstreit häufig mehr um Anerkennung als um exakte Aufteilung der materiellen Güter geht. Gerade mit der Unterstützung eines Mediators ist es oft leichter, gegenseitige Vorwürfe offen auszusprechen. Und durch die Anwesenheit eines neutralen Dritten wird auch öfter einmal von dem Positiven gesprochen, das beide lange Jahre verbunden hat.

Das Ergebnis, das ein Paar bei der Mediation findet, ist meistens sehr individuell und hat mit der bestehenden Gesetzeslage nicht immer etwas zu tun. Es wird also nicht einfach dem einen Partner von dem Gericht Unterhalt nach bestimmten üblichen Quoten zugesprochen und dem anderen eine starre Besuchsregelung aufgezwängt. Die Paare finden hier vielmehr ihr eigenes Recht.

Das könnte im Beispielfall so aussehen: Klara und Jürgen besprechen, dass Klara erst einmal nur halbtags arbeiten will und von Jürgen für sich und die Kinder Unterhalt bekommt. Zunächst soll dies aber nur für die Dauer von einem Jahr gelten. In dieser Zeit will Klara versuchen, mit der neuen Situation fertig zu werden, und sich auch Gedanken über eine neue berufliche Tätigkeit machen. Nach Ablauf des Jahres werden beide darüber sprechen, ob Klara über einen höheren Ganztagsverdienst verfügen oder aber vielleicht eine Ausbildung anfangen wird. Jürgen wäre bereit, für die Zeit der Ausbildung noch einen Zuschuss zu zahlen, wenn er danach davon ausgehen kann, dass Klara dann keinen Unterhalt mehr für sich braucht.

Das Sorgerecht werden beide gemeinsam ausüben. Beide versprechen, dem anderen darüber Bescheid zu geben, falls es einen neuen Partner oder eine neue Partnerin gibt, damit dies im Umgang mit den Kindern, bei gegenseitigen Besuchen usw. berücksichtigt werden kann.

Da beide finden, dass die Kinder – wenn sie schon die Scheidung verkraften müssen – wenigstens in dem vertrauten Haus bleiben sollen, wird Klara mit den Kindern dort wohnen. Jürgen sucht sich eine neue Wohnung und bekommt von Klara – obwohl ihm dies rechtlich nicht „zustehen" würde – die neue Couchgarnitur und die Schrankwand dafür.

Bei der abschließenden Vereinbarung werden die Ergebnisse festgehalten. Zusätzlich wird zum Beispiel noch festgehalten, dass Klara auf Zugewinnausgleich verzichtet, der sich etwa auf den Wert des Hauses ohne Grundstück belaufen hätte. Ebenso hat Jürgen das Recht, jeweils mindestens zwei Wochen seines Urlaubs allein mit den Kindern zu verbringen.

WISO rät: Auch wenn beide Partner vom Gesetz abweichende Vereinbarungen treffen können, sollten Sie sich unbedingt vorher bei einem Anwalt über Ihre Rechte informieren. Sie sollten unbedingt wissen, was Ihnen „zusteht“. Denn nur wer weiß, was ihm eigentlich zusteht, kann sich mit dem Partner vernünftig einigen und eventuell bewusst Abstriche machen. Ansonsten laufen Betroffene Gefahr, dass sie Regelungen treffen, die sie später eventuell wieder bereuen.

Bei den Vereinbarungen, die eine Mediation abschließen, kommt es – wie auch in unserem Fall – häufig vor, dass beide zu einem bestimmten späteren Zeitpunkt erneut über eine Regelung sprechen werden. Das können sie entweder allein tun oder, falls dies gewünscht ist, wieder einen Mediator zum Gespräch hinzunehmen.

Am Ende der Mediation soll die Vereinbarung von den Parteien nochmals gut überdacht und von unabhängigen Beratungsanwälten überprüft werden. Das Ganze wird damit in eine rechtlich gültige Form gebracht und bei speziellen Punkten, zum Beispiel Grundstücksverträgen, Vereinbarungen zum Versorgungsausgleich usw., notariell beurkundet.

4. Wie finde ich einen geeigneten Mediator?

Der Beruf des Mediators ist neu und deshalb noch nicht geschützt. Im Prinzip können sich viele einfach so nennen und ihre Dienste anbieten. Bei der Auswahl eines Mediators ist deshalb besondere Vorsicht geboten.

WISO rät: Achten Sie darauf, dass der Mediator eine Ausbildung, beispielsweise als Jurist, Psychologe oder Pädagoge, hat. Außerdem sollten Sie ihn fragen, ob und wo er eine Zusatzausbildung als Mediator gemacht hat und wie viel Erfahrung er schon hat. Die Bundesarbeitsgemeinschaft für Familienmediation (BAFM) bildet Mediatoren aus und hat verbindliche hohe Standards entwickelt. Zugangsberechtigt für die zweijährige Ausbildung der BAFM sind nur Psychologen, Pädagogen oder Sozialpädagogen mit abgeschlossenem Studium oder Juristen (mit 2. juristischem Staatsexamen). Nach der Ausbildung nennen sie sich „Mediator (BAFM)“ und weisen damit ihre qualifizierte Ausbildung nach.

Ist der ausgewählte Mediator gleichzeitig ein Anwalt, darf er Sie nicht auch vor Gericht vertreten. Ein Anwalt, der mit den Eheleuten ein Mediationsverfahren durchführt, wird demnach für keinen der Beteiligten den Scheidungsantrag bei Gericht stellen oder ihn vertreten.

Mediatoren in Ihrer Nähe können Sie über folgende Institutionen in Erfahrung bringen:

- Bundesarbeitsgemeinschaft für Familienmediation (BAFM), Eisenacher Straße 1, 10777 Berlin, Tel.: 030/236 28 266, Fax: 030/214 17 57, Internet: www.bafm-mediation.de, e-Mail: bafm-mediation@t-online.de.
  Die BAFM verschickt auch Listen mit entsprechenden Mediatorenadressen kostenlos per Post oder Internet.
- Centrale für Mediation, Unter den Ulmen 96–98, 50968 Köln, Tel.: 0221/937 38 801, Fax: 0221/937 38 926, Hotline: 01805-00 89 89 (Euro 0,12 pro Minute), Internet: www.centrale-fuer.mediation.de, e-Mail: cfm@mediate.de.
- Deutscher Anwaltverein, Arbeitsgemeinschaft Mediation, Littenstraße 11, 10197 Berlin, Tel.: 030/72 61 52 0, Fax: 030/72 61 52 193, Internet: www.anwaltverein.de, e-Mail: dav@anwaltverein.de.

5. Was kostet Mediation?

Anders als bei der reinen anwaltlichen Beratung gibt es bei Mediatoren keine verbindliche Gebührenordnung, nach der man sich bereits im Vorfeld ausrechnen kann, was das Verfahren kosten wird. In den meisten Fällen kostet eine Sitzung zwischen 80 und 300 Euro. Viele Mediatoren machen ihr Honorar aber auch von der finanziellen Leistungsfähigkeit der Klienten abhängig.

Wie viele Sitzungen notwendig sind, hängt vom jeweiligen Einzelfall ab. Häufig sind es zwischen vier und sechs Sitzungen. In manchen Fällen können aber auch zehn und mehr Sitzungen benötigt werden.

Mediation ist außerdem von der Prozesskostenhilfe nicht gedeckt. Auch Rechtsschutzversicherungen zahlen in der Regel nichts, weil es sich nicht um ein juristisches Verfahren handelt und auch keine Rechtsberatung ist.

WISO rät: Die Kosten für eine Mediation bei Familienberatungsstellen (Diakonie, AWO, Caritas, DRK und so weiter) sind meistens erheblich geringer, zum Teil auch kostenlos. Wer sich eine Mediation aus Kostengründen nicht leisten kann, sollte dort in jedem Falle nachfragen.

Wird das Ergebnis der Mediation in einem notariell beglaubigten Vertrag festgehalten und die Ehe nach dem Mediationsverfahren tatsächlich geschieden, sind die Kosten als Ehescheidungskosten und damit als außergewöhnliche Belastung im Sinne des Einkommensteuergesetzes anzuerkennen und steuerlich absetzbar.

6. Mediation – ja oder nein?

Die Vorteile der Mediation liegen auf der Hand. Eine erfolgreich verlaufene Mediation kann Geld sparen. Denn alles was vor Gericht streitig ist, ist teuer, da sich Anwaltsgebühren und Gerichtskosten nach dem Streitwert errechnen. Ein anderer Vorteil der Mediation ist der Zeitfaktor. In vielen Fällen dauert das Mediationsverfahren kürzer als ein über Jahre geführter Prozess. Ganz wichtig ist außerdem: Nach einer gelungenen Mediation schaffen es die Parteien, wieder vernünftig miteinander umzugehen. Sie haben gelernt, auftretende Konflikte auch in der Zukunft zufrieden stellend lösen zu können. Sie gehen nicht, wie häufig nach einem Gerichtsverfahren, völlig zerstritten auseinander, so dass keine Kommunikation mehr möglich ist.

Andererseits wird gerade von zerstrittenen Ehepaaren meist übersehen, dass die Mediation nicht dazu da ist, eine Einzelberatung oder ein Paargespräch zur Klärung von alten Verletzungen bei einem Familientherapeuten zu ersetzen. Die Partner überschätzen oft ihre Kräfte und ihre Fähigkeit zur Kommunikation während der Trennungs- und Scheidungsphase. Läuft die Mediation dann schief, müssen Scheidungswillige noch tiefer in die Tasche greifen, weil sie erstens die Kosten der Mediation tragen und darüber hinaus noch das teure Gerichtsverfahren zahlen müssen.

Ein immer wieder problematischer Aspekt: Die Mediation setzt eine vollständige und wahrheitsgemäße Offenlegung aller Informationen voraus. Doch nicht immer sind alle Mediationsteilnehmer so ehrlich und teilen alle relevanten Daten und Fakten auch wirklich mit. Eine Garantie gibt es hierfür nicht!

Ein weiterer, damit häufig einhergehender Nachteil ist, dass mit gescheiterter Mediation die Scheidung noch länger dauert. Außerdem kann es passieren, dass bei abgebrochener Mediation wichtige rechtliche Maßnahmen vergessen werden. Wird beispielsweise derjenige, der mit Unterhaltszahlungen im Rückstand ist, nicht rechtzeitig in Verzug gesetzt, geht der Anspruch verloren.

Beispiel: Die Ehefrau beziffert ihren Unterhaltsanspruch während des Mediationsverfahrens auf 1.000 Euro monatlich. Der Mann ist nicht bereit, mehr als 500 Euro zu zahlen. Können sich die beiden während des Mediationsverfahrens nicht einigen, kann die Frau für die Vergangenheit keinen Unterhalt mehr verlangen, da sie ihren Mann während des Verfahrens sicherlich nicht juristisch korrekt in Verzug gesetzt hat.

WISO rät: Denken Sie genau darüber nach, ob für Ihren ganz speziellen Fall ein Mediationsverfahren in Betracht kommt. Ein guter Test ist die Frage, ob Sie sich vorstellen können, gemeinsam mit Ihrem Partner zu einem entsprechenden Beratungsgespräch zu gehen. Bei einem Paar, bei dem der eine Teil regelmäßig zu dominant und der andere Teil regelmäßig überstimmt wird, kann dies schwierig werden.

Wenn vermögensrechtliche Auseinandersetzungen anstehen, lassen sich diese häu-

fig auch mit zwei kooperationsbereiten Anwälten schneller und mindestens genauso gut lösen.

Sehr große Akzeptanz und Bejahung der Mediation gibt es dagegen bei Sorgerechts- und Umgangsregelungen sowie beim Streit über die Ehewohnung und den Hausrat.

XV. Kosten und Gebühren des Scheidungsverfahrens

1. Wenn die Scheidung zu teuer ist

Beispiel: Christine und Peter Lehmann sind seit zehn Jahren verheiratet. Doch die Ehe ist seit langem zerrüttet. Vor zwei Jahren ist Peter ausgezogen und wohnt seitdem mit Marion zusammen. Die beiden wünschen sich ein Kind, aber Marion möchte, dass Peter sich erst scheiden lässt. Peter hat jedoch Angst vor den Kosten eines Scheidungsverfahrens. Seine Exfrau ist nicht berufstätig und er fürchtet, nicht nur seinen, sondern zudem auch noch ihren Anwalt zahlen zu müssen. Am liebsten würde er deshalb nur einen Anwalt für sich und Christine beauftragen. Marion meint, seine Frau bekomme doch bestimmt Prozesskostenhilfe, da sie ja nichts verdient. Außerdem hätten die beiden eine Rechtsschutzversicherung abgeschlossen, und zumindest diese müsse doch die Kosten tragen.

2. Die Prozesskosten

Für eine Ehescheidung gibt es keinen Fest- oder Einheitspreis, der Preis ist auch nicht Verhandlungssache. Die Kostenfrage ist allerdings auch nicht wie in einem „gewöhnlichen" Zivilprozess geregelt, denn dort muss derjenige die Kosten des Verfahrens tragen, der verliert. Das gilt sowohl für Gerichtskosten als auch für Anwaltskosten.

Im Scheidungsverfahren sieht die Sache oft anders aus. Im Regelfall gibt es hier keine richtigen Gewinner oder Verlierer. Deshalb ist in der Zivilprozessordnung geregelt, dass die Kosten des Verfahrens „gegeneinander aufgehoben" werden. Dies bedeutet, dass jede Partei die Hälfte der Gerichts- und Sachverständigenkosten übernehmen muss. Außerdem muss in der Regel jeder Ehegatte seinen Anwalt zahlen.

Ausschlaggebend für die Höhe der Kosten ist der so genannte Streitwert (häufig auch Geschäfts- oder Gegenstandswert genannt). Dabei handelt es sich nicht etwa um den Betrag, den ein Partner an den anderen zahlen muss. Entscheidend für die Höhe des Streitwerts bei der Ehescheidung ist vielmehr die Summe der addierten Einkommen der Eheleute sowie der Wert ihres gesamten Vermögens nach Abzug der Verbindlichkeiten und eines Freibetrags.

Der Streitwert wird am Ende des Verfahrens durch das Familiengericht festgesetzt. Die Gerichts- und Anwaltskosten können dann durch einen Blick in spezielle Tabellen ermittelt werden.

WISO rät: Lassen Sie sich bei Beauftragung eines Rechtsanwalts einen Kostenplan über die zu diesem Zeitpunkt absehbaren Kosten erstellen, damit Sie eine Orientierung über deren Höhe erhalten. Sind im Laufe des Verfahrens weitere kostenauslösende Maßnahmen des Rechtsanwalts notwendig geworden, kommen diese natürlich noch hinzu. Die Kosten einer Ehescheidung können und sollten steuerlich als außergewöhnliche Belastung geltend gemacht werden!

3. Die Berechnung der Verfahrenskosten

Ein Scheidungsverfahren kostet je nach Umfang des gesamten Verfahrens in der Regel zwischen 1.200 Euro und 3.500 Euro. In einzelnen Fällen können diese Beträge natürlich auch unter- oder überschritten werden.

Die Kosten der reinen Scheidung richten sich grundsätzlich nach dem dreimonatigen Nettoeinkommen beider Eheleute und fünf Prozent des reinen Vermögens der Eheleute, auch wenn das gemeinsame Haus nicht in die Auseinandersetzung des Vermögens mit einfließt. Zusätzlich ist jeder einzelne Streitgegenstand (also die Regelung der elterlichen Sorge, der Zugewinnausgleich, der Versorgungsausgleich, der Unterhalt usw.) mit zu erfassen, sofern sich die Parteien über diese Dinge auseinandersetzen müssen.

Um die Kosten einer Scheidungsangelegenheit zu berechnen, muss man zunächst den gesamten Streitwert des Verfahrens ausrechnen. Das ist nicht etwa der Betrag, den eine Partei bezahlen muss, sondern einfach nur die Summe, aus der sich dann die später zu zahlenden Kosten ergeben. Je höher der Streitwert aber ist oder einfacher gesagt: je mehr man sich über verschiedene Punkte streitet, desto teurer wird das Scheidungsverfahren.

Hier ein Beispiel:

Streitwert:

- Scheidung Ehemann (Alleinverdiener, monatlich 2.500 Euro netto)
  3 x 2.500 Euro — 7.500,00 Euro
- Versorgungsausgleich (Anwartschaft in Höhe von 80 Euro monatlich der Ehefrau zu übertragen)
  80 Euro x 12 (Mindestgegenstandswert 500 Euro) — 960,00 Euro
- Regelung des Umgangsrechtes
  (nur wenn zusätzlich anhängig gemacht) — 750,00 Euro
- Unterhalt (nur wenn zusätzlich anhängig gemacht):
  Ehefrau monatlich 770 Euro x 12 — 9.240,00 Euro
  230 Euro pro Kind, bei 2 Kindern monatlich 460 Euro x 12 — 5.160,00 Euro

- Zugewinnausgleich (nur wenn zusätzlich anhängig gemacht) 10.250,00 Euro
- Hausrat und Ehewohnung wurden einvernehmlich geregelt (nur wenn anhängig gemacht) 0,00 Euro

Endsumme: **33.860,00 Euro**

Ist der Streitwert ermittelt, errechnen sich aus der Summe die Anwaltsgebühren und die Gerichtskosten.

1. Variante: Die Rechtsanwaltsgebühren berechnen sich nach den zusammengerechneten Streitwerten der Scheidung, des Versorgungsausgleichs, zuzüglich des jeweiligen Streitwertes für Regelungen des Umgangsrechts, des Unterhalts, des Zugewinns, wenn sich die Eheleute auch über diese Dinge streiten.

Streitwert: 33.860 Euro

- 10/10 Prozessgebühr §§ 11, 31 I1 BRAGO 830,00 Euro
- 10/10 Verhandlungsgebühr §§ 11, 31 I2 BRAGO 830,00 Euro
- 10/10 Beweisgebühr §§ 11, 31 I3 BRAGO 412,00 Euro
  (berechnet aus dem Streitwert der Scheidung, 7.500 Euro)
- Post- und Telekommunikationsentgelte § 26 BRAGO) 20,00 Euro

Zwischensumme netto 2.092,00 Euro
16 Prozent der Mehrwertsteuer § 25 II BRAGO 334,72 Euro

Endsumme Rechtsanwaltsgebühren (ohne weitere Auslagen) **2.427,72 Euro**

Gerichtskosten:

- 3 Gerichtsgebühren à 369 Euro gemäß § 11 Gerichtskostengesetz **543,00 Euro**
  (sind von beiden Parteien je hälftig zu tragen,
  eine Gebühr von 369 Euro muss bei Antragstellung
  als Vorschuss bei Gericht eingezahlt werden.)

Ergebnis Variante 1: Das Scheidungsverfahren würde den Antragsteller also insgesamt 2.981,22 Euro (2.427,72 Euro Anwaltskosten plus 553,50 Euro hälftige Gerichtskosten) kosten. Die gleichen Kosten können natürlich auch auf den anderen Ehegatten zukommen, wenn dieser anwaltlich vertreten wurde.

2. Variante: Die Rechtsanwaltsgebühren berechnen sich nach dem Streitwert der Scheidung und des Versorgungsausgleiches. Streitwert für Zugewinn, Umgangsrecht etc. wurden in diesem Beispiel nicht addiert, da sie bei Gericht nicht anhängig gemacht wurden. Kurz: die Eheleute wollen zwar die Scheidung, streiten sich aber nicht

um Zugewinn, Unterhalt und dergleichen. Dann müssen sie mit folgenden Rechtsanwaltsgebühren rechnen:

Streitwert: 7.500 Euro plus 960 Euro = 8.460 Euro

▪ 10/10 Prozessgebühr §§ 11, 31 I1 BRAGO	449,00 Euro
▪ 10/10 Verhandlungsgebühr §§ 11, 31 I2 BRAGO	449,00 Euro
▪ 10/10 Beweisgebühr §§ 11, 31 I3 BRAGO (berechnet aus dem Streitwert der Scheidung, 7.500 Euro)	412,00 Euro
▪ Post- und Telekommunikationsentgelte § 26 BRAGO)	20,00 Euro
Zwischensumme netto	1.330,00 Euro
16 Prozent der Mehrwertsteuer § 25 II BRAGO	212,80 Euro
Endsumme Rechtsanwaltsgebühren (ohne weitere Auslagen)	**1.542,80 Euro**

Gerichtskosten:

▪ 3 Gerichtsgebühren à 181 Euro gemäß § 11 Gerichtskostengesetz (sind von beiden Parteien je hälftig zu tragen, eine Gebühr von 181 Euro muss bei Antragstellung als Vorschuss bei Gericht eingezahlt werden.	**543,00 Euro**

Ergebnis Variante 2: Das Scheidungsverfahren würde den Antragsteller also insgesamt 1.814,30 Euro (1.542,80 Euro Anwaltskosten plus 271,50 Euro hälftige Gerichtskosten) kosten. Auch hier können die Kosten zudem auch auf den anderen Partner zukommen, wenn er sich für das Verfahren einen Anwalt genommen hat.

Beachten Sie: Paare, die das Scheidungsverfahren mit nur einem Anwalt durchziehen, teilen sich oft im Innenverhältnis die gesamten Kosten für den Prozess.

4. Die einvernehmliche Regelung eines Scheidungsverfahrens

Eine Scheidung wird immer dann erheblich billiger, wenn es den Partnern gelingt, sich einvernehmlich über sämtliche regelungsbedürftigen Punkte der Scheidung zu einigen. Eine einvernehmliche Einigung ist auch deshalb sinnvoll, weil die gerichtlichen Zuständigkeiten so zersplittert sind, dass es im Streitfall zu einer Vielzahl von Prozessen vor verschiedenen Gerichten mit den damit verbundenen entsprechenden Verzögerungen, Kosten und Kostenrisiken kommen wird.

Das Familiengericht beispielsweise ist zuständig für das eheliche Güterrecht, den Hausrat, den Unterhalt oder den Versorgungsausgleich. Vor dem allgemeinen Zivilgericht ist dagegen ein Streit über die Rückforderung ehebedingter Zuwendungen, Nutzungsentgelte, die Herausgabe persönlicher Gegenstände oder die Zulässigkeit der Teilungsversteigerung zu führen.

Wer im Prozess eine detaillierte Scheidungsfolgenvereinbarung vorlegen kann, macht die Scheidung nur noch zum formalen Akt. Denn die Vereinbarung erspart weitere Verhandlungen zu den bereits geregelten Punkten.

WISO rät: Um hohe Kosten zu vermeiden, ist es sinnvoll, sich außergerichtlich über alle zu regelnden Gesichtspunkte zu einigen. Diese Einigung sollten die Eheleute durch einen Notar protokollieren lassen und dem Gericht vorlegen. Der Richter muss dann sozusagen nur noch die Scheidung aussprechen.

Das geht aber in der Regel nur, wenn Sie noch nicht so zerstritten sind, dass Sie es nicht mehr schaffen, zu einer einvernehmlichen Lösung zu gelangen. Eine gewisse Kompromissbereitschaft sollte also auf beiden Seiten noch vorhanden sein. Das heißt nicht, dass Sie in allen Punkten nachgeben, sondern dass Sie mit Ihren Wünschen und Bedürfnissen so ab- und zugeben, dass Sie sich vielleicht in der Mitte einigen können. Denken Sie daran: Wer langwierige Prozesse vor Gericht vermeidet, spart Geld, Zeit und Nerven.

5. Kostenübernahme durch Rechtsschutzversicherung

Die wenigsten scheidungswilligen Ehepaare machen sich Gedanken darüber, was eine Scheidung kosten wird. Nicht wenige gehen sogar davon aus, dass die Rechtsschutzversicherung die Kosten hierfür übernehmen wird.

Das ist jedoch nicht der Fall. Bei den meisten Rechtsschutzversicherungen ist der Rechtsschutz in Ehesachen deutlich eingeschränkt beziehungsweise wird er gar nicht angeboten.

Die Versicherungen zahlen nur eine einfache Beratung durch den Anwalt. Die Kosten für das Scheidungsverfahren selbst werden also nicht übernommen.

In unserem Fall kann Peter also nicht – wie seine neue Freundin ihm empfohlen hat – die Kosten seiner Scheidung über die Versicherung abrechnen.

WISO rät: Verlangen Sie von Ihrem Rechtsanwalt nicht, dass er der Rechtsschutzversicherung eine Beratungsrechnung erteilt, obwohl seine Tätigkeit über eine Beratung hinausging. Sie würden sich damit wegen Betrugs strafbar machen. Eine Ausnahme

gibt es nur dann, wenn die Versicherung selbst Ihnen ein solches Vorgehen anbietet, beispielsweise dann, wenn Sie mit Ihnen vereinbart, dass sie die Kosten der Scheidung kulanterweise bis zu einer bestimmten Höhe übernimmt.

6. Prozesskostenhilfe

Wer sich einen Prozess aus finanziellen Gründen nicht leisten kann, für den besteht die Möglichkeit, die so genannte Prozesskostenhilfe in Anspruch zu nehmen. Den Antrag auf Bewilligung der Prozesskostenhilfe bekommen Sie bei Gericht. Sind Sie schon anwaltlich vertreten, dann kann das auch Ihr Rechtsanwalt für Sie übernehmen. Bedingung für die Bewilligung von Prozesskostenhilfe ist aber in jedem Fall die Erfolgsaussicht für den Prozess. Bei einer Scheidung ist davon in der Regel auszugehen, es sei denn, das Trennungsjahr wäre nicht eingehalten.

Falls Christine Prozesskostenhilfe in Anspruch nehmen will, muss sie dem Antrag eine „Erklärung über die persönlichen und wirtschaftlichen Verhältnisse" sowie die entsprechenden Belege beifügen.

Doch Vorsicht: Die Bewilligung von Prozesskostenhilfe gibt Ihnen unter Umständen das Gefühl von Sicherheit. Diese Sicherheit kann jedoch trügerisch sein. Der Grund: Prozesskostenhilfe umfasst immer nur die Prozesskosten für den *eigenen* Anwalt. Die Prozesskosten der Gegenseite werden *nie* von der Prozesskostenhilfe umfasst. Den Anwalt der Gegenseite müssen Sie also entweder ganz oder teilweise bezahlen, falls sie den Prozess – beispielsweise beim Streit um den Unterhalt – (teilweise) verlieren.

Schon daraus ersehen Sie, dass das Verfahren auf jeden Fall ein oft verkanntes Kostenrisiko für Sie mit sich bringt, selbst wenn Sie Prozesskostenhilfe erhalten.

Bewilligt Ihnen das Gericht die Prozesskostenhilfe, so werden die Gerichts- und Anwaltskosten zumindest teilweise vorfinanziert. Der Prozessführende muss allerdings sein Einkommen oder Vermögen einsetzen, soweit ihm dies zumutbar ist. Je nach Höhe seines Einkommens oder Vermögens muss er das Geld – wenn auch in Raten – wieder zurückzahlen. Nur wer gar kein Einkommen hat, ist dazu nicht verpflichtet.

Haben Sie beispielsweise 15.000 Euro auf Ihrem Sparkonto, müssen Sie dies angeben. Wenn Sie das Geld nicht angeben, machen Sie sich eines Betrugs gegenüber der Staatskasse schuldig. „Übersehen" Sie bitte in diesem Zusammenhang auch nicht, dass die Gegenseite oft Bescheid weiß über Ihre Einkommens- und Vermögensverhältnisse und durchaus in der Lage ist, dies dem Gericht mitzuteilen.

Achtung: In diesen Fällen ist es also nicht nur möglich, Ihnen die Prozesskostenhilfe rückwirkend zu versagen. Es besteht auch die Möglichkeit, dass der Richter

Strafanzeige gegen Sie wegen Erschleichung von Prozesskostenhilfe erstattet und das Verfahren an die Staatsanwaltschaft abgibt.

Wenn ein Prozesskostenhilfegesuch wegen mangelnder Erfolgsaussicht zurückgewiesen wurde, kann dagegen Beschwerde eingelegt werden. Für die abschließende Entscheidung über die Ablehnung des Prozesskostenhilfegesuchs ist das Oberlandesgericht zuständig. Die Beschwerde über die Entscheidung ergeht gerichtskostenfrei. Anwaltskosten der Gegenseite werden nicht erstattet.

Sie müssen aber damit rechnen, dass während der Entscheidung über Ihre Beschwerde das Verfahren, um das es eigentlich geht, nicht weitergeht. Es wird lediglich über die Frage der Bewilligung von Prozesskostenhilfe entschieden.

Erst wenn darüber entschieden ist, geht es um die eigentliche Sache.

Auf die Entscheidung des Oberlandesgerichts ist im Regelfall etwa ein halbes Jahr zu warten. Erst dann wird Ihnen möglicherweise Prozesskostenhilfe bewilligt – oder aber endgültig versagt.

7. Prozesskostenvorschuss

Vor jedem Prozess muss der Kläger einen so genannten Prozesskostenvorschuss bezahlen. Das bedeutet, dass ein Teil der gerichtlichen Kosten vorzufinanzieren ist. Der Prozesskostenvorschuss, den der Gegner zu leisten hat, ist eine gesonderte Form der Unterhaltsverpflichtung.

Wenn einer der Ehegatten nämlich nicht in der Lage ist, einen Prozess auf eigene Kosten zu führen, und der andere Ehegatte dagegen genug Einkommen hat, dann muss er unter Umständen den Prozess für den anderen Ehegatten finanzieren. Das gilt sogar dann, wenn die Eheleute gegeneinander prozessieren.

Peter ist in unserem Beispielfall deshalb unter Umständen verpflichtet, für Christine einen solchen Vorschuss zu bezahlen.

Einige findige Anwälte raten ihren vorschusspflichtigen Mandanten zu folgendem „Trick“: Ist ein Ehegatte vorschusspflichtig und muss zudem Zugewinnausgleich an den Expartner zahlen, dann kann er dem anderen einen Vorschuss auf diesen Ausgleichsanspruch zahlen. Diese Höhe der Abschlagszahlung hängt vom Umfang des Verfahrens und des zu zahlenden Zugewinnausgleichsanspruchs ab.

Die Abschlagszahlung auf den Zugewinn beseitigt die finanzielle Notlage des Partners, die ihn zum Prozesskostenvorschuss berechtigt. Somit muss der andere seinen Prozess selbst finanzieren.

Wenn sich die wirtschaftlichen Verhältnisse des Expartners nach der Vorschussgewährung deutlich verbessern, ist der Vorschuss unter bestimmten Umständen auch wieder zurückzuzahlen. Dies können die Eheleute auch untereinander vereinbaren.

8. Wie kann ich bei der Scheidung Kosten sparen?

Eine Scheidung ist immer eine teure Angelegenheit. Die Verhandlung vor Gericht kostet Geld und auch die Anwälte arbeiten nicht umsonst. Dennoch können scheidungswillige Paare die Kosten der Scheidung minimieren – auch wenn sie ein größeres Vermögen haben. Um je weniger Sie sich streiten – schon außergerichtlich –, umso weniger Kosten werden Ihnen entstehen.

Im Grunde genommen müssen Sie sich vorstellen, dass die Kosten für die anwaltliche Tätigkeit sich nach den „Streitgegenständen" bemessen, die der Anwalt für Sie bearbeitet. Das Gleiche gilt für die gerichtliche Tätigkeit. Aber gerade die Kosten des Anwalts hängen grundsätzlich nicht davon ab, wie viele Besprechungen Sie mit ihm hatten oder wie viele Schriftsätze er gefertigt hat. Die Höhe der Kostenrechnung richtet sich nach den Gegenstandswerten, die mit den Streitgegenständen verbunden waren, es sei denn, Sie haben eine Honorarvereinbarung geschlossen.

Honorarvereinbarungen gehen im Regelfall über die gesetzlichen Gebühren hinaus. Sie sind insbesondere dann gerechtfertigt, wenn die Angelegenheit deutlich mehr Arbeit verursacht als die durchschnittliche Tätigkeit.

Es bestehen folgende denkbaren Verfahrensweisen:

Die notariell beurkundete Scheidungsvereinbarung

Sie sind sich als Eheleute über alle zu regelnden Gesichtspunkte, die Ihre Scheidung betreffen, absolut einig. Also beispielsweise darüber, wer die Wohnung bekommen soll, wie der Zugewinnausgleich stattfinden soll, bei wem die Kinder bleiben, wie der Hausrat aufgeteilt wird und wer die Schulden weiterbezahlt.

In einem solchen Fall bietet sich eine so genannte Scheidungsfolgevereinbarung an, in der sie alle zu regelnden Punkte der Scheidung niederschreiben. Eine solche Vereinbarung muss notariell beurkundet werden.

Dies setzt jedoch voraus, dass Sie sich wirklich über alle Dinge einig sind, die Ihnen Sorgen bereiten. Denn wenn Sie erst beim Notar merken, dass Sie manche Probleme noch gar nicht angesprochen haben, dann steht der möglicherweise „zwischen zwei Stühlen". Er wird Ihnen zwar beim Beurkundungstermin so gut wie möglich weiterhelfen, Partei ergreifen darf er aber nicht.

Diese Methode ist daher mit dem Nachteil verbunden, dass Sie die Risiken und Rechtsverluste, die Sie durch die Vereinbarung erleiden, nicht kennen, da Sie voraussichtlich durch niemanden auf diese Nachteile aufmerksam gemacht wurden. Die Kosten einer solchen beurkundeten Vereinbarung beziffern sich meist auf einen Betrag in Höhe von 1.000 bis 2.500 Euro.

Ein Anwalt in dem Verfahren

Viele Paare versuchen auch Geld zu sparen, indem sie nur einen Anwalt in dem Scheidungsverfahren beauftragen. Das geschieht meist in der Form, dass einer anwaltlich vertreten ist, der andere nicht. Der Grund: Anwälten ist es gesetzlich verboten, für beide Parteien tätig zu werden. Diese Lösung bietet sich deshalb ebenfalls nur für Paare an, bei denen es überhaupt keinen Zündstoff im Scheidungsverfahren gibt.

Sind Sie sich nicht hundertprozentig einig, dann ist das Verfahren mit nur einem Anwalt zwar „billig" . Unter wirtschaftlichen Gesichtspunkten ist es aber unter Umständen für den Partner von Nachteil, der anwaltlich nicht vertreten ist. Der Grund: Der Anwalt darf schon von der Gesetzeslage her immer nur Interessenvertreter *einer* Partei sein. Er hat nicht einmal die Verpflichtung, den anderen auf ihm entstehende Nachteile einer Scheidungsvereinbarung hinzuweisen. Im Gegenteil: Eigentlich ist er sogar verpflichtet, dem anderen diese Nachteile zu verschweigen, um für seinen Mandanten das optimale Ergebnis zu erzielen.

Vom Anwalt ausgearbeitete notarielle Scheidungsvereinbarung

Meist laufen Scheidungen nicht so harmonisch ab, wie man es gerne hätte. In den meisten Fällen streiten sich die Parteien um irgendetwas: Wer hat wie viel in das Haus gesteckt, wer darf das Auto behalten, wie hoch sind die Ansprüche auf Zugewinn, wie hoch soll der Unterhalt sein? Doch auch heikle Scheidungen können kostengünstig mit einer Scheidungsfolgevereinbarung, die einiges an Gerichtskosten spart, geregelt werden.

Stehen die Interessen der Eheleute gegeneinander, dann sollte jeder einen eigenen Rechtsanwalt beauftragen, von dem er sich beraten lässt. Seit einigen Jahren gibt es Fachanwälte für Familienrecht, die sich gerade in diesem Gebiet besonders spezialisiert haben.

Derjenige, der zuerst zum Anwalt geht, bespricht sich mit diesem und arbeitet seine Zielvorstellungen aus. Der Anwalt soll dann einen vollständigen Vorschlag zur Regelung von

- Trennung,
- Scheidung und
- Scheidungsfolgen

erarbeiten.

Dieser Vorschlag sollte so realistisch sein, dass er für die Gegenseite diskussionswürdig ist. Sodann bespricht der andere mit seinem Anwalt die gesamte Situation anhand des bereits vorliegenden Vorschlags und arbeitet die eigenen Vorstellungen mit ein.

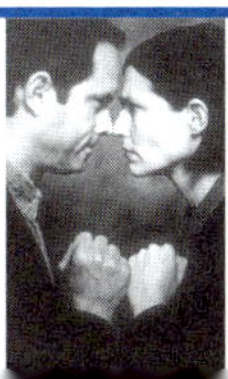

WISO rät: Verlieren Sie keine unnötige Zeit. Nutzen Sie die Zeit nach der Trennung sofort, um die Regelung der Scheidungsfolgen gemeinsam zu erarbeiten. Es ist keineswegs nötig, die Trennungszeit abzuwarten.

Wenn der Anwalt ernsthaft empfiehlt, man müsse das Trennungsjahr abwarten, um die Scheidungsfolgen zu regeln, so sollten Sie sich überlegen, ob Sie wirklich qualifiziert beraten sind.

Sind Sie zu einer Einigung gekommen, dann sollten Sie diese notariell beurkunden lassen. Sie haben somit einen vollständigen, wirksamen Vertrag vorliegen, der dem Gericht mit Einreichung des Scheidungsantrags vorgelegt wird.

Das Gericht sieht unter diesen Umständen sofort, dass Sie sich bereits geeinigt haben, und wird zügig den Termin zur Scheidung bestimmen (sobald der Versorgungsausgleich berechnet ist), so dass Sie nach Ablauf des Trennungsjahres geschieden sind. Hohe Gerichtskosten bleiben Ihnen dann erspart.

Diese Lösung ist zwar auf den ersten Blick teurer als die beiden anderen. Aber gerade bei sich streitenden Paaren hat diese Vorgehensweise den Vorteil, dass beide gut aufgeklärt sind und keiner eventuelle Rechte „verschleudert". Denn das kann erheblich teurer werden als die Anwaltskosten. Keiner der Partner muss sich später Gedanken darüber machen, ob er möglicherweise einen Betrag von 10.000 Euro oder gar 100.000 Euro verschenkt hat, ohne sich dessen bewusst zu sein. Außerdem laufen solche Scheidungen erheblich schneller ab, weil die Streitereien nicht vor Gericht ausgetragen werden. Damit sind sie letztlich auch erheblich billiger.

WISO rät: In diesem Zusammenhang können Sie auch regeln, dass Ihr Expartner Ihre Anwaltskosten tragen soll. Gerade beim Vorliegen bestimmter steuerlicher Gegebenheiten können Sie untereinander verbindlich und legal die Übernahme anwaltlicher Kosten und sonstiger materieller Kosten durch den anderen vereinbaren.

Gegebenenfalls können Sie dann eigene Positionen „gegenrechnen". Dazu müssen Sie sich jedoch notariell verpflichten.

XVI. Der Besuch beim Anwalt

1. Anwaltssuche – gar nicht leicht

Beispiel: Peter Lehmann hat sich durchgerungen, die Scheidung einzureichen. Um einen Anwalt zu suchen, blättert er in den Gelben Seiten. Unter der Rubrik Rechtsanwälte findet er solche mit Tätigkeitsschwerpunkt oder Interessenschwerpunkt Familienrecht. Manche sind auch Fachanwälte für Familienrecht. Er ist völlig verunsichert, denn schließlich geht es nicht nur um ein paar Euro, sondern auch um das Schicksal der Kinder aus erster Ehe.

Schließlich empfiehlt ihm sein Freund Klaus einen Anwalt, der auch für ihn die Scheidung durchgezogen hat. Peter Lehmann ist froh und überlegt, was er zu dem ersten Gespräch alles mitnehmen soll.

2. Allgemeines

Für viele Menschen stellt er eine echte Hemmschwelle dar: der Gang zum Rechtsanwalt. Häufig ist der Besuch anlässlich der Scheidung überhaupt der erste bei einem Anwalt. Und gerade in solch einer persönlichen Angelegenheit ist es unangenehm, sich zu überwinden, einer fremden Person sämtliche Details einer Scheidung mitzuteilen. Dennoch: für einen Anwalt gehört Ihre Geschichte zu seinem täglichen Brot. Er ist den Umgang mit Mandanten, die sich scheiden lassen wollen, gewohnt. Er unterliegt der Schweigepflicht, das heißt, dass er über Ihre persönlichen Angelegenheiten strengstes Stillschweigen zu bewahren hat. Details über Ihre Vermögensverhältnisse, Ihre Kinder oder die Unterhaltsansprüche dürfen von ihm nicht nach außen getragen werden. Das Gleiche gilt für sein Personal. Haben Sie also keine Scheu, ihm alles offen zu legen. Für eine gute und konstruktive Zusammenarbeit ist es wichtig, dass Sie ihm auf alle Fragen ehrlich antworten.

3. Welche Unterlagen muss ich mitbringen?

Für Ihren Anwalt ist es wichtig, dass er umfangreich über Ihren persönlichen Fall informiert ist. Deshalb sollten Sie schon beim ersten Termin einige Unterlagen mitbringen, denn nur dann wird er in der Lage sein, Sie über Zugewinnausgleich, Unterhalt, elterliche Sorge oder Kosten der Scheidung gleich am Anfang zu informieren.

Folgende Unterlagen sollten Sie dabei haben:

- Heiratsurkunde oder Familienstammbuch;
- Geburtsurkunden der Kinder;
- Ehevertrag;
- Mietvertrag;
- falls Sie nicht zur Miete wohnen: Nachweis darüber, wer Eigentümer des Hauses oder der Wohnung ist;
- sonstige Verträge, die Sie mit dem Ehepartner geschlossen haben;
- Versicherungspolicen;
- Auflistung der Bankguthaben und aller Konten sowie eventueller Aktien, von Immobilienbesitz und sonstigem bewertbaren Vermögen wie Sammlungen, Wertanlagen, erhaltene Geschenke oder Erbteile;
- Auflistung sämtlicher Kredite;
- Gehaltsbescheinigung;
- falls ein Geschäft vorhanden ist: Einkommensaufstellung, Gewinn- und Verlustrechnung;
- Aufstellung der persönlichen Lebenshaltungskosten und der laufenden Festkosten wie Miete, Strom, Wasser, Telefon usw.;
- frühere Scheidungspapiere, falls Sie schon einmal verheiratet waren;
- alle einschlägigen Schriftstücke, falls bereits ein Schriftverkehr über Trennung oder Scheidung vorhanden ist.

4. Der Fachanwalt für Familienrecht

Damit Ihr Anwalt Ihre Scheidung kompetent durchführen kann, sollte er möglichst viel Erfahrung im Familienrecht haben. Der Grund ist einleuchtend: In Deutschland gibt es eine schier unüberschaubare Anzahl von Gesetzen. Auch das Familienrecht hat eine große Anzahl von Regelungen und diffiziler Rechtsprechung, sodass heutzutage fast nur noch ein Fachmann in der Lage ist, dies zu überblicken. Zwar darf jeder zugelassene Rechtsanwalt ein Scheidungsverfahren führen. Es ist allerdings unbedingt notwendig, dass er das familienrechtliche Verfahren auch beherrscht. Nicht jeder in Deutschland zugelassene Anwalt ist von vornherein für das familienrechtliche Verfahren qualifiziert.

Auch aus diesen Gründen gibt es seit einigen Jahren den Fachanwalt für Familienrecht. Er hat neben der allgemeinen Anwaltsausbildung eine besondere Zusatzausbildung erhalten. Außerdem muss er nachweisen, dass er innerhalb von drei Jahren mindestens 120 familienrechtliche Fälle bearbeitet hat. Erst dann darf er den Titel „Fachanwalt für Familienrecht“ führen.

Anwälte, die das Familienrecht demgegenüber als Tätigkeitsschwerpunkt auf ih-

rem Kanzleischild oder im Branchenverzeichnis angeben, bringen damit zum Ausdruck, dass sie seit zwei Jahren auf dem Gebiet tätig sind. Sie müssen aber nicht wie der Fachanwalt eine besondere Zusatzausbildung absolviert haben.

Nennt ein Anwalt hingegen das Familienrecht als seinen „Interessenschwerpunkt", sagt das nichts über seine Erfahrungen aus. Er bezeichnet damit das Rechtsgebiet lediglich als eines seiner juristischen Vorlieben. Oft wird dieser Begriff deshalb gerade von Berufsanfängern verwendet.

Achtung: Ohne Zweifel kann natürlich auch ein Anwalt, der kein Fachanwalt für Familienrecht ist, Ihre Scheidungsangelegenheit vortrefflich für Sie lösen. Oft ist es aber für den potenziellen Mandanten schwer, die Erfahrung und die Qualifikation des Rechtsanwaltes einzuschätzen, denn er kann schlecht hinter die Kulissen blicken. Der Zusatztitel „Fachanwalt" weist den Rechtsanwalt jedoch ausdrücklich als spezialisiert auf diesem Gebiet aus. Die Wahrscheinlichkeit, mit dem Fachanwalt für Familienrecht den „besseren" Anwalt zu finden, ist deshalb deutlich größer.

WISO rät: Falls Sie noch keine Erfahrungen mit einem bestimmten Anwalt gemacht haben, ist es sinnvoll, sich an einen Fachanwalt für Familienrecht zu wenden. Im Zweifel wird er über familienrechtliche Feinheiten am besten Bescheid wissen. Außerdem sind solche Fachanwälte häufig auch „emotional" am ehesten dazu in der Lage, Sie zu betreuen. Im Umgang mit Scheidungswilligen haben Sie meistens das richtige Gespür.

Hinzu kommt auch, dass Fachanwälte für Familienrecht im Regelfall mit den entsprechenden Computerprogrammen für ein Scheidungsverfahren ausgestattet sind, die anzuschaffen sich für den „normalen Anwalt" nicht lohnt.

5. Wie finde ich den richtigen Anwalt?

Einen großen Schritt haben Sie schon geschafft, wenn Sie den richtigen Anwalt gefunden haben. Doch das ist gar nicht so leicht. Denn neben der fachlichen Qualifikation ist es für viele Mandanten auch wichtig, auf menschlicher Ebene zu dem Anwalt zu „passen". Dies gilt insbesondere im Scheidungsverfahren, wo es um die Preisgabe familiärer und intimer Angelegenheiten geht. Die Suche nach dem guten Anwalt ähnelt deshalb oft der nach einem guten Arzt: Den richtigen findet man erst, wenn man vorher schon einige andere ausprobiert hat. Das „Durchprobieren" von Anwälten ist jedoch wenig empfehlenswert, denn es kostet Zeit, die Sie in einem Scheidungsverfahren meist nicht haben, und außerdem Geld.

WISO rät: Suchen Sie nicht nur im Branchenverzeichnis nach einem Anwalt. Hören Sie sich auch im Bekannten- und Freundeskreis um. Vielleicht hat einer Ihrer Freunde bei seiner Scheidung gute Erfahrungen mit einem bestimmten Anwalt gemacht.

Wer nicht auf entsprechende Mundpropaganda zurückgreifen kann, für den gibt es andere Möglichkeiten, einen geeigneten Anwalt zu finden:

- **Der Fachanwaltsuchservice** vermittelt ausschließlich Fachanwälte – im Falle einer Ehescheidung wäre das ein Fachanwalt für Familienrecht. Er hat die bundesweite Rufnummer 0800/343 63 88.
  Der Vorteil: Hier wird Ihnen gleich ein Anwalt vermittelt, der sich nachweislich auf das gesuchte Gebiet spezialisiert hat. Doch keine Angst: Fachanwälte sind nicht teurer als „normale" Anwälte. Ihre Leistung zahlen Sie in der Regel nach der Gebührenordnung, und die ist für jeden Anwalt gleich.
- **Die Anwaltskammern,** die es in vielen deutschen Großstädten gibt, haben Auskunftsstellen, die Ihnen einen Anwalt nennen können. In den Anwaltslisten dort ist im Grunde genommen jeder Anwalt verzeichnet, der in Deutschland als Anwalt zugelassen ist.
  Aber Vorsicht: Wenn Sie Wert darauf legen, nur von einem Fachanwalt vertreten zu werden, müssen Sie auch speziell nach einem solchen fragen. Ansonsten laufen Sie Gefahr, dass man Ihnen einen Rechtsanwalt ohne diese Zusatzqualifikation nennt.
- Rechtsanwälte nennt Ihnen auch die **„Deutsche Anwaltauskunft",** die Sie unter der bundesweiten Rufnummer 01805/18 18 05 (0,12 Euro/Minute) beziehungsweise unter der Internet-Adresse www.anwaltauskunft.de erreichen können. Auch hier können Sie natürlich speziell nach einem Fachanwalt fragen.
- Den gleichen Service bietet der **Anwaltsuchservice,** Tel.: 01805/25 45 55 (0,12 Euro/Minute). Zu finden ist dieser auch unter der Internet-Adresse www.anwaltsuchservice.de
- **Advogarant:** Unter der Rufnummer 01805/87 27 27 (0,12 Euro/Minute) werden hier Rechtsanwälte mit mindestens drei Jahren Berufserfahrung vermittelt. Außerdem müssen die für das Familienrecht aufgelisteten Anwälte 30 bearbeitete Fälle auf dem Rechtsgebiet nachweisen können.
  Die Internet-Adresse lautet www.advogarant.de
- **Branchenfernsprechbücher** sollten Sie mit Vorsicht genießen. Sie haben zum Teil mehr Unterhaltungs- als Informationscharakter. Gleichwohl kann man auch hier durch Zufall an den „richtigen Anwalt" geraten.

6. Checkliste für den guten Anwalt

Einem Laien ist es oft gar nicht möglich zu beurteilen, ob ein Anwalt wirklich kompetent ist oder nicht. Es gibt jedoch Indizien, die gegen einen Anwalt sprechen können.

Seien Sie vorsichtig, wenn Sie bei einem Anwalt Folgendes erleben:

- ☐ Die Kanzlei ist fast nie oder nur durch einen Anrufbeantworter zu erreichen.
- ☐ Sie müssen lange auf einen Rückruf warten.
- ☐ Der Anwalt nimmt sich keine Zeit für eine ausführliche Besprechung.
- ☐ Er hält Termine nicht ein.
- ☐ Er kann Ihnen keine Auskunft darüber geben, wie teuer das Scheidungsverfahren ungefähr werden wird.

Gut beraten sind Sie wahrscheinlich, wenn folgende Punkte vorliegen:

- ☐ Jeder dieser Anwälte führt mit Ihnen zunächst ein ausführliches Gespräch über Trennung, Scheidung und Scheidungsfolgen.
- ☐ Er analysiert sodann systematisch Ihr individuelles Problem und den für Sie daraus entstehenden Handlungsbedarf.
- ☐ Er rechnet Ihnen bereits im ersten Termin Unterhalts- und Zugewinnausgleichsansprüche grob aus.
- ☐ Er macht Ihnen schon nach dem ersten Gespräch einen schriftlichen präzisen und vollständigen Vorschlag zur Regelung von Trennung und Scheidung, sofern Sie dies wünschen.
- ☐ Er verwendet die neuesten Computerberechnungsprogramme für Unterhalt, Zugewinn und Versorgungsausgleich.
- ☐ Er erfasst das Prozessrisiko und händigt Ihnen die Berechnungen aus.

WISO rät: Machen Sie Ihrem Anwalt bereits im ersten Gespräch deutlich, was Sie von ihm erwarten. Grundsätzlich ist es sinnvoll, eine Scheidung so friedlich wie möglich abzuwickeln. Das spart Zeit und Nerven und vor allen Dingen viel Geld. Wenn Sie bemerken, dass Ihr Anwalt eher streitsüchtig ist, dann sollten Sie vorsichtig sein.

Wenn Sie im Laufe der Zeit das Vertrauen zu Ihrem Anwalt verlieren oder merken, dass er Ihren Fall nicht in Ihrem Interesse betreut, dann sollten Sie sich nicht scheuen, ihn zu wechseln. Verlangen Sie dann die ihm ausgehändigten Unterlagen umgehend

wieder heraus. Bezahlen müssen Sie nur die Leistung, die er bisher erbracht hat. Langfristig kann ein Wechsel Ihnen unter Umständen sogar Geld sparen, nämlich dann, wenn der neue Anwalt eine andere Strategie verfolgt und Sie dadurch Gerichtskosten sparen.

7. Wie teuer ist der Anwalt?

Die Anwaltsgebühren

Welche Gebühren entstehen und wie diese Gebühren berechnet werden, ergibt sich aus der Bundesgebührenordnung für Rechtsanwälte (BRAGO). Die Kosten für den Anwalt setzen sich zusammen aus

- Anwaltsgebühren,
- Auslagen (in der Regel 20 Euro pauschal),
- Umsatzsteuer auf Gebühren und Auslagen in Höhe von 16 Prozent.

Die Gebühr errechnet sich nach dem Gegenstandswert einer Scheidung. Je nachdem, um wie viel Geld es also in der Scheidung geht, wird eine entsprechende Gebühr fällig. Zwar sind die Gebühren umso höher, je höher auch der Gegenstandswert ist. Die Gebühren sind zugunsten des Mandanten allerdings degressiv gestaffelt. Das bedeutet, dass die Gebühren nicht im selben Verhältnis steigen wie die Gegenstandswerte, sondern prozentual gesehen niedriger werden.

Beauftragt ein Ehepartner nach der Trennung einen Anwalt, dann können für die außergerichtliche Tätigkeit folgende Gebühren anfallen:

- Geschäftsgebühr,
- Besprechungsgebühr,
- Vergleichsgebühr.

In einem Scheidungsprozess werden in der Regel folgende Gebühren für den Rechtsanwalt fällig:

- Prozessgebühr,
- Verhandlungsgebühr,
- Beweisgebühr,
- gegebenenfalls eine Vergleichsgebühr.

Die pauschale Honorarvereinbarung

Ihr Anwalt ist zwar in der Regel an die BRAGO, also die Gebührenordnung für Rechtsanwälte, gebunden. Er kann mit Ihnen allerdings auch eine schriftliche Honorarvereinbarung treffen. Das ist sozusagen ein „Paketpreis“ aufgrund einer Honorarverein-

barung. Sie ist sowohl für den Rechtsanwalt als auch für Sie als seinen Mandanten verbindlich. Manche Anwälte werden nur noch aufgrund einer Honorarvereinbarung tätig. Der Grund: Die Gebührensätze der BRAGO sind nicht sonderlich hoch, eine Scheidung allerdings recht umfangreich.

Sobald der Rechtsanwalt mit Ihnen den Beratungsbedarf, den Handlungsbedarf und das weitere Vorgehen abgesprochen hat, wird er Ihnen einen pauschalen Vorschlag hinsichtlich des Honorars unterbreiten.

WISO rät: Eine Honorarvereinbarung kann für den Mandanten in der Regel teurer kommen, als wenn der Anwalt regulär nach Gebühren abrechnet. Sie sollten deshalb nur dann darauf eingehen, wenn Sie wissen, dass Ihr Anwalt wirklich gut ist, oder wenn Ihr Fall besonders umfangreich ist.

Honorarvereinbarung auf Stundenbasis

Zulässig ist es auch, mit dem Rechtsanwalt eine Honorarvereinbarung auf Stundenbasis zu treffen. Seien Sie hier jedoch vorsichtig. Die Kosten sind für Sie nicht von vornherein kalkulierbar, da niemand vorhersehen kann, wie viele Stunden Ihr Anwalt an Ihrem Fall arbeiten wird.

XVII. Neuer Name

1. Die „Patchwork-Familie"

Beispiel: Christian und Susanne Wilhelm sind mittlerweile geschieden. Für die beiden Kinder Nina und Tim hat nun Susanne das alleinige Sorgerecht. Sie lebt jetzt mit ihrem neuen Freund Markus und den beiden Kindern zusammen. Markus versteht sich gut mit Susannes Kindern aus erster Ehe. Als Susanne von Markus schwanger wird, beschließen sie zu heiraten. Weil Markus ein Geschäft hat, kommt es für ihn nicht in Frage, seinen Namen aufzugeben. Sie vereinbaren deshalb, dass Susanne seinen Namen annehmen soll. Doch je näher der Hochzeitstermin rückt, desto mehr kommen Susanne Zweifel. Sie möchte, dass in Zukunft alle fünf eine richtige Familie sind, und sie befürchtet, dass sich Tim und Nina ausgeschlossen fühlen, wenn sie einen anderen Namen tragen als Markus, Susanne und das gemeinsame Kind. Sie will deshalb, dass Tim und Nina ebenfalls den neuen Familiennamen annehmen.

2. Wie bekommt ein Kind überhaupt einen Namen?

Mit unserem Namen identifizieren wir uns, er prägt sich bei anderen ein, er vermittelt ein Zugehörigkeitsgefühl zur Familie. Er begleitet uns in der Regel ein Leben lang, zumindest aber so lange, bis er eventuell bei einer Hochzeit abgelegt wird. Welchen Nachnamen ein Kind bekommt, ist für die meisten Eltern deshalb besonders wichtig.

Der Gesetzgeber hat am 1.7. 1998 einige Änderungen im Namensrecht vorgenommen. Danach gibt es mittlerweile verschiedene Möglichkeiten, ein Kind zu nennen:

- Die einfachste Konstellation: Die Eltern sind verheiratet und haben bei der Geburt des Kindes einen gemeinsamen Familiennamen. Diesen Familiennamen bekommt automatisch auch das Kind.
- Schwieriger wird es schon, wenn die Eltern keinen gemeinsamen Namen haben. Üben sie das Sorgerecht für das Kind gemeinsam aus, wie das bei Eheleuten eigentlich die Regel ist, dann haben die Eltern das Wahlrecht zwischen ihren Nachnamen. Aber wenn sie sich einmal entschieden haben, gibt es kein Zurück mehr. Alle weiteren Kinder erhalten dann denselben Namen.
- Bisweilen kommt es vor, dass sich die Eltern bei der Geburt des Kindes nicht entscheiden können, welchen der beiden Nachnamen es tragen soll. In solchen Fällen bestimmt das Familiengericht einen Elternteil, der dann den Nachnamen alleine bestimmen darf.

- Bei nichtehelichen Lebensgemeinschaften kommt es häufig vor, dass das Sorgerecht für das Kind nur bei einem Elternteil liegt. Bei der Geburt bekommt es dann automatisch dessen Nachnamen. Das muss aber nicht so sein. Die Eltern können sich auch dafür entscheiden, dass das Kind den Namen des anderen bekommen soll.
- Mittlerweile ist es üblich geworden, bei der Hochzeit einen Doppelnamen anzunehmen. Familienname ist dann der Name, den der eine Ehegatte an seinen Namen voran- oder hintangestellt hat. Diesen Namen bekommt dann das Kind bei der Geburt.

Beispiel: Marion Hamann heiratet Peter Müller. Peter behält seinen Namen. Marion heißt von nun an Marion Hamann-Müller. Der Familienname und somit auch Nachname des Kindes ist Müller.

- Eine Zeit lang war es möglich, dem Kind aus den unterschiedlichen Nachnamen der Eltern einen Doppelnamen zu geben. Das geht mittlerweile nicht mehr. Eine Ausnahme gibt es aber für Geschwister von Kindern, die einen Doppelnamen aus der Zeit haben, als dies noch möglich war. Denn die Kinder sollten immer alle denselben Namen tragen.

3. Was passiert mit dem Namen nach der Scheidung?

Name der Ehepartner

Lässt sich ein Ehepaar scheiden, dann behält es trotzdem den Ehenamen weiter, auch dann, wenn er nicht der Geburtsname war. Doch gerade wenn die Geschiedenen damals bei der Hochzeit den Namen des anderen angenommen haben, ist der Ehename manchmal mit unangenehmen Erinnerungen verbunden. Sie haben dann die Möglichkeit, nach der Scheidung den Ehenamen wieder abzulegen. Erforderlich hierzu ist eine Erklärung gegenüber dem Standesamt, welchen Namen sie dann wieder annehmen wollen. Hier gibt es verschiedene Möglichkeiten:

- Sie nehmen wieder Ihren Geburtsnamen an.
- Sie nehmen den Namen an, den Sie bis zur Bestimmung des Ehenamens geführt haben.
- Sie können Ihren Geburtsnamen dem Ehenamen voranstellen oder hinten anfügen und damit einen Doppelnamen führen.

Name der Kinder

Nach einer Scheidung behält das Kind in der Regel den Namen, den es auch vor der Scheidung getragen hat. Susannes Kinder Tim und Nina heißen also weiterhin Wilhelm mit Nachnamen. Allerdings gibt es häufig Probleme in so genannten Patchwork-Familien. Das sind Familien wie die von Susanne, Markus, Tim, Nina und dem Baby, die nach einer Scheidung und anschließender Heirat mit einem neuen Partner regelrecht „zusammengesetzt" sind. Da kann es durchaus vorkommen, dass sämtliche Familienmitglieder unterschiedliche Namen tragen, vor allem dann, wenn beide Partner Kinder aus einer vorangegangenen Ehe haben.

Ein Extrembeispiel: Peter und Marie Sonntag sind verheiratet und haben zwei Kinder, Julius und Philipp. Nach der Scheidung, bei der Marie die Kinder behält, nimmt sie wieder ihren Mädchennamen Becker an. Die Kinder heißen weiterhin Sonntag. Marie lernt ein Jahr später Max Fischer kennen, der ebenfalls ein Kind, Lilly, aus erster Ehe hat. Lilly heißt mit Nachnamen Schneider. Das war ursprünglich der Familienname, weil Max bei der Hochzeit den Namen seiner Frau angenommen hatte. Nach der Scheidung hat er ihn wieder abgelegt. Als Marie und Max heiraten, behalten beide ihre Namen. Die Familienmitglieder heißen jetzt: Max Fischer und Marie Becker mit den Kindern Julius und Philipp Sonntag sowie Lilly Schneider.

Will ein Elternteil, dass die Kinder den Namen der neuen Familie bekommen sollen, kann dieser beim Standesamt die Namensänderung beantragen. Ohne Probleme erfolgt die Umschreibung allerdings nur, wenn der andere leibliche Elternteil mit der Namensänderung einverstanden ist. In der Praxis sieht das oft anders aus: Der Expartner wehrt sich dagegen. Er verweigert gegenüber dem zuständigen Standesamt seine Zustimmung. Das Standesamt darf dann die Namensänderung nicht vornehmen. Es verweist den antragstellenden Elternteil an das zuständige Gericht.

Dort werden die Beteiligten dann noch einmal angehört. Der Namensänderung wird in der Regel aber nur zugestimmt, wenn diese für das Kindeswohl erforderlich ist. Wird das Kind beispielsweise gehänselt oder fühlt es sich nicht in die neue Familie integriert und leidet sehr darunter, weil etwa Stiefgeschwister einen anderen Namen haben, wird der Namensänderung zugestimmt.

In unserem Ausgangsfall möchte Christian Wilhelm nicht, dass seine Kinder den Namen der neuen Familie annehmen. Für ihn ist es wichtig, dass sie weiterhin seinen Namen tragen. Er hat Angst, dass sie sich nach der Namensänderung vielleicht nicht mehr zu ihm gehörig fühlen. Das Gericht wird in diesem Zusammenhang genau die einzelnen Interessen der Beteiligten abwägen und insbesondere das Kindeswohl berücksichtigen.

WISO rät: Überlegen Sie sich gut, ob Sie Ihrem Kind eine Namensänderung zumuten wollen. Die Integration in eine neue Familie sollte nicht über den Namen, sondern mit viel Liebe stattfinden. Außerdem ist eine Familie mit verschiedenen Nachnamen heutzutage nichts Besonderes mehr. Die Gesellschaft ist offener geworden. Gerade im Falle von Scheidungen ist der Nachname das letzte Band, das das Kind noch mit dem anderen Elternteil verbindet. Viele Kinder empfinden es als sehr belastend, wenn dieses letzte Band zerschnitten wird. Außerdem sind die Scheidungsraten der zweiten Ehen höher als die der ersten Ehen – statistisch gesehen. Für das Kind kann das Auseinanderbrechen der zweiten Ehe bedeuten, dass es weiterhin den Namen einer Familie trägt, zu der es vielleicht gar keinen Kontakt mehr haben wird. Eine Namensänderung sollte deshalb nur dann angestrebt werden, wenn das Kind darunter leidet, dass es seinen Namen behalten muss.

XVIII. Nichteheliche Lebensgemeinschaft

1. Kein Trauschein – trotzdem rechtliche Pflichten

Beispiel: Luzie und Rainer Schenke sind absolute Gegner der Ehe. Zwar leben sie schon seit Jahren zusammen wie ein Ehepaar – sie haben sogar ein gemeinsames zweijähriges Kind namens Anna –, ein Leben mit Trauschein stand für sie aber nie zur Debatte. Während des Zusammenlebens haben sie einige Anschaffungen gemacht: Die Küche, das Schlafzimmer und die Wohnzimmercouch haben sie gemeinsam gekauft. Für Luzies Auto haben sie einen Ratenkredit aufgenommen. Der Mietvertrag für die Wohnung läuft auf beider Namen. Wegen des Kindes hat Luzie ihren Job als Schneiderin auf ein Minimum reduziert. Im Laufe der Zeit verschlechtert sich die Beziehung immer mehr, Rainer stürzt sich in die Arbeit, Luzie reist immer öfter mit Anna zu ihren Eltern aufs Land. Schließlich beschließen sie die Trennung.

2. Unterschiede zur Ehe

Der Gesetzgeber hat es ganz klar ausgesprochen: Ehe und Familie stehen unter dem besonderen Schutz der staatlichen Ordnung. So steht es in Artikel 6 des Grundgesetzes. Und vor einigen Jahrzehnten waren Partnerschaften, die ohne Trauschein geführt wurden, von den Betroffenen tatsächlich nur sehr schwierig zu meistern. So bekam man als nichtverheiratetes Paar keinen Mietvertrag über eine Wohnung. Auch die gesellschaftliche Anerkennung blieb solchen Liebenden meist verwehrt. Heute sieht die Sache ganz anders aus. „Wilde Ehen“ sind nichts Anstößiges mehr, sondern eine ganz normale, allgemein anerkannte und nicht mehr hinterfragte Form des Zusammenlebens.

Der Gesetzgeber hat die nichteheliche Lebensgemeinschaft der Ehe sogar in einigen Punkten gleichgestellt. So wird bei der Berechnung von Sozial- oder Arbeitslosenhilfe das Einkommen des Partners mitberücksichtigt. Auf der anderen Seite werden die nichtverheirateten Paare steuerlich so behandelt, als ob sie alleinstehend sind. Wenn der Partner stirbt, dann müssen sie im Erbfall den gleichen hohen Steuersatz zahlen, den beispielsweise der mitbedachte Nachbar zahlen müsste. Gleichzeitig haben Unverheiratete nur einen wesentlich geringeren Erbschaftssteuerfreibetrag.

3. Wer bekommt was bei der Trennung?

Jeder behält, was ihm gehört

Wenn unverheiratete Paare sich trennen, stehen sie vor genau dem gleichen Problem wie Eheleute: Wer kriegt was? Denn nicht alle unverheirateten Paare achten schon in guten Zeiten darauf, wer was anschafft. Kauft einer der Partner zum Beispiel alleine das Sofa, der andere den Schlafzimmerschrank, dann ist klar, dass jeder seine Gegenstände nach einer Trennung behalten darf.

WISO rät: Führen Sie möglichst eine so genannte Inventarliste. Denn gerade in jungen Beziehungen ist das Vermögen zwar noch überschaubar, dennoch kann leicht in Vergessenheit geraten, wer was gekauft hat. In die Inventarliste wird eingetragen, wem was gehört und wer was für den gemeinsamen Haushalt angeschafft hat. Gibt es im Falle einer Trennung Streit, dann müssen Sie einfach nur die Inventarliste aus dem Schrank ziehen.

Gemeinsam angeschaffte Gegenstände

Schwieriger ist es natürlich bei Gegenständen, die man gemeinsam angeschafft hat. Luzie und Rainer haben sich die Küche, das Schlafzimmer und die Couch zusammen gekauft und bezahlt. Gerade bei solchen Gegenständen kommt es häufig zu Streit.

Eine Aufteilung kommt nicht in Betracht, weil sowohl die Küche als auch das Schlafzimmer in Einzelteilen an praktischem Nutzen verlieren. Rainer schlägt zwar vor, dass er die Küche nimmt und Luzie die Couch sowie das Schlafzimmer. Doch damit ist Luzie nicht einverstanden.

WISO rät: In solchen Fällen bleibt nur noch die Möglichkeit, sich nach den Regeln über die Auflösung einer Gemeinschaft zu einigen. Danach ist vorgesehen, dass die Gegenstände verkauft oder öffentlich versteigert werden und sich die Expartner den Erlös dann teilen. Bei Gegenständen, die sich teilen lassen, wie die Sammlung von Blumenvasen, kann man auch das Los entscheiden lassen.

Für letztere Möglichkeit haben sich jetzt auch Rainer und Luzie entschieden. Der Grund: Bei einem Verkauf würden sie nur einen Bruchteil des Wertes, den die Gegenstände haben, erlösen. Und da sie sich die gleichen Sachen sowieso noch einmal kaufen würden und dafür wieder den Neupreis zahlen müssten, hätten sie ein schlechtes Geschäft gemacht. Zwar sind Couch, Wohnzimmer und Küche nicht teilbar. Die Küche hat aber etwa den gleichen Wert wie Couch und Wohnzimmer zusammen.

Beide haben also doch noch einmal Rainers Vorschlag aufgenommen. Das Los entscheidet jetzt, wer was bekommt.

Ausgleich von Leistungen

Jeder kennt das: Im Verlauf einer Beziehung, die immer enger wird, vermischen sich auch die finanziellen Leistungen immer mehr. Gemeint ist etwa der Mann, der sich ein Auto kauft, um damit zur Arbeit zu fahren, und von seiner Partnerin dafür 5.000 Euro dazubekommt, oder die Frau, die ein Grundstück mit einem alten Haus erbt, das der Mann dann mit erheblicher Eigenleistung modernisiert, damit beide darin leben können. Geht eine Beziehung dann zu Bruch, ist der Streit ums Geld vorprogrammiert.

Immer wieder beschäftigen sich die Gerichte mit solchen Fällen, in denen ein Partner das Geld, das er hier investiert hat, vom anderen zurück haben will. So verständlich und oft auch gerecht dieses Begehren ist – die Gerichte haben hierzu eine ganz andere Rechtsprechung entwickelt: In den Fällen, in denen die Leistung erbracht wurde, um die Lebensgemeinschaft zu verwirklichen, findet kein Ausgleich statt. Kommt ein Partner also während der Beziehung komplett alleine für die Kosten des täglichen Einkaufs auf, weil er wesentlich mehr verdient, dann kann er nach der Trennung nicht die Hälfte davon zurückverlangen.

Genauso verhält es sich auch im Fall von Luzie und Rainer. Rainer kann nicht bereits gezahlte Raten für Luzies Auto zurückverlangen. Denn sie haben das Auto angeschafft, damit Luzie zu Kundinnen fahren kann, für die sie schneidert. Weil sie also die Anschaffung gemacht haben, um die Lebensgemeinschaft zu verwirklichen, findet kein Ausgleich statt.

Der Grund für diese Rechtsprechung: Wer eine nichteheliche Lebensgemeinschaft führt, will keine rechtlichen Bindungen eingehen. Gerade das ist ja auch der Unterschied zur Ehe.

WISO rät: Treffen Sie klare Absprachen, am besten schriftlich. Wenn die Beziehung jung ist und beide noch frisch verliebt, denkt man nicht gerne an die Folgen der Trennung. Gerade dann sollte man aber darüber sprechen, ob man gemeinsame Anschaffungen macht und was mit ihnen im Falle einer Trennung passieren soll. Denn in einer funktionierenden Beziehung ist die Luft noch klar, nach der Trennung lässt sich schlechter verhandeln. Es gibt viele Paare, die bei einer gemeinsamen Anschaffung richtige Verträge machen und deren Beziehung darunter nicht leidet.

Die Rechtsprechung der Gerichte ist allerdings nur grundsätzlich, und wie bei jedem Grundsatz gibt es natürlich Ausnahmen. So findet ein Ausgleich sehr wohl statt, wenn die erbrachten Leistungen zum Aufbau von gemeinsamem Vermögen bestimmt waren. Haben etwa beide Partner regelmäßig in einen Aktienfonds eingezahlt, der nur

auf den Namen des einen läuft, dann kann der andere nach der Trennung seinen Anteil herausverlangen. Der Grund: Die Investition in einen Aktienfonds geht über die Verwirklichung einer Lebensgemeinschaft hinaus. Hier soll regelrecht ein gemeinsames Vermögen erwirtschaftet werden, beispielsweise um für das Alter vorzusorgen.

WISO rät: Bewahren Sie in solchen Fällen unbedingt Kontoauszüge oder Einzahlungsbelege auf. Falls Sie im Vorfeld keine klare Absprache für den Fall der Trennung getroffen haben, können Sie so beweisen, wie viel Geld Ihnen zusteht.

Bei nichtehelichen Lebensgemeinschaften wird außerdem kein Versorgungsausgleich durchgeführt. Daher sollten Sie sich so früh wie möglich Gedanken über Ihre Rentenansprüche machen und entsprechende Vorsorge treffen – besonders wenn einer von beiden Partnern zu Hause bleibt und die gemeinsamen Kinder versorgt. Einen Ausgleich kann insofern eine private Rentenversicherung zugunsten des nicht berufstätigen Partners schaffen.

Vollmachten

In einigen Beziehungen geht das Vertrauen zum anderen so weit, dass man sich sogar Vollmachten erteilt. Das können zum Beispiel Vorsorgevollmachten sein. Darin entscheiden die Partner, dass der andere für sie Entscheidungen treffen darf, falls ein Notfall eintritt, oder einer erteilt dem anderen Kontovollmacht. Mit der Trennung erlöschen solche Vollmachten automatisch. Dennoch sollten Sie sich darauf nicht verlassen. Die Bank kann Ihnen schließlich nicht ansehen, ob Ihre Beziehung noch intakt ist. Falls Ihr Expartner die Vollmacht missbraucht und trotzdem Geld von Ihrem Konto abhebt, können Sie den Betrag von ihm zurückverlangen. Die Banken können Sie aber nicht haftbar machen.

WISO rät: Widerrufen Sie im Falle der Trennung ausdrücklich sämtliche erteilten Vollmachten. So wissen beispielsweise die Banken, dass Ihr Expartner nicht mehr berechtigt ist. Sie dürfen ihm dann kein Geld mehr auszahlen. Und Sie ersparen sich die Mühe, das Geld von ihm zurückzufordern, falls er doch etwas behoben hat. Dann muss die Bank für das Versäumnis geradestehen.

4. Unterhalt des Partners

Anders als bei Eheleuten, die sich scheiden lassen, haben Paare ohne Trauschein im Falle einer Trennung keinen Anspruch auf Unterhalt. Anders ist der Fall, wenn ein gemeinsames Kind vorhanden ist. Nichteheliche Mütter können vom Vater des Kindes Unterhalt – und zwar nicht nur für das Kind, sondern auch für sich – verlangen. Der

Unterhaltsanspruch beginnt sechs Wochen vor der Geburt und endet acht Wochen danach. Allerdings verlängert sich der Unterhaltsanspruch auf drei Jahre nach der Geburt, wenn

- von der Mutter eine Erwerbstätigkeit nicht erwartet werden kann. Und das ist in der Regel immer dann der Fall, wenn das Kind noch nicht drei Jahre alt ist.
- die Mutter wegen einer Krankheit, die durch Schwangerschaft oder Geburt ausgelöst worden ist, nicht erwerbsfähig ist.

In Ausnahmefällen kann sich der Unterhaltsanspruch aber noch weiter verlängern; zum Beispiel dann, wenn das Kind behindert ist und deshalb einen erhöhten Pflegebedarf hat.

Luzie kann also von Rainer wegen der Versorgung der Tochter Anna Unterhalt verlangen, weil Anna erst zwei Jahre alt ist. Ausnahmsweise kann von der Mutter eine Halbtagsbeschäftigung erwartet werden, wenn etwa eine gute Kinderkrippe in der Nähe ist oder die Großeltern sich bereit erklären, das Kind während der Arbeitszeit der Mutter zu versorgen. In Luzies Fall wohnt die Mutter aber weit draußen auf dem Lande, die Versorgung von Anna wäre nur mit viel Mühe zu bewältigen. Einige Gerichte gehen allerdings davon aus, dass eine Mutter immer selbst entscheiden soll, ob sie ihr Kind selbst betreuen will oder nicht.

Luzie arbeitet im kleinen Stil an den Abenden weiter in ihrem Beruf als Schneiderin. Das ist dann möglich, wenn Anna schon schläft. Sie verdient dabei monatlich etwa 500 Euro. Weil sie diese Arbeit ausübt, obwohl ihr das eigentlich nicht zumutbar ist, muss sie sich nur die Hälfte ihres Verdienstes, also 250 Euro, auf ihren Unterhaltsanspruch anrechnen lassen.

Übrigens: Würden Rainer und Luzie sich darauf einigen, dass er die Versorgung von Anna übernimmt, dann hätte er natürlich dieselben Ansprüche gegen Luzie. Die Höhe des Unterhalts für Luzie richtet sich nach ihrem Bedarf und lässt sich nicht allgemein festsetzen. Der Bedarf ist abhängig von ihrem früheren Einkommen. Bei allen Unterhaltsberechnungen ist aber auch immer zu beachten: Dem Zahlungspflichtigen muss noch etwas bleiben, nämlich der so genannte Selbstbehalt. Dieser beträgt derzeit 1.000 Euro in den alten Bundesländern und 925 Euro in den neuen Bundesländern.

5. Unterhalt für gemeinsame Kinder

Für das Kind müssen beide Eltern finanziell aufkommen. Derjenige, der das Kind bei sich hat, leistet alleine durch die Betreuung schon seinen Anteil. Der andere muss Unterhalt zahlen.

Die Höhe richtet sich nach den Sätzen der Düsseldorfer Tabelle (Stand 1.7.2001), in den neuen Bundesländern nach der Berliner Vortabelle. Früher galten die Tabellen

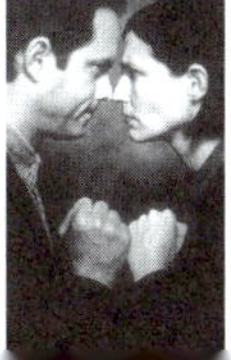

nur für eheliche Kinder, uneheliche Kinder bekamen einen Standard-Unterhaltssatz. Doch im Unterhaltsrecht sind die nichtehelichen den ehelichen Kindern jetzt gleichgestellt. Die Höhe des Unterhalts richtet sich damit nach den finanziellen Verhältnissen des zahlungspflichtigen Elternteils.

Im Fall muss also Rainer Unterhalt für sein Kind Anna zahlen, weil das bei der Mutter lebt. Die Höhe des Kindesunterhalts richtet sich genau wie bei ehelichen Kindern nach seinem bereinigten Nettoeinkommen.

6. Was wird aus den gemeinsamen Kindern?

Sorgerecht

In vielen Fällen hat immer noch die Mutter das alleinige Sorgerecht, wenn sie mit dem Vater des Kindes nicht verheiratet ist. Anders als bei verheirateten Paaren haben nichteheliche Lebenspartner also nicht automatisch das gemeinsame Sorgerecht für den Nachwuchs. Diese grundsätzliche Zuweisung des Sorgerechts an die Mutter des nichtehelichen Kindes ist nach einer Entscheidung des Bundesverfassungsgerichts vom 29. Januar 2003 (AZ: 1 BvL 20/99) verfassungsrechtlich auch nicht zu beanstanden. Sie verstößt nach Auffassung der Richter nicht gegen das Elternrecht des Vaters des nichtehelichen Kindes.

Seit dem 1.7.1998 ist es nichtehelichen Lebenspartnern aber möglich, das gemeinsame Sorgerecht für ihr nichteheliches Kind zu wählen, wenn beide das wünschen. Das wird von vielen Elternpaaren gerne genutzt. Trennen sich Vater und Mutter, dann bleibt es, wie bei Eheleuten auch, bei diesem gemeinsamen Sorgerecht. Das sollte eigentlich der Normalfall sein.

Bei Rainer und Luzie sieht die Sache anders aus. Luzie will das alleinige Sorgerecht für Anna. Der Grund: Rainer hat sich in der Vergangenheit immer nur nach Feierabend um Anna kümmern können. Nach der Trennung wird das nach Luzies Ansicht eher noch weniger werden. Sie möchte daher alle Entscheidungen, die Anna betreffen, lieber alleine fällen. Luzie muss jetzt einen Antrag beim Familiengericht stellen, ihr das alleinige Sorgerecht zu übertragen. Das Gericht wird diesen Antrag dann genau prüfen. Es wird Luzies Antrag aber nur dann zustimmen, wenn

- Rainer als der andere Elternteil zustimmt oder
- die Übertragung des Sorgerechts auf Luzie dem Wohl des Kindes entspricht.

Um zu einer Entscheidung zu kommen, kann das Gericht sich die Standpunkte beider Eltern anhören, das Kind befragen, ein Sachverständigengutachten einholen oder auch einen Bericht des Jugendamtes einfordern.

Umgangsrecht

Wie bei geschiedenen Paaren gibt es auch bei einer Trennung nichtehelicher Lebensgemeinschaften häufig Probleme mit dem Umgangsrecht. Was immer wieder vorkommt: Nach der Trennung will ein Elternteil dem Kind den Umgang mit dem anderen Elternteil verbieten. Früher war das durchaus möglich und in der Praxis waren es meist die Väter, die das Nachsehen hatten.

Seit dem 1.7.1998 haben nichteheliche Väter das Recht auf Umgang mit ihrem Kind. Natürlich steht dieses Recht auch den Müttern zu, deren Kind beim Vater bleibt. Dadurch wird nicht nur das Recht der Eltern auf Umgang mit ihrem Kind gestärkt. Auch die Kinder haben jetzt einen Anspruch auf Umgang mit ihren Eltern. Im Interesse des Kindes sollten die Eltern natürlich versuchen, das Umgangsrecht möglichst unkompliziert und konfliktfrei zu regeln. Auch Regelmäßigkeit spielt für Kinder eine wichtige Rolle. Können sich die Eltern nicht einigen oder verhindert ein Elternteil den Umgang des Kindes mit dem anderen, dann kann das Familiengericht entscheiden. Die Entscheidung ist immer vom Einzelfall abhängig und richtet sich immer nach dem Wohl des Kindes – genau wie beim Sorgerecht.

WISO rät: Versuchen Sie unter allen Umständen im Interesse Ihres Kindes eine einverständliche Regelung zu finden, an der Sie auch konsequent festhalten. Abweichen sollten Sie von der Regelung nur dann, wenn sich im Alltag des Kindes Änderungen ergeben oder wenn das Kind selbst es will. Eine Regelung, die Sie selbst gemeinsam erarbeiten, ist allemal besser als eine, die Ihnen das Gericht verordnet. Das Gericht sollte nur die letzte Anlaufstelle sein. Beziehen Sie Ihr Kind, wenn es alt genug ist, in die Planung mit ein. Tragen Sie Spannungen nicht vor dem Kind aus. Das sollte selbstverständlich sein!

7. Wer darf in der Wohnung bleiben?

Die Wohnung gehört einem allein

Eine Trennung wird auch immer dann erschwert, wenn beide Partner in einer Wohnung zusammengelebt haben. Es gibt somit immer einen, der sein bisheriges Zuhause aufgeben muss. Solche Fälle sind in der Regel dann unproblematisch, wenn einer der Partner in der Vergangenheit in die Wohnung seines Partners gezogen ist, auf den auch der Mietvertrag läuft, oder der sogar Eigentümer der Wohnung oder des Hauses ist. Der zugezogene Partner wird im Falle einer Trennung aus der Wohnung ausziehen müssen. Probleme gibt es dann, wenn der Expartner die Trennung nicht akzeptiert und nicht ausziehen will. Dann bleibt dem anderen im Notfall nur noch die Möglichkeit, Räumungsklage bei Gericht zu erheben. Wenn es schnell gehen soll, dann kann er auch eine einstweilige Verfügung bei Gericht beantragen.

WISO rät: Setzen Sie den anderen nicht einfach vor die Tür, indem Sie die Schlösser austauschen und er die Wohnung nicht mehr betreten kann. In solchen Fällen kann er eine einstweilige Verfügung bei Gericht beantragen, das ihm dann erlauben kann, Ihre Wohnung wieder zu betreten. Der Grund: Auch derjenige, der nicht Eigentümer oder Mieter der Wohnung ist, genießt Besitzschutz. Solange er nicht eine neue Bleibe gefunden hat und sogar seine persönlichen Sachen noch in der Wohnung hat, müssen Sie ihm Zutritt gewähren.

Die Wohnung gehört beiden

Schwierig ist es, wenn beiden Expartnern die Wohnung gehört, etwa weil sie beide Mieter sind. Wenn sie sich nicht einigen können, wer von beiden auszieht oder ob beide die Wohnung verlassen, dann ist Streit vorprogrammiert.

Sind beide gemeinsam Mieter der Wohnung, dann ist es zwar möglich, dass einer alleine in der Wohnung bleibt. Rein rechtlich ist es aber so, dass dazu beide erst einmal den Mietvertrag kündigen müssen. Der Vermieter wird dann mit einem der Partner einen neuen Mietvertrag schließen. Doch egal, ob beide oder nur einer ausziehen will: Der Mietvertrag muss durch beide gekündigt werden.

WISO rät: Weigert sich Ihr Partner, die Kündigungserklärung abzugeben, so müssen Sie wissen, dass Sie hierauf einen Anspruch haben, den Sie sogar vor Gericht einklagen können. Der Anspruch beginnt dann, wenn Sie sich getrennt haben.

In einigen wenigen Fällen ist es möglich, dass das Gericht die Wohnung einem der Partner zuweist. In Betracht kommt das dann, wenn damit eine schwere Härte vermieden werden soll. Die liegt dann vor, wenn einer der Partner den anderen misshandelt, wenn er alkoholabhängig ist, ständig randaliert oder wenn die Kinder durch ihn schweren Belastungen ausgesetzt sind. Das Familiengericht kann dem anderen Partner dann auf Antrag die Wohnung zuweisen.

XIX. Die eingetragene Lebenspartnerschaft

1. Wenn die Homoehe in die Brüche geht

Beispiel: Peter Steiner und Markus Baumann sind seit vier Jahren zusammen. Weil es in ihrer Beziehung gut läuft und sie ihre Liebe auch nach außen bekunden wollen, geben sie sich das Ja-Wort. Außerdem zieht Peter zu Markus. Während Markus seinem Beruf als Rechtsanwalt weiter nachgeht, gibt Peter seinen Job als Lehrer auf und kümmert sich um den Haushalt. Am Anfang ist das Glück groß, doch nach fünf Jahren beginnt die Partnerschaft zu kriseln. Markus geht fremd. Die Lebensgemeinschaft geht daraufhin in die Brüche, die beiden trennen sich.

2. So funktioniert's

Am 1. August 2001 ist in Deutschland das „Lebenspartnerschaftsgesetz" in Kraft getreten (siehe Anhang). Homosexuelle können nun ihre Partnerschaft offiziell eintragen lassen. Sie haben sich somit Rechte und Pflichten erkämpft, die denen der Ehe ähnlich sind.

Schwule und Lesben können aber nur dann den gleichgeschlechtlichen Bund des Lebens eingehen, wenn beide unverheiratet und volljährig sind. Und ganz wie bei der traditionellen Ehe auch ist es ihnen nicht möglich, die Partnerschaft nur für eine bestimmte Dauer zu schließen. Unzulässig ist es deshalb zum Beispiel, eine Lebenspartnerschaft „für die Zeit von fünf Jahren" zu vereinbaren.

Wer den Schritt wagen möchte, muss die Partnerschaft offiziell registrieren lassen. Dafür müssen die Partner bei gleichzeitiger Anwesenheit der zuständigen Behörde gegenüber persönlich ihr „Ja-Wort" geben.

Wo können sich die Lebenspartner das Ja-Wort geben?

Welche Behörde zuständig ist, hängt von dem jeweiligen Bundesland ab, in dem die Homoehe geschlossen wird. In Berlin, Bremen, Hamburg, Niedersachsen, Sachsen-Anhalt, Schleswig-Holstein, Mecklenburg-Vorpommern und Nordrhein-Westfalen ist das jeweilige Standesamt der Gemeinde zuständig. Wer in Rheinland-Pfalz die Partnerschaft eintragen lassen möchte, muss zur jeweiligen Kreis- oder Stadtverwaltung. In

Baden-Württemberg sind es in den Landkreisen die Landratsämter und in den Stadtkreisen die Gemeinden. In Hessen sind es ebenfalls die Gemeinde- und Stadtverwaltungen. In kreisfreien Städten sind das die Stadtverwaltungen. In Bayern sind die Notare zuständig. Im Saarland sind es die Gemeinden, in Sachsen die Regierungspräsidien, und wer in Thüringen getraut werden will, muss sich an die Landkreise oder die kreisfreien Städte wenden.

Unerlässlich: Die Erklärung über den Vermögensstand

Anders als bei der konventionellen Eheschließung müssen die Lebenspartner bei Eingehung der Homoehe eine Erklärung über ihren künftigen Vermögensstand abgeben. Dieser regelt, was in Zukunft mit dem Vermögen der Lebenspartner passiert.

Die Partner können dabei entweder den gesetzlich vorgesehenen Vermögensstand der Ausgleichsgemeinschaft wählen oder vor einem Notar einen Lebenspartnerschaftsvertrag abschließen, in dem sie eine abweichende Regelung treffen.

Die Ausgleichsgemeinschaft

Die Ausgleichsgemeinschaft entspricht der eherechtlichen Zugewinngemeinschaft. Jeder behält das Vermögen, das er mit in die Partnerschaft bringt. Auch das, was die Lebenspartner während der Homoehe an Vermögen erwirtschaften, gehört jedem allein. Dabei verwaltet jeder Partner sein Vermögen selbst. Natürlich können aber beide ein gemeinsames Konto führen oder sich gegenseitig Kontovollmacht erteilen.

Scheitert die Lebenspartnerschaft, wird der Überschuss, den die Lebenspartner während ihrer Ehe erwirtschaftet haben, ausgeglichen. Grob vereinfacht wird bei der Aufhebung also zusammengerechnet, was jeder Partner während der Ehe an Vermögen und Schulden erwirtschaftet hat. Bleibt etwas übrig, bekommt jeder vom Überschuss wertmäßig die Hälfte.

Der Lebenspartnerschaftsvertrag

Wollen die Partner die Ausgleichsgemeinschaft teilweise einschränken oder einen anderen Vermögensstand vereinbaren, müssen sie dafür zum Notar gehen. Dort können sie einen anderen Güterstand vereinbaren.

Die modifizierte Ausgleichsgemeinschaft

Die Lebenspartner können von der Ausgleichsgemeinschaft bestimmte Vermögensgegenstände, wie zum Beispiel Gesellschaftsbeteiligungen, ausschließen.

Sie können die Ausgleichsgemeinschaft aber auch auf einen bestimmten Fall beschränken, indem sie zum Beispiel vereinbaren, dass die Ausgleichsgemeinschaft nur

für den Fall des Todes einer der Partner enden soll, nicht aber bei der Aufhebung der Lebenspartnerschaft.

Welche Änderungen im Einzelnen zulässig sind, sollten Sie mit dem Notar besprechen.

Die Vermögenstrennung
Die Lebenspartner können durch notariellen Vertrag auch vereinbaren, dass jeder sein eigenes Vermögen erwirtschaftet und verwaltet und der Vermögensüberschuss bei der Aufhebung der Ehe nicht geteilt wird.

Vorsicht: Die Vermögenstrennung bietet in der Regel dem wirtschaftlich schwächeren Lebenspartner wenig Schutz. Überlegen Sie sich deshalb gut, ob die Vermögenstrennung in Ihrem individuellen Fall wirklich sinnvoll ist.

WISO rät: Erkundigen Sie sich rechtzeitig bei einem Notar, wie Sie Ihre Vermögensverhältnisse regeln wollen, und berücksichtigen Sie dabei auch den Fall eines Scheiterns der Lebenspartnerschaft. Die Erfahrung zeigt: Solange man sich gut versteht, sind einverständliche Regelungen auch für den „schlimmsten" Fall leichter zu treffen. Stellt sich im Verlauf der Partnerschaft heraus, dass ein anderer Vermögensstand sinnvoller wäre als der vereinbarte, kann er auch dann noch vor dem Notar geändert werden.

Möglich: Der gemeinsame Name

Paare, die sich für eine eingetragene Lebenspartnerschaft entscheiden, können einen gemeinsamen Namen – den so genannten Lebenspartnerschaftsnamen – bestimmen. Derjenige, der seinen Namen aufgibt, kann diesen aber dem „Ehenamen" voranstellen oder auch hinzufügen.

Beispiel: Peter Steiner und Markus Baumann entscheiden sich für die Homoehe. Neben der Beibehaltung ihrer Namen haben sie folgende Möglichkeiten der Namensführung:

1. Peter und Markus Steiner
2. Peter und Markus Baumann
3. Peter Steiner und Markus Steiner-Baumann
4. Peter Steiner und Markus Baumann-Steiner
5. Peter Steiner-Baumann und Markus Baumann
6. Peter Baumann-Steiner und Markus Baumann

Achtung: Da der Gesetzgeber nur von einem gemeinsamen Familiennamen ausgeht, wäre es nicht möglich, dass beide einen doppelten Nachnamen tragen. Sie könnten also nicht Peter Baumann-Steiner und Markus Baumann-Steiner heißen.

Hat einer der Partner im Übrigen mehrere Nachnamen, so kann dieser Nachname nicht beliebig vorangestellt oder hinzugefügt werden. Denn der Gesetzgeber will Dreifachnamen generell vermeiden. Wer zum Zeitpunkt der Registrierung schon mehrere Nachnamen trägt und seinen Namen beibehalten möchte, kann sich deshalb nur für einen der beiden Namen entscheiden.

Beispiel: Roland Stegemann und Boris Gabel-Menrad gehen eine Lebenspartnerschaft ein. Wählen die beiden den gemeinsamen Nachnamen Stegemann und will Boris seinen Nachnamen beifügen, gibt es für ihn nur folgende Möglichkeiten:

1. Boris Stegemann-Gabel
2. Boris Gabel-Stegemann
3. Boris Stegemann-Menrad
4. Boris Menrad-Stegemann

3. Die Trennung

Scheitert die eingetragene Lebenspartnerschaft und trennen sich die Partner, hat dies rechtliche Konsequenzen: Wer bekommt von wem Unterhalt, wer darf in der Wohnung bleiben und was passiert mit dem Hausrat?

Unterhalt während der Trennung

Trennt sich das Paar, so kann ein Partner vom anderen Unterhalt verlangen. Doch Vorsicht: Der nichterwerbstätige Partner kann darauf verwiesen werden, sich eine Arbeit zu suchen und so für sich selbst zu sorgen. Er muss dann auch nachweisen, dass er sich wirklich um einen Job bemüht – es sei denn, es wäre ihm nicht zuzumuten, arbeiten zu gehen. Das ist beispielsweise der Fall, wenn er aufgrund seines Alters keine reale Beschäftigungschance hat oder es sein Gesundheitszustand nicht zulässt.

Beispiel: Sollte es für Peter Steiner schwierig werden, eine Lehrerstelle an einer öffentlichen Schule zu finden, muss er sich bemühen, zum Beispiel an einer Privatschule tätig zu werden. Gelingt dies nicht, wird von ihm erwartet, dass er auch eine andere Tätigkeit aufnimmt, die seiner Qualifikation entspricht. Während dieser Zeit ist Markus seinem Expartner zum Unterhalt verpflichtet.

Selbst wenn ein Lebenspartner Anspruch auf Trennungsunterhalt hat, kann dieser „versagt, herabgesetzt oder zeitlich begrenzt" werden, wenn die Inanspruchnahme seines Partners ungerecht erscheint. Wie bei der konventionellen Ehe ist auch hier insbesondere der Fall denkbar, in dem die Partnerschaft nur von sehr kurzer Dauer war.

Wie hoch der Unterhalt ist, richtet sich nach den Lebensverhältnissen sowie den Erwerbs- und Vermögensverhältnissen während der Ehe. Vermutlich werden die Gerichte auch hier Parallelen zur traditionellen Ehe ziehen. Allerdings gibt es dazu aufgrund der kurzen Dauer der eingetragenen Partnerschaft noch keine verlässlichen Angaben. Im Streitfall muss hier das Familiengericht im Einzelfall entscheiden.

Wer bekommt die Wohnung während der Trennung?

Beim Streit um die Wohnung kann das Familiengericht einem Partner die Wohnung zuweisen. Insbesondere dann, wenn es darum geht, „eine schwere Härte zu vermeiden", wird das Gericht dem Antrag eines Partners folgen. Der Vermieter muss in einem solchen Fall der Anweisung des Familiengerichts folgen. Das Hauptproblem in diesem Zusammenhang ist die Frage, wann eine schwere Härte vorliegt.

Pauschal lässt sich das nur schwer sagen. Auch hier ist der Einzelfall entscheidend. Die Zuweisung der gemeinsamen Wohnung an einen Lebenspartner muss dabei jedenfalls dringend erforderlich sein, um eine unerträgliche Belastung von ihm abzuwenden. Ist ein Lebenspartner zum Beispiel aus gesundheitlichen Gründen auf die gemeinsame Wohnung angewiesen, weil sie im Erdgeschoss liegt, wird das Gericht aller Wahrscheinlichkeit nach dem kranken Partner die Wohnung zuweisen. Falls der andere Partner Eigentümer der Wohnung ist, erhält er in der Regel eine Ausgleichszahlung für die Benutzung der Wohnung.

Wer bekommt den Hausrat während der Trennung?

Leben die Partner getrennt, kann in der Regel jeder von ihnen die ihm gehörenden Haushaltsgegenstände von dem anderen herausverlangen. Derjenige, der also die Waschmaschine, den Trockner oder den Staubsauger mit in die Lebenspartnerschaft gebracht hat, darf diese beim Auszug auch wieder mitnehmen.

Etwas anderes gilt nur, wenn der andere Partner die Haushaltsgegenstände zur Führung seines Haushaltes unbedingt benötigt und es ungerecht wäre, dass sie der Partner ihm wegnimmt und nicht zum Gebrauch überlässt.

Beispiel: Renate und Ulrike Bauer leben in einer eingetragenen Lebenspartnerschaft. Mit im Haushalt wohnen Ulrikes Kinder Laura und Max. Während Ulrike den Haushalt führt und die Kinder betreut, arbeitet Renate in einem Konzern als Pharmazeutin. Nach fünf Jahren zieht Renate aus. Sie will den Herd und den Kühlschrank, die sie mit in die Partnerschaft gebracht hat, beim Auszug mitnehmen. Da Ulrike wegen der Kinder dringend auf die Küchengeräte angewiesen ist, dürfte sie den Herd und den Kühlschrank wahrscheinlich behalten. Sie müsste dafür aber einen angemessenen Geldbetrag zahlen.

Haushaltsgegenstände, die den Lebenspartnern gemeinsam gehören, werden zwischen ihnen nach Gerechtigkeitsgesichtspunkten verteilt, wobei das Gericht für die Benutzung auch hier eine angemessene Vergütung festsetzen kann.

Schwierigkeiten bereitet häufig die Frage, was überhaupt zum Hausrat gehört. Gegenstände, die nur den individuellen Bedürfnissen oder den persönlichen Interessen eines Partners dienen, wie zum Beispiel Bekleidung, Schmuck oder Familienandenken, werden von den Gerichten meistens nicht zum Hausrat gezählt und demnach auch nicht unter den Partnern aufgeteilt. Sie verbleiben also bei dem Partner, der sie auch nutzt beziehungsweise dem sie gehören. Gleiches gilt im Übrigen für Sachen, die der Berufsausübung dienen, wie Arbeitskleidung und Werkzeuge.

Das gemeinsame Auto wird meist dem Hausrat zugeordnet, wenn es überwiegend für private Zwecke der Lebenspartnerschaft genutzt wird und von beiden Partnern dazu auch bestimmt worden war. Benutzt einer der Partner das Auto überwiegend für berufliche Zwecke, fällt es nicht in den Hausrat. Der Partner, der es nutzt, bekommt es auch während der Trennungszeit und muss dem anderen für die Nutzung eine bestimmte Vergütung zahlen.

Das gemeinsame Haustier wird häufig dem Partner zugewiesen, der in der gemeinsamen Wohnung bleibt. So kann das Tier weiterhin in seiner vertrauten Umgebung leben. Gleichzeitig kann dem anderen Lebenspartner ein stundenweises „Umgangsrecht" eingeräumt werden.

Können sich die Partner nicht einigen, wer welche Haushaltsgegenstände bekommt, können sie beim Familiengericht schon während der Trennung beantragen, dass die Benutzung der einzelnen Gegenstände geregelt wird.

4. Die Aufhebung der Lebenspartnerschaft

Homosexuelle, die ihre Lebenspartnerschaft aufheben möchten, können beim Familiengericht ein Aufhebungsurteil erwirken. Die Lebenspartnerschaft wird also nicht wie die Ehe „geschieden", sondern „aufgehoben". Die Unterschiede liegen im Detail: Schwule und Lesben müssen für die Begründung ihrer Lebenspartnerschaft keinen gemeinsamen Wohnsitz gegründet haben, sie müssen für die Aufhebung der Homoehe daher auch nicht nachweisen, dass sie bereits ein Jahr getrennt gelebt haben.

Voraussetzung für die Aufhebung der Lebenspartnerschaft ist allerdings, dass das Paar eine Erklärung vor dem Notar abgegeben hat, dass sie die Homoehe aufheben wollen. Je nachdem, ob sie das einverständlich tun oder nur einer das will, sind die zeitlichen Voraussetzungen verschieden.

Beide wollen die Aufhebung: Der gemeinsame Antrag

Sind sich die Partner über die Aufhebung der Homoehe einig, müssen sie die entsprechende Erklärung persönlich vor einem Notar abgeben, der diese beurkundet. Gründe für die Aufhebung müssen nicht angegeben werden.

Zwölf Monate nach Abgabe dieser Erklärung können die Partner dann vor dem Familiengericht einen Antrag auf Aufhebung der Lebenspartnerschaft stellen.
Ein gemeinsamer Antrag könnte folgendermaßen aussehen:

Wir, Herr ...., geboren am ...., wohnhaft in ...., und Herr ...., geboren am ...., wohnhaft in ...., sind am .... zur Registernummer .... der ....-(Behörde) von .... (Stadt) die Lebenspartnerschaft nach dem Lebenspartnerschaftsgesetz miteinander eingegangen. Wir wollen die partnerschaftliche Lebensgemeinschaft nicht fortsetzen.

Wir beabsichtigen, die Aufhebung der Lebenspartnerschaft nach Ablauf von zwölf Monaten seit der Beurkundung dieser Erklärung zu beantragen.

Der Notar hat uns darauf hingewiesen, dass diese Erklärung bis zur Aufhebung der Lebenspartnerschaft widerrufen werden kann. Für den Fall, dass einer von uns diese Erklärung widerrufen sollte, läuft statt der Frist von zwölf Monaten eine Frist von 36 Monaten, bevor einer von uns die Aufhebung der Lebenspartnerschaft beantragen kann. In Kenntnis dessen beantragen wir die Beurkundung im vorgenannten Sinne.

Das maschinengeschriebene Protokoll einschließlich der durch den Notar während der Beurkundung handschriftlich vorgenommenen Änderungen und Ergänzungen, welche mit den Erschienenen erörtert wurden, wurde den Erschienenen vorgelesen, von ihnen genehmigt und wie folgt eigenhändig unterschrieben.

Die Erklärung muss nicht genau diesen Wortlaut haben. Die beiden Lebenspartner müssen sie auch nicht zu gleicher Zeit beim Notar und auch nicht mit wortgleichem Inhalt abgeben. Entscheidend ist, dass beide Erklärungen keinen Zweifel daran lassen, dass sie die Lebenspartnerschaft nicht fortsetzen wollen.

Achtung: Das Datum der Erklärung sollten Sie sich besonders gut einprägen. Denn erst zwölf Monate nach Ablauf der Beurkundung beider Erklärungen kann die Partnerschaft vor Gericht aufgehoben werden. Diese Regelung entspricht dem Trennungsjahr bei einer konventionellen Ehe.

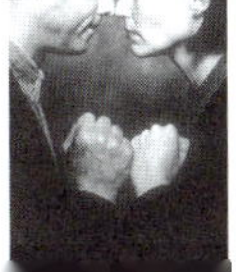

Beispiel: Ulrike und Renate haben sich geeinigt, ihre Lebenspartnerschaft gemeinsam aufzuheben. Ulrike hat die entsprechende Erklärung bereits am 10. Dezember 2001 beim Notar abgegeben. Da Renate aus beruflichen Gründen längere Zeit im Ausland ist, kommt sie erst am 14. Januar 2001 dazu, ihre Erklärung abzugeben. Erst ab diesem Datum läuft die zwölfmonatige Frist. Die beiden können also erst im Januar 2002 den Aufhebungsantrag stellen.

Widerruft einer der Lebenspartner seine Erklärung, kann die Lebenspartnerschaft erst nach Ablauf einer Frist von 36 Monaten aufgehoben werden.

Einer will die Aufhebung: Der einseitige Antrag

Will nur einer der Partner die Homoehe beenden, muss auch dieser vor einem Notar eine persönliche Erklärung abgeben, die beurkundet wird. Gründe für die Aufhebung muss er nicht angeben.

Die Erklärung muss dann dem anderen Lebenspartner durch den Gerichtsvollzieher zugestellt werden. Dieser fertigt eine Urkunde über die Zustellung. Das Datum dieser Urkunde ist wichtig: Erst ab diesen Datum beginnt die Frist von 36 Monaten zu laufen, nach deren Ablauf die Lebenspartnerschaft aufgehoben werden kann.

Eine einseitige Erklärung zur Aufhebung der Lebenspartnerschaft könnte folgendermaßen lauten:

> Ich, Frau ...., geboren am ...., wohnhaft in ....,
> und Frau ...., geboren am ...., wohnhaft in ....,
> sind am .... zur Registernummer .... der ....-(Behörde) von .... (Stadt) die Lebenspartnerschaft nach dem Lebenspartnerschaftsgesetz miteinander eingegangen. Ich will die partnerschaftliche Lebensgemeinschaft nicht fortsetzen.
>
> Ich beabsichtige, die Aufhebung der Lebenspartnerschaft nach Ablauf von 36 Monaten seit der Beurkundung dieser Erklärung zu beantragen. Der Notar hat mich darauf hingewiesen, dass ich diese Erklärung bis zur Aufhebung der Lebenspartnerschaft widerrufen kann. In Kenntnis dessen beantrage ich die Beurkundung im vorgenannten Sinne.
>
> Das maschinengeschriebene Protokoll einschließlich der durch den Notar während der Beurkundung handschriftlich vorgenommenen Änderungen und Ergänzungen, welche mit der Erschienenen erörtert wurden, wurde der Erschienenen vorgelesen, von ihr genehmigt und wie folgt eigenhändig unterschrieben.

Härtefälle: Aufhebung ohne zeitliches Limit

Ausnahmsweise kann die Homoehe auch unverzüglich aufgehoben werden, ohne dass eine Frist von zwölf oder 36 Monaten nach einer vorherigen notariellen Beurkundung vergangen ist. Der Partner, der sich trennen möchte, muss dann aber vor Gericht besondere Gründe vortragen. Die Fortsetzung der Lebenspartnerschaft mit dem anderen Partner darf ihm nicht mehr zuzumuten sein und diese Gründe müssen in der Person des anderen Lebenspartners liegen.

Wann diese „Härtefälle" vorliegen, wird wohl nach Kriterien aus dem traditionellen Eherecht zu beurteilen sein. Es müssen besondere Umstände vorliegen, an die strenge Anforderungen zu stellen sind. Die bloße Ablehnung des Partners oder der Homoehe stellt noch keine unzumutbare Härte dar.

Eine unzumutbare Härte liegt zum Beispiel vor, wenn der Antragsteller massiven Gewalttätigkeiten seines Partners ausgesetzt ist.

Welches Gericht ist für die Aufhebung zuständig?

Zuständig ist das Familiengericht, in dessen Bezirk sich der letzte gemeinsame Wohnsitz der beiden Lebenspartner befand oder – im Falle eines einseitigen Antrags auf Aufhebung – dort, wo der andere Lebenspartner seinen Wohnsitz hat.

5. Unterhalt nach Aufhebung der Lebenspartnerschaft

Wird die Lebenspartnerschaft aufgehoben, kann ein Partner vom anderen Unterhalt verlangen. Das gilt allerdings nur, wenn von ihm die Aufnahme eines Jobs insbesondere wegen seines Alters oder wegen einer Krankheit nicht erwartet werden kann.

Besteht dennoch ein Unterhaltsanspruch, berechnet sich dieser nach den „partnerschaftlichen Verhältnissen". Die Gerichte werden bei ihren Entscheidungen wohl die komplizierten Berechnungsmethoden aus dem konventionellen Ehescheidungsrecht zu Grunde legen. Entscheidend sind danach zunächst die Lebens-, Erwerbs- und Vermögensverhältnisse während der Homoehe.

Anders als beim Trennungsunterhalt ist es zulässig, auf den nachpartnerschaftlichen Unterhaltsanspruch zu verzichten. Dies sollten Sie in jedem Fall schriftlich festhalten. Wird die Partnerschaft dann aufgehoben, sind die Partner so finanziell nicht mehr füreinander verantwortlich.

Geht der unterhaltsberechtigte Partner im Übrigen eine neue Lebenspartnerschaft ein, erlischt der Unterhaltsanspruch gegenüber dem vorherigen Lebenspartner.

Bei mehreren Unterhaltsberechtigten gehen Kinder und geschiedene Ehepartner dem Lebenspartner vor. Selbst wenn der Partner nach der Aufhebung der Homoehe eine „normale“ Ehe eingegangen ist, die dann geschieden wird, geht der daraus entstandene Geschiedenenunterhalt vor!

6. Aufhebung der Partnerschaft: Wer bekommt die Wohnung?

Genau wie während der Trennung kann auch nach der Aufhebung der Partnerschaft die Wohnung einem der Partner zugewiesen werden.

WISO rät: Die Wohnungszuweisung durch das Familiengericht sollte beantragt werden, wenn der Vermieter den Mietvertrag nicht auf einen der Lebenspartner „umschreiben“ will. Nur so erreicht der ausziehende Lebenspartner seine Entlassung aus dem Mietvertrag. Sonst haftet er nämlich auch noch nach seinem Auszug für alle mietvertraglichen Verpflichtungen wie die Zahlung der Miete, die Durchführung von Schönheitsreparaturen usw.

7. Aufhebung der Partnerschaft: Wer bekommt den Hausrat?

Ist der Hausrat bis zur Aufhebung der Homoehe noch nicht endgültig verteilt, kann mit der Aufhebungsentscheidung durch das Familiengericht der Hausrat nach der Hausratsverordnung endgültig geteilt werden. Wie schon bei der vorläufigen Aufteilung während der Trennung kommt es auch bei der endgültigen Verteilung der Haushaltsgegenstände auf die Gesamtsituation im Einzelfall an. Entscheidend ist dabei auch, wer die Gegenstände dringender braucht. Dabei muss dann geklärt werden, wie viel für diese Gegenstände zu zahlen ist.

8. Vermögensaufteilung nach Aufhebung der Lebenspartnerschaft

Scheitert die eingetragene Partnerschaft, wird das Vermögen verteilt. In welcher Form das passiert, hängt von dem Vermögensstand ab, den die Partner bei Schließung der Homoehe vereinbart haben.

Die Ausgleichsgemeinschaft

Vermögen, das die Partner mit in die Homoehe gebracht haben, verbleibt auch nach Aufhebung der Partnerschaft jedem Einzelnen. Derjenige, der allerdings während der Partnerschaft mehr erwirtschaftet hat, muss dem anderen von diesem Überschuss abgeben. Dafür wird für beide Partner zunächst eine Bilanz erstellt, bei der ihr jeweiliges Anfangs- und Endvermögen gegenübergestellt wird. Dann wird der Überschuss hälftig geteilt.

Beispiel: Peter hat 10.000 Euro mit in die Partnerschaft gebracht. Im Laufe der Zeit hat er 100.000 Euro dazuerwirtschaftet. Er hat also 90.000 Euro hinzugewonnen. Markus hingegen hatte 15.000 Euro Anfangsvermögen. Am Ende der Partnerschaft besitzt er 25.000 Euro. Er ist also um 10.000 Euro reicher. Peter hat demzufolge einen Überschuss von 80.000 Euro, den er sich mit Markus teilen muss. Markus kann somit einen Ausgleich von 40.000 Euro verlangen.

Wie bei anderen Ehen gilt auch hier, dass Erbschaften oder Schenkungen, die ein Partner während der Lebenspartnerschaft erhalten hat, nicht mit ausgeglichen werden.

Achtung: Der Ausgleichsanspruch verjährt in der Regel innerhalb von drei Jahren nach Zustellung des Antrags auf Aufhebung der Lebenspartnerschaft. Der Anspruch auf Ausgleichszahlungen muss also innerhalb von drei Jahren gestellt werden. Sonst sehen Sie keinen Cent mehr.

Die modifizierte Ausgleichsgemeinschaft

Welche Vermögenswerte bei der Aufhebung vom Ausgleich ausgeschlossen sind, hängt von der vertraglichen Vereinbarung der Partner ab. Im Übrigen wird das Vermögen nach den Regeln der Ausgleichsgemeinschaft verteilt.

Die Vermögenstrennung

Bei der Vermögenstrennung ändert sich an den Vermögensverhältnissen der Partner durch die Aufhebung nichts. Jeder behält sein Vermögen, keiner schuldet dem anderen einen Ausgleich.

9. Der Versorgungsausgleich

Im Eherecht wird bei der Scheidung der Versorgungsausgleich durchgeführt. Er gleicht die von beiden Lebenspartnern durch Arbeit oder Vermögen während der Lebenspartnerschaft erworbenen Anwartschaften auf eine Altersversorgung aus, sodass jedem für die Ehezeit gleich hohe Rentenansprüche verbleiben.

Bislang kennt das Recht der eingetragenen Lebenspartnerschaft diesen Versorgungsausgleich nicht.

WISO rät: Gibt einer der beiden Lebenspartner etwa wegen der Betreuung eines Kindes seine Berufstätigkeit auf oder schränkt er sie ein, erwirbt er keine oder weniger Rentenanwartschaften. Es empfiehlt sich daher, ihn privatrechtlich – etwa durch Abschluss einer Lebensversicherung – abzusichern.

Scheitert die Lebenspartnerschaft, vergessen Sie bei der Aufhebung aber nicht die Lebensversicherungen: Sieht die Lebensversicherung ein automatisches Bezugsrecht für den anderen Lebenspartner vor, erlischt dieses nämlich im Todesfall nicht automatisch durch die Aufhebung der Lebenspartnerschaft.

10. Eingetragene Lebenspartnerschaft und Kinder

In homosexuellen Beziehungen kommt es immer wieder vor: Ein Partner hat bereits aus einer früheren Beziehung Kinder. Leben Schwule oder Lesben dann jahrelang in einer Homoehe zusammen, stellt sich die Frage, welche Rechte der Lebenspartner hat.

Das Sorgerecht

Hat ein Partner für ein Kind das alleinige Sorgerecht, kann er dem anderen Partner erlauben, in täglichen Dingen für das Kind mitzuentscheiden. Stehen schwerwiegendere Entscheidungen an, muss das Kind also beispielsweise dringend operiert werden, darf der nicht Sorgeberechtigte auch dann entscheiden, wenn der andere in diesem Moment unerreichbar ist. Er muss aber den allein sorgeberechtigten Partner unverzüglich informieren.

In vielen Fällen steht das Sorgerecht heute aber den beiden geschiedenen leiblichen Eltern gemeinsam zu. Die Rechte des Lebenspartners müssen dann privatschriftlich geregelt werden.

WISO rät: Hat der Lebenspartner nach seiner Scheidung mit dem ehemaligen Ehepartner das gemeinsame Sorgerecht für seine Kinder, empfiehlt es sich, dem Lebenspartner Handlungsvollmacht zu erteilen. Diese muss aber in jedem Fall von beiden Sorgeberechtigten unterschrieben sein. Eine notarielle Beglaubigung einer solchen Erklärung erleichtert die Anerkennung einer solchen Vereinbarung.

Das Umgangsrecht

Beispiel: Renate und Ulrike Bauer leben in einer eingetragenen Lebenspartnerschaft. Mit im Haushalt wohnen Ulrikes Kinder Laura und Max. Nach fünf Jahren trennen sich Renate und Ulrike. Ein Jahr später beantragen sie die Aufhebung der Lebenspartnerschaft. Renate fragt, ob sie Laura und Max weiterhin sehen kann.

Nach Aufhebung der Homoehe steht auch dem Partner, der nicht Elternteil ist, ein Umgangsrecht mit dem Kind zu, das bei dem sorgeberechtigten Partner verbleibt. Das gilt aber nur, wenn der Lebenspartner, der nicht Elternteil ist, längere Zeit in häuslicher Gemeinschaft mit dem Kind gelebt hat.

Da Ulrikes Kinder fünf Jahre in häuslicher Gemeinschaft mit Renate gewohnt haben, bleibt Renate auch nach der Aufhebung der Homoehe ein Umgangsrecht.

11. Erbrechtliche Fragen

Haben die Partner kein Testament gemacht, gilt die so genannte gesetzliche Erbfolge. Stirbt ein Lebenspartner, wird der andere Erbe. Wie viel der Lebenspartner erbt, hängt davon ab, welche Verwandten der Verstorbene hinterlässt. Hat der verstorbene Lebenspartner keinerlei Verwandte, erhält der Lebenspartner die gesamte Erbschaft.

Hinterlässt der Verstorbene Kinder – oder falls diese nicht mehr leben, Enkelkinder –, erbt der Lebenspartner zu einem Viertel. Haben die Lebenspartner den Vermögensstand der Ausgleichsgemeinschaft vereinbart, wird dieser Anteil um ein Viertel erhöht. Der Lebenspartner erbt dann also die Hälfte, die andere Hälfte müssen sich die restlichen Nachkommen teilen.

Hat der Verstorbene Eltern und/oder Geschwister, erbt der Lebenspartner die Hälfte. Haben die Lebenspartner Ausgleichsgemeinschaft vereinbart, wird dieser Anteil um ein Viertel erhöht, der Lebenspartner erbt dann also drei Viertel des Nachlasses. Das Gleiche gilt, wenn nur noch die Großeltern des verstorbenen Lebenspartners leben.

Hat der Verstorbene seinen Lebenspartner testamentarisch enterbt und steht ihm auch kein Vermächtnis zu, erhält er trotzdem seinen Pflichtteil. Das bedeutet:

- 1/2, wenn keine Verwandten da sind;
- 1/8, wenn Kinder oder Enkelkinder leben;
- 1/4, wenn Eltern oder Geschwister oder nur noch die Großeltern leben.

Wichtig: Der Lebenspartner erbt nur, solange die Lebenspartnerschaft dauert. Ist diese bereits beim Tod des einen Lebenspartners aufgehoben oder gescheitert, erbt er nur, soweit er testamentarisch bedacht wurde. Als gescheitert gilt die Lebensgemeinschaft, wenn der verstorbene Partner die Aufhebung der Partnerschaft entweder selbst beantragt oder dieser zugestimmt hat.

WISO rät: Im Fall der Trennung von Ihrem Partner sollten Sie unbedingt vorhandene testamentarische und erbvertragliche Regelungen überprüfen. Überlegen Sie sich, ob Sie an getroffenen Bestimmungen festhalten wollen. Wer das bereits vorhandene gemeinsame Testament oder den Erbvertrag einseitig ändern will, sollte schnellstmöglich einen Fachmann aufsuchen, um sich beraten zu lassen.

Wer vermeiden will, dass der Ehepartner etwas erbt, sollte unter Umständen ein Testament mit dem gewünschten Inhalt verfassen. Wer sich einseitig von einem gemeinschaftlichen Testament lösen will, muss zum Notar gehen.

Vergessen Sie auch nicht die Lebensversicherungen! Sieht die Lebensversicherung ein automatisches Bezugsrecht für den anderen Lebenspartner vor, erlischt dieses nämlich im Todesfall nicht durch die Aufhebung der Lebenspartnerschaft. Es empfiehlt sich, bei der Versicherung nachzufragen, inwieweit der Vertrag geändert werden kann.

Die Lebenspartner einer Homoehe haben steuerlich derzeit noch den Stand von Unverheirateten. Insbesondere im Hinblick auf steuerliche Konsequenzen im Erbrecht ist daher anzuraten, sich bei der Erstellung eines Testaments genau beraten zu lassen, um aus einem gut gemeinten Erbe nicht eine steuerrechtliche Katastrophe werden zu lassen.

WISO rät: Nützliche Infos zum Thema „Eingetragene Partnerschaften“ können Sie erfragen beim

Lesben- und Schwulenverband in Deutschland (LSVD)
Katzbachstraße 5, 10965 Berlin
Tel.: 030/789 54 763; Fax: 030/4400 8241
Internet: www.lsvd.de; e-Mail: recht@lsvd.de

Anhang

Antragsformular Umgangsregelung (Beispiel)

Familiengericht

□ Nur das Angekreuzte gilt.

In der Familiensache betreffend das Kind:.................
Geboren am:...................
Staatsangehörigkeit:...................
Wohnhaft bei der Mutter:................
Vater:........................
Geboren am:..................
Staatsangehörigkeit:...................
Mutter:....................
Wohnhaft:..................
Geboren am:...................
Staatsangehörigkeit:.......................

Erscheint der Vater, ausgewiesen durch Personalausweis/Reisepass. Er erklärt:

Ich beantrage, die folgenden Umgangsregelungen zu beschließen:

□ Der Vater ist berechtigt, mit dem Kind........am..........eines jeden Monats und an jedem zweiten Feiertag der Feste Ostern, Pfingsten und Weihnachten in der Zeit von .....bis.......zusammen zu sein.
□ Trifft ein Umgangstag auf den 24. Dezember, den ersten Feiertag zu Ostern, Pfingsten oder Weihnachten, den Geburtstag des Kindes oder der Mutter, so entfällt er ersatzlos.
□ Muss ein Umgangstag wegen Krankheit des Kindes oder wegen seiner Abwesenheit von....entfallen, so hat der betreuende Elterteil den umgangsberechtigten Elternteil unverzüglich davon zu benachrichtigen.
□ Ersatztag für den ausgefallenden Umgangstag ist dann der......
□ Der Vater ist zudem berechtigt, mit dem Kind in den .... eines jeden Jahres einen Urlaub zu verbringen, und zwar vom ersten Umgangstag ......Uhr bis zum letzten Umgangstag der Ferienregelung um ....Uhr.
□ Die Mutter ist verpflichtet, das Kind pünktlich zu den genannten Zeiten dem Vater an seiner Wohnung zu übergeben.
□ Der Vater ist verpflichtet, das Kind pünktlich zu den genannten Zeiten zur Wohnung der Mutter zurückzubringen.
□ Der Umgangsberechtigte ist verpflichtet, sich um das Kind während des Zusammenseins verantwortungsbewußt zu kümmern und jede Beeinflussung des Kindes gegen den anderen Elternteil und dessen Angehörige zu unterlassen.
□ Kann oder will der Umgangsberechtigte einen oder mehrere Umgangstage nicht wahrnehmen, so hat er den anderen Elternteil sobald wie möglich zu benachrichtigen.

□ Für jede Zuwiderhandlung gegen die vorstehenden Anordnungen wird ein Zwangsgeld in Höhe von 25.000 Euro angedroht. Die gerichtlichen Kosten des Verfahrens werden dem Vater und der Mutter je zur Hälfte auferlegt.

Außergerichtliche Kosten werden nicht erstattet.
Der Wert des Verfahrens beträgt 2500 Euro.

Achtung: Einen solchen Antrag können Sie theoretisch zwar selbst stellen, unbedingt anzuraten ist das allerdings nicht. Besser erscheint es, ihn von einem Rechtsanwalt stellen zu lassen. Vor Gericht haben Sie damit oft bessere Karten.

Düsseldorfer Tabelle (gültig seit dem 1. 1. 2002*)

A.
Kindesunterhalt

	Nettoeinkommen des Barunterhaltspflichtigen (Anm. 3, 4)	Altersstufen in Jahren (§ 1612 a Abs. 3 BGB)				Vomhundertsatz	Bedarfskontrollbetrag (Anm. 6)
		0 - 5	6 - 11	12 - 17	ab 18		
		Alle Beträge in Euro (€)					
1.	bis 1300	188	228	269	311	100	730/840
2.	1300 - 1500	202	244	288	333	107	900
3.	1500 - 1700	215	260	307	355	114	950
4.	1700 - 1900	228	276	326	377	121	1000
5.	1900 - 2100	241	292	345	399	128	1050
6.	2100 - 2300	254	308	364	420	135	1100
7.	2300 - 2500	267	324	382	442	142	1150
8.	2500 - 2800	282	342	404	467	150	1200
9.	2800 - 3200	301	365	431	498	160	1300
10.	3200 - 3600	320	388	458	529	170	1400
11.	3600 - 4000	339	411	485	560	180	1500
12.	4000 - 4400	358	434	512	591	190	1600
13.	4400 - 4800	376	456	538	622	200	1700
	über 4800	nach den Umständen des Falles					

*Ab dem 1. 7. 2003 sind geringe Änderungen zu erwarten.

Berliner Tabelle (gültig seit 1. Januar 2002*)

als Vortabelle zur Düsseldorfer Tabelle
mit den Kindergeldabzugstabellen für das alte Bundesgebiet und für das Beitrittsgebiet

Die Tabelle geht aus von den in Art. 1 § 2 der Zweiten Verordnung zur Änderung der Regelbetrag-Verordnung vom 8. Mai 2001 festgesetzten Euro-Regelbeträgen ab 1. Januar 2002 für das *in Artikel 3 des Einigungsvertrages genannte Gebiet* (BGBl I 2001, 842) und nennt in Ergänzung der *Düsseldorfer Tabelle* (Stand: 1. Januar 2002) die monatlichen Unterhaltsrichtsätze der im Beitrittsteil des Landes Berlin wohnenden unverheirateten Kinder, deren Unterhaltsschuldner gegenüber insgesamt drei Personen (einem Ehegatten und zwei Kindern) unterhaltspflichtig ist und ebenfalls im Beitrittsteil wohnt.
Die Vomhundertsätze Ost ab Gruppe b) sind gemäß § 1612 a Abs. 2 S. 1 BGB zu errechnen (z.B. 254 EUR : 174 EUR = 145,9 %). Die **135 %-Grenze Ost** für die Kindergeldanrechnung nach § 1612 b Abs. 5 BGB beträgt in den drei Altersstufen **235 EUR** bzw. **285 EUR** bzw. **337 EUR**. Die **150 %-Grenze Ost** für das Vereinfachte Verfahren (§ 645 Abs. 1 ZPO) beläuft sich in den drei Altersstufen auf **261 EUR** bzw. **317 EUR** bzw. **374 EUR.**

Altersstufen in Jahren (Der Regelbetrag einer höheren Altersstufe ist ab dem Beginn des Monats maßgebend, in den der 6. Bzw. 12. Geburtstag fällt.)		**0 - 5** (Geburt bis 6. Geburtstag)	**6 - 11** (6. bis 12. Geburtstag)	**12 - 17 [- 20*]** (12. bis 18. Geburtstag) * [18. bis 21. Geburtstag, wenn noch in der allg. Schulausbildung und im Elternhaushalt lebend]	**Vom-hundert-satz Ost**	**Vom-hundert-satz West**
Nettoeinkommen des Barunterhaltspflichtigen		**Alle Beträge in Euro**				
Gruppe						
a)	bis 1000	174	211	249	**100**	
b)	1000 - 1150	181	220	259		
	ab 1150	wie Düsseldorfer Tabelle (aber ohne 4. Altersstufe und ohne Bedarfskontrollbetrag)				
Gruppe						
1	bis 1300	188	228	269		**100**
2	1300 - 1500	202	244	288		107
3	1500 - 1700	215	260	307		114
4	1700 - 1900	228	276	326		121
5	1900 - 2100	241	292	345		128
6	2100 - 2300	254	308	364		**135**
7	2300 - 2500	267	324	382		142
8	2500 - 2800	282	342	404		**150**
9	2800 - 3200	301	365	431		160
10	3200 - 3600	320	388	458		170
11	3600 - 4000	339	411	485		180
12	4000 - 4400	358	434	512		190
13	4400 - 4800	376	456	538		200
	über 4800	nach den Umständen des Falles				

Anmerkungen zur Berliner Tabelle:

I.	Der monatliche *Selbstbehalt* des Unterhaltspflichtigen beträgt gegenüber *minderjährigen Kindern und gleichgestellten vollj. Schülern (s. o.*)*		(West)
	1. wenn der Unterhaltspflichtige erwerbstätig ist:	775 EUR	(840 EUR)
	2. wenn der Unterhaltspflichtige nicht erwerbstätig ist:	675 EUR	(730 EUR)
II.	Der monatliche *Selbstbehalt* des Unterhaltspflichtigen beträgt gegenüber *volljährigen Kindern*		
	1. wenn der Unterhaltspflichtige erwerbstätig ist:	925 EUR	(1000 EUR)
	2. wenn der Unterhaltspflichtige nicht erwerbstätig ist:	825 EUR	(890 EUR)
III.	Der monatliche *Selbstbehalt* des Unterhaltspflichtigen beträgt gegenüber dem *getrenntlebenden* und dem *geschiedenen Ehegatten*		
	1. wenn der Unterhaltspflichtige erwerbstätig ist:	880 EUR	(950 EUR)
	2. wenn der Unterhaltspflichtige nicht erwerbstätig ist:	775 EUR	(840 EUR)
IV.	Der angemessene *Bedarf* (samt Wohnbedarfs und üblicher berufsbedingter Aufwendungen, aber ohne Beiträge zur Kranken- und Pflegeversicherung) eines *volljährigen Kindes,* welches nicht gemäß § 1603 Abs. 2 S. 2 BGB gleichgestellt ist, beträgt in der Regel monatlich:	555 EUR	(600 EUR)
V.	Der angemessene *Selbstbehalt* des Unterhaltspflichtigen gegenüber *seinen Eltern* beträgt mindestens monatlich:	1155 EUR	(1250 EUR)

VI.	Der angemessene *Selbstbehalt* des Unterhaltspflichtigen gegenüber der *Mutter* oder dem *Vater* (§ 1615 I BGB) beträgt mindestens monatlich:	925 EUR	(1000 EUR)

Die *Berliner Tabelle als Vortabelle zur Düsseldorfer Tabelle* ist anzuwenden, wenn sowohl der Unterhaltsgläubiger als auch der Unterhaltsschuldner im Beitrittsgebiet wohnen. Sie ist nur differenziert anzuwenden in den sog. Ost-West-Fällen, in denen nicht alle Beteiligten im Beitrittsgebiet wohnen. In diesen Mischfällen ist wegen der Regelbeträge der Kinder nach Gruppe a oder Gruppe 1 und wegen des Bedarfs laut Anmerkung IV auf den Kindeswohnsitz und wegen des Selbstbehalts des Unterhaltspflichtigen auf dessen Wohnsitz abzustellen. Die Bestimmung eines höheren Unterhaltsbedarfs des Kindes richtet sich - ohne einen Abschlag von den Sätzen der Tabelle - nach den allgemeinen Grundsätzen. Der besseren Übersicht halber sind oben in Klammern die West-Beträge der Düsseldorfer Tabelle bzw. bei den Anmerkungen II und III die West-Beträge des Kammergerichts genannt.

Die grundsätzlich hälftige **Anrechnung von Kindergeld** auf den Tabellenunterhalt erfolgt nur noch insoweit, als das hälftige Kindergeld zusammen mit dem geschuldeten Tabellenbedarfsbetrag der Düsseldorfer Tabelle (DT) bzw. der Berliner Tabelle (BT) den jeweils geltenden **135 %igen Regelbetrag** (das Barexistenzminimum des minderjährigen Kindes) übersteigt (§ 1612 b Abs. 1 und 5 BGB). Der Kindergeldabzug kann mit folgender **Formel** (alle Beträge in Euro) berechnet werden:

Hälftiges Kindergeld (dieses beträgt ab 1. Januar 2002 77 EUR für das 1. bis 3. Kind sowie 89,50 EUR für das 4. und jedes weitere Kind, BGBl I 2001, 2074, 2077 f.) **+ Unterhaltsbedarfsbetrag – 135 %iger Regelbetrag West bzw. Ost** (nach dem Wohnsitz des Kindes und seiner Altersstufe) **= anzurechnendes Kindergeld** (bei einem Negativsaldo entfällt die Anrechnung).

Daraus ergibt sich als Anlage zur Berliner Tabelle die folgende **Kindergeldabzugstabelle** (Tabellenbedarfsbetrag – Kindergeldabzug = Zahlbetrag) für das **alte Bundesgebiet** bis zur Gruppe 6 der DT (135 %-Grenze West):

Kind	Gruppe der DT	1. Altersstufe	2. Altersstufe	3. Altersstufe
1. bis 3. Kind	**1** [bis 1300]	**188 – 11 = 177**	**228 – 0 = 228**	**269 – 0 = 269**
ab 4. Kind	1	188 – 23,50 = 164,50	228 – 9,50 = 218,50	269 – 0 = 269
1. bis 3. Kind	**2** [1300 – 1500]	**202 – 25 = 177**	**244 – 13 = 231**	**288 – 1 = 287**
ab 4. Kind	2	202 – 37,50 = 164,50	244 – 25,50 = 218,50	288 – 13,50 = 274,50
1. bis 3. Kind	**3** [1500 – 1700]	**215 – 38 = 177**	**260 – 29 = 231**	**307 – 20 = 287**
ab 4. Kind	3	215 – 50,50 = 164,50	260 – 41,50 = 218,50	307 – 32,50 = 274,50
1. bis 3. Kind	**4** [1700 – 1900]	**228 – 51 = 177**	**276 – 45 = 231**	**326 – 39 = 287**
ab 4. Kind	4	228 – 63,50 = 164,50	276 – 57,50 = 218,50	326 – 51,50 = 274,50
1. bis 3. Kind	**5** [1900 – 2100]	**241 – 64 = 177**	**292 – 61 = 231**	**345 – 58 = 287**
ab 4. Kind	5	241 – 76,50 = 164,50	292 – 73,50 = 218,50	345 – 70,50 = 274,50
1. bis 3. Kind	**6** [2100 – 2300]	**254 – 77 = 177**	**308 – 77 = 231**	**364 – 77 = 287**
ab 4. Kind	6	254 – 89,50 = 164,50	308 – 89,50 = 218,50	364 – 89,50 = 274,50

Die **Kindergeldabzugstabelle** für das **Beitrittsgebiet** bis zur 135 %-Grenze Ost als Anlage zur Berliner Tabelle ist:

Kind	Gruppe der BT	1. Altersstufe	2. Altersstufe	3. Altersstufe
1. bis 3. Kind	**a)** [bis 1000]	**174 – 16 = 158**	**211 – 3 = 208**	**249 – 0 = 249**
ab 4. Kind	a)	174 – 28,50 = 145,50	211 – 15,50 = 195,50	249 – 1,50 = 247,50
1. bis 3. Kind	**b)** [1000 – 1150]	**181 – 23 = 158**	**220 – 12 = 208**	**259 – 0 = 259**
ab 4. Kind	b)	181 – 35,50 = 145,50	220 – 24,50 = 195,50	259 – 11,50 = 247,50
1. bis 3. Kind	**1** [bis 1300]	**188 – 30 = 158**	**228 – 20 = 208**	**269 – 9 = 260**
ab 4. Kind	1	188 – 42,50 = 145,50	228 – 32,50 = 195,50	269 – 21,50 = 247,50
1. bis 3. Kind	**2** [1300 – 1500]	**202 – 44 = 158**	**244 – 36 = 208**	**288 – 28 = 260**
ab 4. Kind	2	202 – 56,50 = 145,50	244 – 48,50 = 195,50	288 – 40,50 = 247,50
1. bis 3. Kind	**3** [1500 – 1700]	**215 – 57 = 158**	**260 – 52 = 208**	**307 – 47 = 260**
ab 4. Kind	3	215 – 69,50 = 145,50	260 – 64,50 = 195,50	307 – 59,50 = 247,50
1. bis 3. Kind	**4** [1700 – 1900]	**228 – 70 = 158**	**276 – 68 = 208**	**326 – 66 = 260**
ab 4. Kind	4	228 – 82,50 = 145,50	276 – 80,50 = 195,50	326 – 78,50 = 247,50
1. bis 3. Kind	**135 %-Grenze Ost**	**235 – 77 = 158**	**285 – 77 = 208**	**337 – 77 = 260**
ab 4. Kind	135 %-Grenze Ost	235 – 89,50 = 145,50	285 – 89,50 = 195,50	337 – 89,50 = 247,50

(Verfasst in Abstimmung mit der Unterhaltskommission des DFGT und mit dem Kammergericht und mitgeteilt von RiAG *Rudolf Vossenkämper*, Berlin)

Quelle: Fam RZ 2001, 816ff

*Ab dem 1. 7. 2003 sind geringe Änderungen zu erwarten.

Unterhaltsberechnung: Einkommenssteigernde Positionen

Einkommen des Berechtigten kann u.U. erhöht werden um:

(alle Beträge, umgerechnet auf den Monat ....

Abfindungen ....
Altenteilleistungen ....
Arbeitseinkommen ....
Arbeitslosigkeit ....
Arbeitsplatzaufgabe ....
Akkordarbei ....
Auslösegeld ....
Arbeitslosengeld ....

Beamtenversorgung ....
Berlinzulage ....
Betreuungsentgeld ....
bilanzmäßiger Gewinn ....

Darlehen, Obliegenheit zur Rückforderung ....
Deputate ....
Dividenden ....

eheähnliche Lebensgemeinschaft ....
Erschwerniszulage ....
Essensgeld ....

Fahrtspesen ....
Feiertagszuschläge ....
Forderungseinziehung ....

Gewinnbeteiligung ....
Grundbesitz ....

Haus ....
Hausmann- Entgeld ....

Jubiläumszuwendungen ....

Kapitalvermögen ....
Kleiderzulage ....
Krankengeld ....
Kreditaufnahme ....

Landwirte, Einkommensermittlung ....
Leistungsprämien ....
Lohnfortzahlung im Krankheitsfall ....
Lohnsteuerjahresausgleich ....

Montageprämien ....
Mutterschaftsgeld ....

Nachtarbeitszuschläge ....
Nebentätigkeit ....
Naturalleistungen ....
Nettoeinkommen, bereinigtes ....
Nießbrauch ....

Ortszuschlag ....

Pensionszahlung ....
Pflegegeld ....
Pflichtteilsanspruch ....
Pkw- Nutzungsüberlassung ....
Privatentnahmen ....
Provisionen ....

Reisekosten ....
Renten ....

Sachzuwendungen ....
Schenkungen, Pflicht zur Rückforderung ....
Schichtzuschläge ....
Schmutzarbeitszulagen ....
Schwarzarbeitslohn ....
Schwerstarbeiterzulage ....
Schwerstbeschädigtenzulage ....
Selbständige ....
Soldatenversorgung ....
Sonderzuwendungen ....
Sozialhilfe ....
Sozialstaatliche Zuwendungen ....
Sparguthaben ....
Spesen ....
Steuervergütung ....

Tantiemen ....
Trennungsentschädigung ....
Treueprämie ....
Trinkgeld ....

Überstundenvergütung ....
Übernachtungsspesen ....
Unterhaltsleistungen des neuen Ehegatten ....

Vermietung und Verpachtung ....
Vermögen ....

Zinseinkünfte ....
Zugewinn ....
Zuwendungen Dritter ....

<u>Das ermittelte Nettoeinkommen kann u.U. um folgende Abzugspositionen bereinigt werden:</u>
(alle Beträge, umgerechnet auf den Monat: ....

Abschreibungen ....
Altersversorgung ....
Anwaltskosten ....
Anschaffungskosten ....
Arbeitsmittel ....
auswärtige Tätigkeit ....
Autohaftpflichtversicherung ....

Bausparverträge ....
Beerdigungskosten ....
berufsbedingte Aufwendungen ....
Berufs- und Erwerbsunfähigkeitsversicherung ....
Betreuungsaufwand ....
Berufsverbände, Beiträge ....

Diätkosten ....

Erholungsreisen ....

Fahrtkosten ....
Fortbildungskosten ....

Gebäudeabschreibungen ....
Geldbußen ....
Gerichtskosten ....
Gesundheit, Aufwendungen ....
Gewerbesteuer ....
Gewerkschaftsbeiträge ....
Grundsteuer ....
Grundstücksbelastungen ....

Hauskosten ....
Haftpflichtversicherung ....
Haushaltshilfe ....
Hausrat, Anschaffungen ....
Heilkuren ....
Heizkosten ....
Heirat ....
Hypothekenzinsen ....

Kinderbetreuungskosten ....
Kindergarten ....
Kindersunterhalt ....
Kirchensteuer ....
Kleideranschaffungen ....
Krankenversicherungskosten ....
krankheitsbedingter Mehrbedarf ....
Kreditaufnahme ....

Lebensversicherung ....
Lohnsteuer ....

Mehraufwendungen, trennungsbedingte ....
Miete ....

Nachhilfeunterricht ....

Parteibeiträge ....
Pauschalabzüge ....
Pflichtsversicherungsbeiträge ....
Pkw-Kosten ....
Prämien ....
privatärztliche Behandlungskosten ....
Prothesen ....
Prozeßkostenvorschuß ....
psychische Erkrankungen ....

Ratenzahlungverpflichtungen ....
Reisekosten ....
Rentenversicherung ....
Reparaturkosten ....
Repräsentationskosten ....
Rücklagenbildung ....

Schulden ....
Steuerbelastung ....
Steuerberatungskosten ....
Steuernachzahlung ....
Steuerschulden ....

Taxikosten ....
Umgangsrecht (Kosten) ....
Umzugskosten ....
Unfallversicherung ....
Unterhaltsleistungen ....
Urlaubskosten ....

VermietungundVerpachtung(Aufwendungen) ....
Vermögenseinkünfte (Abzugskosten) ....
Vermögensbildung vermögenswirksame Leistungen ....
Verbindlichkeiten ....
Vereinsbeiträge ....
Versicherungen ....
Vorsorgeaufwendungen ....

Werbegschenke ....
Werbungskosten ....
Wohnkosten ....

Zahnersatz ....
Zinsen ....
Zugewinnausgleichszahlungen ....

Zusatzversicherug ....
Zweitausbildungskosten ....
Zweithaushalt ....

Nr.1 der Urkundenrolle für 2001

Verhandelt

zu 02. Januar 2001

Vor mir, dem Notar

mit dem Amtssitz in

erschienen heute:

1) Herr Harald Muster, geb. am 20.02.1960, wohnhaft in Musterstadt v.d.H., Klosterwald 20,

2) dessen Ehefrau Ellen Muster, geb. Bayer, geb. am 05.06.1965, wohnhaft daselbst ;

- Die Erschienenen sind dem amtierenden Notar persönlich bekannt -

Der Notar fragte nach einer Vorbefassung im Sinne des § 3 Abs. 1 Nr. 7 Beurkundungsgesetz. Sie wurde von den Beteiligten verneint.

Die Erschienenen erklärten sodann:

Wir haben am 01.08.1990 vor dem Standesbeamten in Musterstadt v.d.H. die Ehe geschlossen, sind deutsche Staatsangehörige und leben im gesetzlichen Güterstand der Zugewinngemeinschaft.

Unsere Ehe ist kinderlos. Wir sind beide berufstätig und verfügen über eine ausreichende Altersversorgung.

Wir schließen folgenden

EHEVERTRAG

I.

Regelung des Güterstandes

1. Wir heben den gesetzlichen Güterstand der Zugewinngemeinschaft auf und vereinbaren für unsere Ehe ab sofort den Güterstand der **Gütertrennung.**

2. Der Notar hat uns darauf hingewiesen, daß durch die Vereinbarung der Gütertrennung ein Ausgleich des Zugewinnes bei der Beendigung der Ehe, insbesondere nach einer Scheidung, nicht stattfindet, und daß sich das gesetzliche Erbrecht und das Pflichtteilsrecht vermindern können.

Jeder von uns ist berechtigt, ohne Zustimmung des anderen über sein Vermögen im ganzen, auch über die ihm gehörenden Gegenstände des ehelichen Haushaltes, frei zu verfügen.

3. Der Erschienene zu 1) verpflichtet sich zum Ausgleich der Zugewinnausgleichsansprüche der Erschienenen zu 2) einen Betrag in Höhe von Euro ?? zu zahlen.

Mit Zahlung dieses Betrages bestehen keine weiteren Zugewinnausgleichs ansprüche mehr.

4. Eine Aufstellung unseres beiderseitigen Vermögens wollen wir diesem Vertrag nicht beifügen.

5. Wir beantragen die Eintragung der Gütertrennung in das Güterrechtsregister.

Der Notar soll jedoch die Eintragung nur auf besondere schriftliche Anweisung eines von uns veranlassen.

II.

Sonstige vermögensrechtliche Ansprüche

Zuwendungen eines Ehegatten an den anderen können bei Scheidung der Ehe nicht zurückgefordert werden.

Die Scheidung der Ehe führt nicht zum Wegfall der Geschäftsgrundlage für derartige Zuwendungen.

Dies gilt unabhängig vom Verschulden am Scheitern der Ehe.

Die Rückfordung ist nur möglich, wenn sie bei der Zuwendung ausdrücklich schriftlich vorbehalten wurde.

Auf eventuelle weitere Ansprüche nach § 242 BGB wird ebenfalls (trotz Belehrung des Notars) verzichtet.

Die Parteien nehmen den Verzicht wechselseitig an.

III.

Ausschluß des Versorgungsausgleichs

1. Wir schließen den Versorgungsausgleich im Falle einer Scheidung unserer Ehe aus.

2. Der Notar hat uns über die Bedeutung des Ausschlusses des Versorgungsausgleichs belehrt, insbesondere auch darüber, daß ein Ausgleich der in der Ehezeit erworbenen Anwartschaft oder Aussichten auf eine Versorgung wegen Alters oder Berufs- oder Erwerbsunfähigkeit, gleich aus welchem Grund, nach Scheidung unserer Ehe nicht durchgeführt wird.

Er hat uns auf die Risiken fehlender sozialer Sicherung im Scheidungsfall, aber auch auf die denkbare Nichtigkeit dieser Vereinbarung wegen Sittenwidrigkeit hingewiesen.

3. Uns ist bekannt, daß der Ausschluß des Versorgungsausgleichs unwirksam ist, wenn einer von uns innerhalb eines Jahres Antrag auf Scheidung der Ehe stellt. Wir erklären, daß auch in diesem Falle die Vereinbarung der Gütertrennung aufrecht erhalten bleiben soll.

IV.

Unterhaltspflicht für die Zeit nach der Scheidung

1. Wir vereinbaren für den Fall der rechtskräftigen Scheidung unserer Ehe den wechselseitigen Verzicht nachehelichen Unterhaltes.

Wir nehmen diesen Verzicht wechselseitig an.

Der Notar hat uns über die Folgen dieses Unterhaltsverzichtes belehrt, insbesondere auch über das Risiko, dass nach der Scheidung der Ehe jeder für sich selbst Sorge zu tragen hat. Wir verfügen beide über Einkommen aus Erwerbstätigkeit und wollen auch während der Ehe berufstätig bleiben, bis uns ein gemeinsames Kind geboren wird.

2. Dieser Unterhaltsverzicht wird auflösend bedingt vereinbart.

Sollte wegen der Geburt eines gemeinsamen Kindes einer von uns seine Berufstätigkeit ganz oder teilweise aufgeben, so stehen ihm Unterhaltsansprüche nach den gesetzlichen Regelungen zu, soweit die Unterhaltsansprüche aus Anlaß der Kindesbetreuung bestehen.

Der Unterhaltsanspruch des kinderbetreuenden Ehegatten endet jedoch spätestens mit Erreichen des 14. Lebensjahres des jüngsten Kindes.

Die Vertragsparteien sind sich darüber einig, daß der Unterhaltsanspruch ausschließlich aus Anlaß der Kindesbetreuung besteht und auf alle anderen nachehelichen Unterhaltsansprüche wechselseitig verzichtet wird.

Der Notar hat darauf hingewiesen, daß der Verzicht nicht für den Zeitraum der Trennung gilt.

V.

Erb- und Pflichtteilsverzicht

1. Der Ehemann verzichtet für sich der Ehefrau gegenüber auf sein gesetzliches Erb- und Pflichtteilsrecht.

Die Ehefrau nimmt diesen Verzicht an.

2. Die Ehefrau verzichtet für sich dem Ehemann gegenüber auf ihr gesetzliches Erb- und Pflichtteilsrecht.

Der Ehemann nimmt diesen Verzicht an.

3. Der Notar hat die Beteiligten darauf hingewiesen, daß der Verzichtende von der gesetzlichen Erbfolge nunmehr ausgeschlossen ist und er auch keinen Pflichtteilsanspruch hat.

VI.

Schlußbestimmungen

1. Sollten Bestimmungen dieses Vertrages ganz oder teilweise nicht rechtswirksam oder nicht durchführbar sein oder ihre Rechtswirksamkeit oder Durchführbarkeit

später verlieren, soll hierdurch die Gültigkeit der übrigen Bestimmungen der Vereinbarung nicht berührt werden.

Das gleiche gilt, soweit sich herausstellen sollte, daß die Vereinbarung eine Regelungslücke enthält.

Anstelle der unwirksamen oder undurchführbaren Bestimmung oder zur Ausfüllung der Lücke soll dann eine angemessene Regelung gelten, die, soweit rechtlich möglich, dem am nächsten kommt, was die Vertragsparteien gewollt haben oder nach dem Sinn und Zweck des Vertrages gewollt haben würden, sofern sie bei Abschluß dieses Vertrages diesen Punkt bedacht hätten.

Dies gilt auch dann, wenn die Unwirksamkeit einer Bestimmung etwa auf einem in der Vereinbarung vorgeschriebenen Maß der Leistung oder Zeit (Frist oder Termin) beruht.

Es soll dann ein dem Gewollten möglichst nahe kommendes rechtlich zulässiges Maß der Leistung oder Zeit (Frist oder Termin) als vereinbart gelten.

2. Letztwillige Verfügungen wollen wir im Zusammenhang mit diesem Ehevertrag nicht treffen.

3. Die mit diesem Vertrag verbundenen Kosten tragen wir je zur Hälfte.

4. Unser Reinvermögen beträgt **Euro ???**

Das Protokoll wurde den Erschienenen von dem Notar vorgelesen, von ihnen genehmigt und eigenhändig, wie folgt, unterschrieben :

Ehevertrag II (Modifizierte Zugewinngemeinschaft)

Nr. 2 der Urkundenrolle für 2001

Verhandelt

zu 02. Januar 2001

Vor mir, dem Notar

mit dem Amtssitz in

erschienen heute:

1) Herr Harald Muster, geb. am 20.02.1960, wohnhaft in Musterstadt v.d.H., Klosterwald 20,

2) dessen Ehefrau Ellen Muster, geb. Bayer, geb. am 05.06.1965, wohnhaft daselbst ;

- Die Erschienenen sind dem amtierenden Notar persönlich bekannt -

Der Notar fragte nach einer Vorbefassung im Sinne des § 3 Abs. 1 Nr. 7 Beurkundungsgesetz. Sie wurde von den Beteiligten verneint.

Die Erschienenen erklärten sodann:

Wir haben am 01.08.1990 vor dem Standesbeamten in Musterstadt v.d.H. die Ehe geschlossen.

Wir sind deutsche Staatsangehörige und leben im gesetzlichen Güterstand der Zugewinngemeinschaft.
Wir haben keine Kinder.

Wir schließen folgenden

EHEVERTRAG

I.

Modifizierte Zugewinngemeinschaft

1. Wir vereinbaren für den Fall der Scheidung unserer Ehe, daß die Vermögenswerte vom Zugewinnausgleich ausgeschlossen sind, die Anfangsvermögen im Sinne des § 1374 BGB sind, also auch die Vermögenswerte, die ein jeder von uns vor oder nach Eheschließung von Todes wegen, mit Rücksicht auf ein künftiges Erbrecht oder durch Schenkung erworben hat oder noch erwerben wird.

Dies gilt insbesondere für:

- die Beteiligung des Ehemannes an der ..... Kommanditgesellschaft;

- Wertsteigerungen von Vermögensgegenständen, die zum Anfangsvermögen gehören, so z.B. auch nicht die Wertsteigerungen von Gegenständen, die ein Ehegatte erbt oder die ihm geschenkt werden, ebenso die Surrogate.

Jeder Ehegatte ist berechtigt, auch ohne Einwilligung des anderen Ehegatten über diese Vermögenswerte frei zu verfügen; § 1365 BGB wird insoweit ausgeschlossen.

Soweit danach bei Scheidung der Ehe Zugewinnausgleich beansprucht werden kann, ist eine Vollstreckung in das vom Zugewinnausgleich ausgeschlossene Vermögen unzulässig.

Im übrigen bleibt es beim gesetzlichen Güterstand, insbesondere auch beim Zugewinnausgleich im Todesfall.

2. Auf Ausgleich des etwa bereits entstandenen Zugewinns bezüglich der vorgenannten Vermögenswerte verzichten wir und nehmen diesen Verzicht wechselseitig an.

3. Eine Aufstellung der vom Zugewinnausgleich ausgeschlossenen Vermögenswerte wollen wir diesem Vertrag nicht beifügen.

II.

Unterhaltsregelung für die Zeit nach der rechtskräftigen Scheidung:

1. Der Ehemann verzichtet der Ehefrau gegenüber vollständig auf die Gewährung nachehelichen Unterhalts.

Die Ehefrau nimmt diesen Verzicht an.

2. Für den Unterhaltsanspruch der Ehefrau bleibt es bei der gesetzlichen Regelung mit folgenden Maßgaben:

Der Anspruch auf Unterhalt wird auf höchstens **750 Euro monatlich begrenzt.**

Die Ehefrau verzichtet auf einen etwa weitergehenden Unterhaltsanspruch.

Der Ehemann nimmt diesen Verzicht an.

Der Höchstbetrag ist nach den heutigen Lebenshaltungskosten festgelegt. Wir vereinbaren deshalb, daß sich der Höchstbetrag nach oben oder nach unten im gleichen prozentualen Verhältnis verändert, wie sich der vom Statistischen Bundesamt festgestellte Preisindex für die Lebenshaltung aller privaten Haushalte nach oben oder nach unten verändert.

Die erste Anpassung erfolgt nach Rechtskraft der Ehescheidung durch Vergleich des für den Monat des Vertragsschlusses festgestellten Preisindexes mit dem dann festgestellten Preisindex. Jede weitere Anpassung erfolgt dann jeweils für den Januar eines Jahres.

Der Notar wird beauftragt, die Genehmigung der Europäischen Zentralbank zu dieser Wertsicherungsklausel einzuholen.

Durch die Vereinbarung einer Höchstgrenze des Unterhaltsanspruchs bleiben die gesetzlichen Vorschriften über den nachehelichen Unterhalt im übrigen.

Die Beteiligten sind sich weiterhin darüber einig, daß die Ehefrau verpflichtet ist, im Falle einer rechtskräftigen Scheidung der Ehe eine Berufstägigkeit auszuüben.

III.

Ausschluß des Versorgungsausgleichs

1. Wir schließen den Versorgungsausgleich im Falle einer Scheidung unserer Ehe aus.

2. Der Notar hat uns über die Bedeutung des Ausschlusses des Versorgungsausgleichs belehrt, insbesondere darüber, daß ein Ausgleich der in der Ehezeit erworbenen Anwartschaft oder Aussichten auf eine Versorgung wegen Alters oder Berufs- oder Erwerbsunfähigkeit, gleich aus welchem Grund, nach Scheidung unserer Ehe nicht stattfindet.

Uns ist bekannt, daß der Ausschluß des Versorgungsausgleichs unwirksam wird,, wenn einer von uns innerhalb eines Jahres Antrag auf Scheidung der Ehe stellt.

3. Der Ehemann verpflichtet sich, die zugunsten der Ehefrau bei der ?? Versicherung abgeschlossene Lebensversicherung über ursprünglich Euro ??, zahlbar beim Tode des Ehemannes, spätestens bei Vollendung des 60. Lebensjahres der Ehefrau, aufrechtzuerhalten und die Beiträge pünktlich zu entrichten.

Der Ausschluß des Versorgungsausgleichs wird insoweit auflösend bedingt vereinbart. Er wird unwirksam, falls im Zeitpunkt der rechtskräftigen Scheidung der Ehe die Lebensversicherung mit unwiderruflicher Bezugsberechtigung der Ehefrau nicht mehr besteht oder die fälligen Prämien nicht vollständig gezahlt sind.

IV.

Gegenständlich beschränkter Pflichtteilsverzicht

Die Ehefrau verzichtet hiermit für sich (nicht für ihre Abkömmlinge) gegenüber dem Ehemann auf ihr Pflichtteilsrecht, jedoch nur insoweit, als für das Pflichtteilsrecht der Wert der Beteiligung des Ehemannes an der Kommanditgesellschaft ausgenommen bleibt.

Der Ehemann nimmt diesen gegenständlich beschränkten Verzicht an.

V.

Schlußbestimmungen

1. Sollten Bestimmungen dieses Vertrages ganz oder teilweise nicht rechtswirksam oder nicht durchführbar sein oder ihre Rechtswirksamkeit oder Durchführbarkeit später verlieren, soll hierdurch die Gültigkeit der übrigen Bestimmungen der Vereinbarung nicht berührt werden.

Das gleiche gilt, soweit sich herausstellen sollte, daß die Vereinbarung eine Regelungslücke enthält.

Anstelle der unwirksamen oder undurchführbaren Bestimmung oder zur Ausfüllung der Lücke soll dann eine angemessene Regelung gelten, die, soweit rechtlich möglich, dem am nächsten kommt, was wir gewollt haben oder nach dem Sinn und Zweck des Vertrages gewollt haben würden, sofern wir bei Abschluß dieses Vertrages diesen Punkt bedacht hätten.

Dies gilt auch dann, wenn die Unwirksamkeit einer Bestimmung etwa auf einem in der Vereinbarung vorgeschriebenen Maß der Leistung oder Zeit (Frist oderTermin) beruht. Es soll dann ein dem Gewollten möglichst nahe kommendes rechtlich zulässiges Maß der Leistung oder Zeit (Frist oder Termin) als vereinbart gelten.

2. Wir haben ein Reinvermögen von ca. Euro ...

Das Protokoll wurde den Erschienenen von dem Notar vorgelesen, von ihnen genehmigt und eigenhändig, wie folgt, unterschrieben :

Nr.3 der Urkundenrolle für 2001

Verhandelt

zu , am

Vor mir, dem Notar

mit dem Amtssitz in

erschienen heute:

1) Herr Helmut Muster, geb. am 10.06.1060, wohnhaft in Musterstadt v.d.H., Stadtwald 10,

2) dessen Ehefrau Anna Muster, geb. Hurtig, geb. am 02.02.1965, wohnhaft daselbst ;

- Die Erschienenen sind dem amtierenden Notar persönlich bekannt -

Der Notar fragte nach einer Vorbefassung im Sinne des § 3 Abs. 1 Nr. 7 BeurkG. Sie wurde von den Beteiligten verneint.

Die Erschienenen erklärten sodann :

I.

Vorbemerkungen

1. Wir sind beide deutsche Staatsangehörige.

2. Wir haben am 03.07.1990 vor dem Standesbeamten in Musterstadt v.d.H. die Ehe geschlossen.

3. Wir leben im gesetzlichen Güterstand der Zugewinngemeinschaft.

4. Einen Ehevertrag haben wir bisher nicht errichtet.

5. Aus unserer Ehe sind die Kinder:

   Mark Muster, geb. am

   Sylvia Muster, geb. am

   hervorgegangen.

   Zwischen uns ist kein Scheidungsverfahren anhängig.

II.

Ehevertrag

1. Vermögen:

a) Wir schließen den gesetzlichen Güterstand der Zugewinngemeinschaft für unsere Ehe mit sofortiger Wirkung aus und vereinbaren von heute an, den Güterstand der Gütertrennung.

Unter anderem soll zum Ausgleich etwaiger, seit Beginn unserer Ehe bis zum heutigen Tage entstandener Zugewinnausgleichsansprüche die nachfolgend in dieser Urkunde protokollierten Regelungen getroffen werden:

Soweit diese nicht geeignet sein sollten, etwa bestehende Zugewinnausgleichsansprüche vollständig zu erfüllen, verzichten wir hiermit wechselseitig auf etwaige weitergehende Zugewinnausgleichsansprüche und nehmen diesen Verzicht wechselseitig an.

Der Notar hat uns über die rechtliche Bedeutung und die Auswirkungen der Gütertrennung ausführlich belehrt, insbesondere wurden wir über den Wegfall jeglichen Zugwinnausgleichs bei Beendigung des Güterstandes einschließlich darauf, daß die Vereinbarung der Gütertrennung zum Fortfall der Beschränkungen aus den §§ 1365 und 1369 BGB führt, fortan also jeder von uns ohne Zustimmung des anderen Ehegatten über sein Vermögen im Ganzen und über die ihm gehörenden Gegenstände des ehelichen Haushalts verfügen kann, weiterhin wurden wir auf die Notwendigkeit hingewiesen, bei Zuwendungen der Ehegatten während der Ehe eine Rückforderung bei Beendigung des Güterstandes ausdrücklich vorzubehalten.

b) Die Erschienene zu 2., nachstehend "Übergeberin" genannt, überträgt ihren ideellen Miteigentumsanteil von 1/2 an dem Grundbesitz

Grundbuch von Musterstadt Band 10 Blatt 100
Flur 2, Flurstück 115

Gebäude- und Freifläche, Stadtwald 10, 820 qm

an den Erschienenen zu 1., nachstehend "Übernehmer" genannt, der die

Übertragung annimmt, zu folgenden Bedingungen:

(1) Die Veräußerung erstreckt sich auch auf das Zubehör.

(2) Die Übergabe erfolgt mit Wirkung zum ??

Mit der Übergabe gehen Gefahr und Nutzen auf den Übernehmer über.

(3) Für den angegebenen Flächeninhalt wird nicht gehaftet.

(4) Der Grundbesitz wird frei von Ansprüchen Dritter übertragen, soweit nicht Lasten oder Verpflichtungen in diesem Vertrag übernommen werden. Ausgenommen hiervon sind Grunddienstbarkeiten, Baulasten und nicht eingetragene Nachbarrechte, insbesondere Leitungs- und Wegerechte. Die Beteiligten erklären, daß ihnen solche nicht bekannt sind.

Der Notar hat die Beteiligten darauf hingewiesen, daß er das Baulastenverzeichnis nicht eingesehen hat.

Im Grundbuch sind folgende Belastungen eingetragen:

Abt. II: keine

Abt. III Nr. 1): **Euro 200.000,–** Grundschuld für die Deutsche Bank Frankfurt/Main, nebst 15 % Zinsen und 5 % einmalige Nebenleistung.

Das Recht Abt. III Nr. 1 bleibt bestehen und wird von dem Übernehmer übernommen.

Etwa entstandene Eigentümergrundschulden bzw. der Anspruch auf Rückübertragung der Grundschuld wird an den Übernehmer abgetreten. Dieser nimmt die Abtretung an.

Die Eintragung der Abtretung im Grundbuch soll nicht erfolgen.

Die Grundschuld dient zur Sicherung der nachstehend aufgeführten Darlehen, für die beide Vertragsschließenden gesamtschuldnerisch haften :

Darlehen Nr. ??
Darlehen Nr. ??

Der Übernehmer übernimmt diese Darlehen einschließlich aller zukünftigen Zins- und Zahlungsverpflichtungen mit Wirkung vom ?? und stellt die Übergeberin ab diesem Tag von einer Inanspruchnahme der Gläubigerin im Innenverhältnis frei.

Der Valutastand der von dem Übernehmer insgesamt zu tragenden Darlehen beträgt ca. Euro ???

Der amtierende Notar hat die Erschienenen darüber belehrt, daß die Schuldübernahme -wie vorstehend protokolliert- nur im Innenverhältnis zwischen den Erschienenen gilt und daß es zur Wirksamkeit dieser Schuldübernahme auch im Außenverhältnis, also gegenüber der Gläubigerin, der Genehmigung dieser Schuldübernahme durch die Gläubigerin und der Entlassung der Übergeberin aus der persönlichen Schuldhaft durch die Gläubigerin bedarf.

Insoweit verpflichten sich die Erschienenen, alle Erklärungen abzugeben, Rechtshandlungen vorzunehmen und Anträge zu stellen, die zu einer Schuldhaftentlassung der Übergeberin und zur Genehmigung der Schuldübernahme durch den Übernehmer erforderlich sind.

(5) Die auf dem übertragenen Grundbesitz ruhenden öffentlichen Abgaben und Lasten gehen ab Besitzübergabe auf den Übernehmer über.

(6) Der Übernehmer verpflichtet sich, eine Herauszahlung an die Übergeberin in Höhe von ?? (i. W.: ?? Euro) zu leisten.

Der Betrag errechnet sich wie folgt :

Der Betrag ist fällig am ??, jedoch nicht vor Eintragung einer Auflassungsvormerkung zugunsten des Übernehmers.

Bis zur Fälligkeit sind Zinsen nicht zu entrichten. Nicht fristgemäß gezahlte Beträge sind ab dem Tage der Fälligkeit mit einem Zinssatz von 4 über dem jeweiligen Basiszinssatz der Europäischen Zentralbank zu verzinsen.

Die Zinsen sind nachträglich am Ende eines Monats zur Zahlung fällig.

Der amtierende Notar wird beauftragt, die Vertragsparteien vom Eingang der Grundbuchnachricht über die Eintragung der Auflassungsvormerkung schriftlich zu benachrichtigen.

(7) Der übertragene Grundbesitz wird in dem Zustand übernommen, in dem er steht und liegt.

Die Haftung für Sach-und sonstige Mängel wird ausgeschlossen.

(8) Der Notar wird bevollmächtigt, Anträge aus dieser Urkunde ganz oder geteilt zu stellen und auch ganz oder geteilt wieder zurückzunehmen.

(9) Die Vertragsparteien sind darüber einig, daß Erschließungskosten und Anliegerbeiträge für Maßnahmen, die bis zum Tage der Übergabe gegenüber den Parteien festgesetzt werden, von den Parteien je zur Hälfte zu tragen sind.

Die Erschließungskosten und Anliegerbeiträge, die ab dem Tag, der der Übergabe folgt, festgesetzt werden, trägt der Übernehmer. Er stellt die Übergeberin insoweit von einer Inanspruchnahme durch Dritte frei.

(10) Die Vertragsparteien bewilligen und beantragen, für den Übernehmer zur Sicherung des Rechts auf Übertragung des Eigentums an der übertragenen Grundbesitzhälfte eine Auflassungsvormerkung einzutragen.

(11) Die Vertragsparteien sind darüber einig, daß das Eigentum an dem übertragenen Grundbesitz auf den Übernehmer übergehen soll und bewilligen und beantragen die Eintragung des Eigentumsüberganges im Grundbuch.

Das Eigentum ist nunmehr für den Übernehmer allein einzutragen.

2. Güterrechtsregister:

Wir beantragen die Wahrung des Vertrages im Güterrechtsregister, bitten jedoch den Notar, den Antrag auf Wahrung erst dann zu stellen, wenn einer von uns ihn dazu schriftlich auffordert.

Das Recht des Notars, von sich aus die Gütertrennung im Register wahren zu lassen, bleibt hiervon unberührt.

3. Versorgungsausgleich:

a) Den bei einer evtl. Scheidung unserer Ehe nach den §§ 1587 ff. BGB regelmäßig eintretenden Versorgungsausgleich schließen wir hiermit aus.

Wir wurden vom Notar über das Wesen des Vesorgungsausgleichs und die Wirkungen seines Ausschlusses unterrichtet.

b) Der Notar hat uns darauf hingewiesen, daß der vereinbarte Ausschluß des Versorgungsausgleiches unwirksam ist, wenn einer von uns beiden innerhalb eines Jahres Antrag auf Scheidung der Ehe stellt.

Sollte einer von uns innerhalb eines Jahres Antrag auf Scheidung stellen, so verzichten wir gegenseitig auf die Durchführung des Versorgungsausgleiches bzw. auf die Ansprüche, die einem von uns aufgrund des Versorgungsausgleiches zustehen sollten.

Wir wurden vom Notar darauf hingewiesen, daß diese - für den Fall der Stellung eines Scheidungsantrages innerhalb eines Jahres getroffene - Vereinbarung nach § 1587 o BGB der Genehmigung des Familiengerichts bedarf.

Wir werden mit Einreichung des Scheidungsantrages die Genehmigung des Familiengerichts mit der Begründung beantragen, daß wir beide während der Ehezeit erwerbstätig waren und Versorgungsanwartschaften erworben haben.

Daneben ist bei dem Alter jedes Ehegatten damit zu rechnen, daß jeder noch ausreichende und angemessene Versorgungsanwartschaften erwerben kann.

c) In diesem Zusammenhang erklären die Erschienenen, daß die unter Ziffer II 1. a) dieser Urkunde vereinbarte Gütertrennung auch in dem Fall wirksam und gültig bleiben soll, daß der vorstehend protokollierte Ausschluß des Versorgungsausgleichs unwirksam werden sollte, etwa weil einer von uns vor Ablauf der Jahresfrist Scheidungsantrag stellt oder weil der Ausschluß des Versorgungsausgleichs vom Familiengericht nicht genehmigt wird.

4. Verzicht auf nachehelichen Unterhalt

Der Ehemann verpflichtet sich, Ehegattenunterhalt aus Anlaß der Kindesbetreuung zu leisten.

Die Unterhaltsverpflichtung erlischt mit Erreichen des 16. Lebensjahres des jüngsten Kindes.

Im übrigen verzichten die Eheleute wechselseitig auf Unterhalt und nehmen diesen Unterhalt wechselseitig an.

Der Unterhaltsanspruch der Ehefrau ist begrenzt auf den notwendigen Unterhalt, soweit es den Bedarf betrifft.

Die Parteien vereinbaren, daß zur Unterhaltsberechnung das Einkommen des Verpflichteten aus Erwerbstätigkeit für das Maß der Leistungsfähigkeit heranzuziehen ist.

Weitere Unterhaltsansprüche bestehen nicht.

Der Notar hat uns darauf hingewiesen, daß die Wirksamkeit eines solchen allgemeinen Unterhaltsverzichts nicht unumstritten ist.

Darüber hinaus hat der Notar die Erschienenen umfassend über die Folgen und die Bedeutung dieses wechselseitigen Unterhaltsverzichts belehrt, insbesondere über das nicht vorhersehbare Risiko, daß nach der Ehescheidung jeder von ihnen in eigener Verantwortung für den eigenen Unterhalt und die Deckung des eigenen Lebensbedarfs Sorge zu tragen hat.

Ferner hat der Notar die Erschienenen darüber belehrt, daß eine vertragliche Vereinbarung, in der ein nicht erwerbsfähiger, einkommensloser und nichtvermögender Ehegatte auf nachehelichen Unterhalt mit der Folge verzichtet, zwangsläufig der Sozialhilfe zu unterfallen, den guten Sitten zuwiderlaufen und damit nichtig sein kann, auch wenn er nicht aus einer Schädigungsabsicht der Ehepartner zu Lasten des Trägers der Sozialhilfe beruht.

Der Notar hat die Erschienenen schließlich darüber belehrt, daß der vorstehend vereinbarte Unterhaltsverzicht zunächst nur Gültigkeit zwischen den Vertragsschließenden hat und daß sich der Träger der Sozialhilfe oder anderen Sozialleistungen unter Umständen darauf berufen kann, daß dieser

III.

Erbverzicht und Pflichtteilsverzichtsvertrag

1. Der Ehemann verzichtet hiermit auf sein gesetzliches Erb- und Pflichtteilsrecht am Nachlass seiner Ehefrau.

   Die Ehefrau nimmt den Verzicht an.

2. Die Ehefrau verzichtet hiermit auf ihr gesetzliches Erb- und Pflichtteilsrecht am Nachlasse ihres Ehemannes.

   Der Ehemann nimmt den Verzicht an.

IV.

Sonstige Erklärungen

1. Durch die in dieser Urkunde protokollierten Vereinbarungen bzw. mit deren Erfüllung sind alle vermögensrechtlichen Ansprüche zwischen den Erschienenen, mögen diese Ansprüche heißen wie sie wollen, abschließend geregelt bzw. erfüllt. Dies gilt insbesondere auch hinsichtlich eventuell bestehender Zugewinnausgleichsansprüche für die Zeit ab Beginn unserer Ehe bis zum heutigen Tage.

2. Wir wurden vom amtierenden Notar über die rechtliche Bedeutung und Tragweite der vorstehenden Erklärungen belehrt. Wir bitten den Notar um Erteilung einer einfachen Abschrift dieses Vertrages für jeden von uns.

Nach Vollzug der Eigentumsumschreibung aus dieser Urkunde soll der Notar uns weiterhin jeweils eine Ausfertigung dieser Urkunde erteilen.

3. Sollte eine der vorstehenden Bestimmungen dieser Urkunde unwirksam sein, bleiben die übrigen Bestimmungen wirksam.

   Die Erschienenen verpflichten sich für diesen Fall, die unwirksame Regelung durch eine solche zu ersetzen, die den Zweck der unwirksamen Regelung soweit als rechtlich möglich auf anderem Wege ersetzt.

4. Die Kosten dieser Urkunde und ihres Vollzugs, der Eintragung und Löschung der Vormerkung und der Eigentumsumschreibung trägt der Erschienene zu 1) alleine.

5. Den Wert unseres Vermögens geben wir mit ca. Euro ?? an.

Das Protokoll wurde den Erschienenen vorgelesen, von ihnen genehmigt und eigenhändig, wie folgt, unterschrieben :

Honorarvereinbarung

Ich verpflichte mich, den Rechtsanwälten Muster & Muster, Musterstraße 1 12345 Musterstadt, für ihre Tätigkeit in meiner Angelegenheit

?? ./. ??

ein Honorar von

......,.. Euro
zzgl. Mehrwertsteuer,

Porto und Schreibauslagen sowie etwaiger Reisekosten gemäß §§ 26 bis 28 BRAGO zu zahlen.

Das Honorar ist sofort fällig/in Teilbeträgen, und zwar in 3 Teilbeträgen wie folgt, zu leisten:

- am .... in Höhe von ....
- am .... in Höhe von ....
- am .... in Höhe von ....

In dem Gesamthonorar ist enthalten die Tätigkeit der Rechtsanwälte für folgende Regelungsgegenstände:

1. für die Verfahren zum Getrenntleben (außergerichtlich),

   - Elterliche Sorge
   - Umgangsrecht
   - Auskunftsbegehren zu den Einkommen zur Errechnung von Kindes- und Ehegattenunterhalt
   - Kindesunterhalt (Leistung)
   - Weiterbedienung der Verbindlichkeiten
   - Ausgleichsanspruch nach § 426 BGB
   - Ehegattenunterhalt
   - Prozeßkostenvorschuß
   - Vorsorgeunterhalt
   - Ehewohnung und Nebenräume
   - Neuregelung von Nutzung und Verwaltung von Wohnungseigentum/eines Hauses
   - Hausrat (Nutzung)
   - Vorzeitiger Zugewinnausgleich
   - Erbrechtliche Fragen
   - Kontenklärung (Versorgungsausgleich)
   - Lohnsteuerrückerstattung/Einkommenssteuervorauszahlung
   - Offenbarungspflicht über die Änderung der Einkommens- und der sonstigen Verhältnisse
   - Versicherungsrechtliche Fragen

- Widerruf der Bezugsberechtigungen von Versicherungen
- Widerruf von Testamenten

2. für die Verfahren zur Regelung der Scheidungsfolgen (außergerichtlich)

- Elterliche Sorge
- Umgangsrecht
- Auskunftsverpflichtungen zur Berechnung von Kindes- und Ehegattenunterhaltsansprüchen
- Kindesunterhalt (Leistung)
- Verbindlichkeiten
- Ehegattenunterhalt
- Ende der Unterhaltsverpflichtung
- Vorsorgeunterhalt
- Realsplitting
- Ehewohnung
- Hausrat
- Zugewinnausgleich
- Ausgleichsanspruch nach § 426 BGB
- Vermögensauseinandersetzungen
- Gesamtschuldnerausgleich
- Gemeinsames Girokonto
- Versorgungsausgleich
- Erbrechtliche Fragen
- Vollstreckungsunterwerfung
- Offenbarungspflicht über die Änderung der Einkommens- und der sonstigen Verhältnisse
- Versicherungsrechtliche Fragen

3. für die Scheidung vor dem Amtsgericht in ______________________

4. ??
5. ??
6. ??

Nicht enthalten sind in diesem Betrag die Fahrtzeit zu den entsprechenden Gerichtsterminen, die mit _________ Euro pro Stunde inkl. Mwst. vereinbart werden.

Die angefangene Stunde wird in Minuten abgerechnet. Der gefahrene Kilometer wird mit ______ Euro inkl. Mwst. berechnet.

Sofern einzelne Ziffern in ein gerichtliches Verfahren münden, erhöht sich der Gesamtbetrag für die erste Instanz um jeweils ____________________ Euro.

Sollten die gesetzlichen Gebühren das vereinbarte Honorar übersteigen, verpflichte ich mich, die gesetzlichen Gebühren zu zahlen.

Ich weiß, daß dieses Honorar die gesetzlichen Gebühren übersteigen kann. Damit bin ich einverstanden.

Ort, Datum

____
(Unterschrift)

Kostenrisiko-Übersicht

Streitwert: 15.000,00 Euro
Kosten für 1 Anwalt bei Durchführung einer Beweisaufnahme

3x 10/10 Gebühr gemäß § 11 BRAGO	1.698,00 EUR
(1x 10/10 Gebühr entspricht 566,00 EUR)	
Auslagen gem. § 26 BRAGO	20,00 EUR
16 % Mehrwertsteuer § 25 II BRAGO	274,88 EUR
Gesamt	**1.992,88 EUR**

3x Gerichtskosten gemäß § 11 GKG	**726,00 EUR**
(1 Gerichtsgebühr entspricht 242,00 EUR)	

Streitwert: 30.000,00 Euro
Kosten für 1 Anwalt bei Durchführung einer Beweisaufnahme

3x 10/10 Gebühr gemäß § 11 BRAGO	2.274,00 EUR
(1x 10/10 Gebühr entspricht 758,00 EUR)	
Auslagen gem. § 26 BRAGO	20,00 EUR
16 % Mehrwertsteuer § 25 II BRAGO	367,04 EUR
Gesamt	**2.661,04 EUR**

3x Gerichtskosten gemäß § 11 GKG	**1.020,00 EUR**
(1 Gerichtsgebühr entspricht 340,00 EUR)	

Streitwert: 50.000,00 Euro
Kosten für 1 Anwalt bei Durchführung einer Beweisaufnahme

3x 10/10 Gebühr gemäß § 11 BRAGO	3.138,00 EUR
(1x 10/10 Gebühr entspricht 1.046,00 EUR)	
Auslagen gem. § 26 BRAGO	20,00 EUR
16 % Mehrwertsteuer § 25 II BRAGO	505,28 EUR
Gesamt	**3.663,28 EUR**

3x Gerichtskosten gemäß § 11 GKG	**1.368,00 EUR**
(1 Gerichtsgebühr entspricht 456,00 EUR)	

Gesetz über die Eingetragene Lebenspartnerschaft
(Lebenspartnerschaftsgesetz - LPartG)

Abschnitt 1
Begründung der Lebenspartnerschaft

§ 1
Form und Voraussetzungen

(1) Zwei Personen gleichen Geschlechts begründen eine Lebenspartnerschaft, wenn sie gegenseitig persönlich und bei gleichzeitiger Anwesenheit erklären, miteinander eine Partnerschaft auf Lebenszeit führen zu wollen (Lebenspartnerinnen oder Lebenspartner). Die Erklärungen können nicht unter einer Bedingung oder Zeitbestimmung abgegeben werden. Die Erklärungen werden wirksam, wenn sie vor der zuständigen Behörde erfolgen. Weitere Voraussetzung für die Begründung der Lebenspartnerschaft ist, dass die Lebenspartner eine Erklärung über ihren Vermögensstand (§ 6 Abs. 1) abgegeben haben.

(2) Eine Lebenspartnerschaft kann nicht wirksam begründet werden

1. mit einer Person, die minderjährig oder verheiratet ist oder bereits mit einer anderen Person eine Lebenspartnerschaft führt;
2. zwischen Personen, die in gerader Linie miteinander verwandt sind;
3. zwischen vollbürtigen und halbbürtigen Geschwistern,
4. wenn die Lebenspartner bei der Begründung der Lebenspartnerschaft darüber einig sind, keine Verpflichtungen gemäß § 2 begründen zu wollen.

Abschnitt 2
Wirkungen der Lebenspartnerschaft

§ 2
Partnerschaftliche Lebensgemeinschaft

Die Lebenspartner sind einander zu Fürsorge und Unterstützung sowie zur gemeinsamen Lebensgestaltung verpflichtet. Sie tragen füreinander Verantwortung.

§ 3
Lebenspartnerschaftsname

(1) Die Lebenspartner können einen gemeinsamen Namen (Lebenspartnerschaftsnamen) bestimmen. Zu ihrem Lebenspartnerschaftsnamen können die Lebenspartner durch Erklärung den Geburtsnamen eines der Lebenspartner bestimmen. Die Erklärung über die Bestimmung des Lebenspartnerschaftsnamens soll bei der Begründung der Lebenspartnerschaft erfolgen. Die Erklärungen werden wirksam, wenn sie vor der zuständigen Behörde erfolgen. Voraussetzung für die Wirksamkeit einer später abgegebenen Erklärung ist ihre öffentliche Beglaubigung.

(2) Ein Lebenspartner, dessen Geburtsname nicht Lebenspartnerschaftsname wird, kann durch Erklärung dem Lebenspartnerschaftsnamen seinen Geburtsnamen oder den zur Zeit

der Erklärung über die Bestimmung des Lebenspartnerschaftsnamens geführten Namen voranstellen oder anfügen. Dies gilt nicht, wenn der Lebenspartnerschaftsname aus mehreren Namen besteht. Besteht der Name eines Lebenspartners aus mehreren Namen, so kann nur einer dieser Namen hinzugefügt werden. Die Erklärung wird wirksam, wenn sie vor der zuständigen Behörde erfolgt. Die Erklärung kann widerrufen werden; in diesem Fall ist eine erneute Erklärung nach Satz 1 nicht zulässig. Der Widerruf wird wirksam, wenn er vor der zuständigen Behörde erfolgt. Die Erklärung und der Widerruf müssen öffentlich beglaubigt werden.

(3) Ein Lebenspartner behält den Lebenspartnerschaftsnamen auch nach der Beendigung der Lebenspartnerschaft. Er kann durch Erklärung seinen Geburtsnamen oder den Namen wieder annehmen, den er bis zur Bestimmung des Lebenspartnerschaftsnamens geführt hat, oder seinen Geburtsnamen dem Lebenspartnerschaftsnamen voranstellen oder anfügen. Absatz 2 gilt entsprechend.

(4) Geburtsname ist der Name, der in die Geburtsurkunde eines Lebenspartners zum Zeitpunkt der Erklärung nach Abs. 1 bis 3 einzutragen ist.

§ 4
Umfang der Sorgfaltspflicht

Die Lebenspartner haben bei der Erfüllung der sich aus dem lebenspartnerschaftlichen Verhältnis ergebenden Verpflichtungen einander nur für diejenige Sorgfalt einzustehen, welche sie in eigenen Angelegenheiten anzuwenden pflegen.

§ 5
Verpflichtung zum Lebenspartnerschaftsunterhalt

Die Lebenspartner sind einander zum angemessenen Unterhalt verpflichtet. Die §§ 1360a und 1360b des Bürgerlichen Gesetzbuchs gelten entsprechend.

§ 6
Erklärung über den Vermögensstand

(1) Vor der Begründung der Lebenspartnerschaft haben sich die Lebenspartner über den Vermögensstand zu erklären. Dabei müssen die Lebenspartner entweder erklären, dass sie den Vermögensstand der Ausgleichsgemeinschaft vereinbart haben, oder sie müssen einen Lebenspartnerschaftsvertrag (§ 7) abgeschlossen haben.

(2) Beim Vermögensstand der Ausgleichsgemeinschaft wird Vermögen, das die Lebenspartner zu Beginn der Lebenspartnerschaft haben oder während der Lebenspartnerschaft erwerben, nicht gemeinschaftliches Vermögen. Jeder Lebenspartner verwaltet sein Vermögen selbst. Bei Beendigung des Vermögensstandes wird der Überschuss, den die Lebenspartner während der Dauer des Vermögensstandes erzielt haben, ausgeglichen. Die §§ 1371 bis 1390 des Bürgerlichen Gesetzbuchs gelten entsprechend.

(3) Ist die Vereinbarung nach Absatz 1 Satz 2 oder der Lebenspartnerschaftsvertrag unwirksam, so besteht Vermögenstrennung.

§ 7
Lebenspartnerschaftsvertrag

(1) Die Lebenspartner können ihre vermögensrechtlichen Verhältnisse durch Vertrag (Lebenspartnerschaftsvertrag) regeln. Der Vertrag muss bei gleichzeitiger Anwesenheit beider Lebenspartner zur Niederschrift eines Notars geschlossen werden. Die §§ 1409 und 1411 des Bürgerlichen Gesetzbuchs gelten entsprechend.

(2) Absatz 1 Satz 2 gilt nicht, wenn die Lebenspartner vor der Begründung der Lebenspartnerschaft den Vermögensstand der Ausgleichsgemeinschaft in der in § 6 Abs. 1 vorgesehenen Form vereinbaren.

§ 8
Sonstige vermögensrechtliche Wirkungen

(1) Zugunsten der Gläubiger eines der Lebenspartner wird vermutet, dass die im Besitz eines Lebenspartners oder beider Lebenspartner befindlichen beweglichen Sachen dem Schuldner gehören. Im übrigen gilt § 1362 Abs. 1 Satz 2 und 3 und Abs. 2 des Bürgerlichen Gesetzbuchs entsprechend.

(2) § 1357 und die §§ 1365 bis 1370 des Bürgerlichen Gesetzbuchs gelten entsprechend.

§ 9
Sorgerechtliche Befugnisse des Lebenspartners

(1) Führt der allein sorgeberechtigte Elternteil eine Lebenspartnerschaft, hat sein Lebenspartner im Einvernehmen mit dem sorgeberechtigten Elternteil die Befugnis zur Mitentscheidung in Angelegenheiten des täglichen Lebens des Kindes. § 1629 Abs. 2 Satz 1 des Bürgerlichen Gesetzbuchs gilt entsprechend.

(2) Bei Gefahr im Verzug ist der Lebenspartner dazu berechtigt, alle Rechtshandlungen vorzunehmen, die zum Wohl des Kindes notwendig sind; der sorgeberechtigte Elternteil ist unverzüglich zu unterrichten.

(3) Das Familiengericht kann die Befugnisse nach Absatz 1 einschränken oder ausschließen, wenn dies zum Wohl des Kindes erforderlich ist.

(4) Die Befugnisse nach Absatz 1 bestehen nicht, wenn die Lebenspartner nicht nur vorübergehend getrennt leben.

§ 10
Erbrecht

(1) Der überlebende Lebenspartner des Erblassers ist neben Verwandten der ersten Ordnung zu einem Viertel, neben Verwandten der zweiten Ordnung oder neben Großeltern zur Hälfte der Erbschaft gesetzlicher Erbe. Zusätzlich stehen ihm die zum lebenspartnerschaftlichen Haushalt gehörenden Gegenstände, soweit sie nicht Zubehör eines Grundstücks sind, und die Geschenke zur Begründung der Lebenspartnerschaft als Voraus zu. Ist der überlebende Lebenspartner neben Verwandten der ersten Ordnung gesetzlicher Erbe, so steht ihm der Voraus nur zu, soweit er ihn zur Führung eines angemessenen Haushaltes benötigt. Auf den Voraus sind die für Vermächtnisse geltenden Vorschriften anzuwenden.

(2) Sind weder Verwandte der ersten noch der zweiten Ordnung noch Großeltern vorhanden, erhält der überlebende Lebenspartner die ganze Erbschaft.

(3) Das Erbrecht des überlebenden Lebenspartners ist ausgeschlossen, wenn zur Zeit des Todes des Erblassers

1. die Voraussetzungen für die Aufhebung der Lebenspartnerschaft nach § 15 Abs. 2 Nr. 1 oder 2 gegeben waren und der Erblasser die Aufhebung beantragt oder ihr zugestimmt hatte oder

2. der Erblasser einen Antrag nach § 15 Abs. 2 Nr. 3 gestellt hatte und dieser Antrag begründet war.

In diesen Fällen gilt § 16 entsprechend.

(4) Lebenspartner können ein gemeinschaftliches Testament errichten. Die §§ 2266 bis 2273 des Bürgerlichen Gesetzbuchs gelten entsprechend.

(5) Auf eine letztwillige Verfügung, durch die der Erblasser seinen Lebenspartner bedacht hat, ist § 2077 Abs. 1 und 3 des Bürgerlichen Gesetzbuchs entsprechend anzuwenden.

(6) Hat der Erblasser den überlebenden Lebenspartner durch Verfügung von Todes wegen von der Erbfolge ausgeschlossen, kann dieser von den Erben die Hälfte des Wertes des gesetzlichen Erbteils als Pflichtteil verlangen. Die Vorschriften des Bürgerlichen Gesetzbuchs über den Pflichtteil gelten mit der Maßgabe entsprechend, dass der Lebenspartner wie ein Ehegatte zu behandeln ist.

(7) Die Vorschriften des Bürgerlichen Gesetzbuchs über den Erbverzicht gelten entsprechend.

§ 11
Sonstige Wirkungen der Lebenspartnerschaft

(1) Ein Lebenspartner gilt als Familienangehöriger des anderen Lebenspartners, soweit nicht etwas anderes bestimmt ist.

(2) Die Verwandten eines Lebenspartners gelten als mit dem anderen Lebenspartner verschwägert. Die Linie und der Grad der Schwägerschaft bestimmen sich nach der Linie und dem Grade der sie vermittelnden Verwandtschaft. Die Schwägerschaft dauert fort, auch wenn die Lebenspartnerschaft, die sie begründet hat, aufgelöst wurde.

Abschnitt 3
Getrenntleben der Lebenspartner

§ 12
Unterhalt bei Getrenntleben

(1) Leben die Lebenspartner getrennt, so kann ein Lebenspartner von dem anderen den nach den Lebensverhältnissen und den Erwerbs- und Vermögensverhältnissen während der Lebenspartnerschaft angemessenen Unterhalt verlangen. Der nichterwerbstätige Lebenspartner kann darauf verwiesen werden, seinen Unterhalt durch eine Erwerbstätigkeit selbst zu verdienen, es sei denn, dass dies von ihm nach seinen persönlichen Verhältnissen unter

Berücksichtigung der Dauer der Lebenspartnerschaft und nach den wirtschaftlichen Verhältnissen der Lebenspartner nicht erwartet werden kann.

(2) Ein Unterhaltsanspruch ist zu versagen, herabzusetzen oder zeitlich zu begrenzen, soweit die Inanspruchnahme des Verpflichteten unbillig wäre. § 1361 Abs. 4 und § 1610a des Bürgerlichen Gesetzbuchs gelten entsprechend.

§ 13
Hausratsverteilung bei Getrenntleben

(1) Leben die Lebenspartner getrennt, so kann jeder von ihnen die ihm gehörenden Haushaltsgegenstände von dem anderen Lebenspartner herausverlangen. Er ist jedoch verpflichtet, sie dem anderen Lebenspartner zum Gebrauch zu überlassen, soweit dieser sie zur Führung eines abgesonderten Haushalts benötigt und die Überlassung nach den Umständen des Falles der Billigkeit entspricht.

(2) Haushaltsgegenstände, die den Lebenspartnern gemeinsam gehören, werden zwischen ihnen nach den Grundsätzen der Billigkeit verteilt. Das Gericht kann eine angemessene Vergütung für die Benutzung der Haushaltsgegenstände festsetzen.

(3) Die Eigentumsverhältnisse bleiben unberührt, sofern die Lebenspartner nichts anderes vereinbaren.

§ 14
Wohnzuweisung bei Getrenntleben

(1) Leben die Lebenspartner voneinander getrennt oder will einer von ihnen getrennt leben, so kann ein Lebenspartner verlangen, dass ihm der andere die gemeinsame Wohnung oder einen Teil zur alleinigen Nutzung überlässt, soweit dies auch unter Berücksichtigung der Belange des anderen Lebenspartners notwendig ist, um eine unbillige Härte zu vermeiden. Eine unbillige Härte kann auch dann gegeben sein, wenn das Wohl von im Haushalt lebenden Kindern beeinträchtigt ist. Steht einem Lebenspartner allein oder gemeinsam mit einem Dritten das Eigentum, das Erbbaurecht oder der Nießbrauch an dem Grundstück zu, auf dem sich die gemeinsame Wohnung befindet, so ist dies besonders zu berücksichtigen; Entsprechendes gilt für das Wohnungseigentum, das Dauerwohnrecht und das dingliche Wohnrecht.

(2) Hat der Lebenspartner, gegen den sich der Antrag richtet, den anderen Lebenspartner widerrechtlich und vorsätzlich am Körper, der Gesundheit oder der Freiheit verletzt oder mit einer solchen Verletzung oder der Verletzung des Lebens widerrechtlich gedroht, ist in der Regel die gesamte Wohnung zu alleinigen Benutzung zu überlassen. Der Anspruch auf Wohnungsüberlassung ist nur dann ausgeschlossen, wenn keine weiteren Verletzungen und widerrechtlichen Drohungen zu besorgen sind, es sei denn, dass dem verletzten Lebenspartner das weitere Zusammenleben mit dem anderen wegen der Schwere der Tat nicht zuzumuten ist.

(3) Wurde einem Lebenspartner die gemeinsame Wohnung ganz oder zum Teil überlassen, so hat der andere alles zu unterlassen, was geeignet ist, die Ausübung dieses Nutzungsrechts zu erschweren oder zu vereiteln. Er kann von dem nutzungsberechtigten Lebenspartner eine Vergütung für die Nutzung verlangen, soweit dies der Billigkeit entspricht.

(4) Ist ein Lebenspartner aus der gemeinsamen Wohnung ausgezogen, um getrennt zu leben, und hat er binnen sechs Monaten nach seinem Auszug eine ernstliche Rückkehrab-

sicht dem anderen Lebenspartner gegenüber nicht bekundet, so wird unwiderleglich vermutet, dass er dem in der gemeinsamen Wohnung verbliebenen Lebenspartner das alleinige Nutzungsrecht überlassen hat.

Abschnitt 4
Aufhebung der Lebenspartnerschaft

§ 15
Aufhebung

(1) Die Lebenspartnerschaft wird auf Antrag eines oder beider Lebenspartner durch gerichtliches Urteil aufgehoben.

(2) Das Gericht hebt die Lebenspartnerschaft auf, wenn

1. beide Lebenspartner erklärt haben, die Lebenspartnerschaft nicht fortsetzen zu wollen, und seit der Erklärung zwölf Monate vergangen sind;
2. ein Lebenspartner erklärt hat, die Lebenspartnerschaft nicht fortsetzen zu wollen, und seit der Zustellung dieser Erklärung an den anderen Lebenspartner 36 Monate vergangen sind;
3. die Fortsetzung der Lebenspartnerschaft für den Antragsteller aus Gründen, die in der Person des anderen Lebenspartners liegen, eine unzumutbare Härte wäre.

(3) Die Lebenspartner können ihre Erklärungen nach Absatz 2 Nr. 1 oder 2 widerrufen, solange die Lebenspartnerschaft noch nicht aufgehoben ist. Widerruft im Falle des Absatzes 2 Nr. 1 einer der Lebenspartner seine Erklärung, hebt das Gericht die Lebenspartnerschaft auf, wenn seit der Abgabe der übereinstimmenden Erklärung 36 Monate vergangen sind.

(4) Die Erklärungen nach Absatz 2 Nr. 1 und 2 und nach Absatz 3 müssen persönlich abgegeben werden und bedürfen der öffentlichen Beurkundung. Sie können nicht unter einer Bedingung oder einer Zeitbestimmung abgegeben werden.

§ 16
Nachpartnerschaftlicher Unterhalt

(1) Kann ein Lebenspartner nach der Aufhebung der Lebenspartnerschaft nicht selbst für seinen Unterhalt sorgen, kann er vom anderen Lebenspartner den nach den Lebensverhältnissen während der Lebenspartnerschaft angemessenen Unterhalt verlangen, soweit und solange von ihm eine Erwerbstätigkeit, insbesondere wegen seines Alters oder wegen Krankheiten oder anderer Gebrechen, nicht erwartet werden kann.

(2) Der Unterhaltsanspruch erlischt, wenn der Berechtigte eine Ehe eingeht oder eine neue Lebenspartnerschaft begründet. Im übrigen gelten § 1578 Abs. 1 Satz 1, Satz 2 erster Halbsatz und Satz 4, Abs. 2 und 3, §§ 1578a bis 1581 und 1583 bis 1586 und § 1586b des Bürgerlichen Gesetzbuchs entsprechend.

(3) Bei der Ermittlung des Unterhalts des früheren Lebenspartners geht dieser im Falle des § 1581 des Bürgerlichen Gesetzbuchs einem neuen Lebenspartner und den übrigen Verwandten im Sinne des § 1609 Abs. 2 des Bürgerlichen Gesetzbuchs vor; alle anderen gesetzlich Unterhaltsberechtigten gehen dem früheren Lebenspartner vor.

§ 17
Familiengerichtliche Entscheidung

Können sich die Lebenspartner anlässlich der Aufhebung der Lebenspartnerschaft nicht darüber einigen, wer von ihnen die gemeinsame Wohnung künftig bewohnen oder wer die Wohnungseinrichtung und den sonstigen Hausrat erhalten soll, so regelt auf Antrag das Familiengericht die Rechtsverhältnisse an der Wohnung und am Hausrat nach billigem Ermessen. Dabei hat das Gericht alle Umstände des Einzelfalls zu berücksichtigen. Die Regelung der Rechtsverhältnisse an der Wohnung oder am Hausrat hat rechtsgestaltende Wirkung.

§ 18
Entscheidung über die gemeinsame Wohnung

(1) Für die gemeinsame Wohnung kann das Gericht bestimmen, dass

1. ein von beiden Lebenspartnern eingegangenes Mietverhältnis von einem Lebenspartner fortgesetzt wird oder

2. ein Lebenspartner in das nur von dem anderen Lebenspartner eingegangene Mietverhältnis an dessen Stelle eintritt.

(2) Steht die gemeinsame Wohnung im Eigentum oder Miteigentum eines Lebenspartners, so kann das Gericht für den anderen Lebenspartner ein Mietverhältnis an der Wohnung begründen, wenn der Verlust der Wohnung für ihn eine unbillige Härte wäre.

(3) Die §§ 3 bis 7 der Verordnung über die Behandlung der Ehewohnung und des Hausrats und § 60 des Wohnungseigentumsgesetzes gelten entsprechend.

§ 19
Entscheidung über den Hausrat

Für die Regelung der Rechtsverhältnisse am Hausrat gelten die Vorschriften der §§ 8 bis 10 der Verordnung über die Behandlung der Ehewohnung und des Hausrats entsprechend. Gegenstände, die im Alleineigentum eines Lebenspartners oder im Miteigentum eines Lebensparters und eines Dritten stehen, soll das Gericht dem anderen Lebenspartner nur zuweisen, wenn dieser auf ihre Weiterbenutzung angewiesen ist und die Überlassung dem anderen zugemutet werden kann.

Stichwortverzeichnis

Der WISO-Zuschauerservice

WISO im ZDF ist die am meisten gesehene Wirtschaftssendung im deutschen Fernsehen. Die WISO-Tipps und andere geldwerte und informierende Sendungen haben schon vielen Zuschauern geholfen, ihre Rechte als Arbeitnehmer oder Verbraucher zu wahren, Geld zu verdienen oder zu sparen. Die Redaktion bietet darüber hinaus zur Ergänzung und Vertiefung der Tipps und Themen zahlreiche sendungsbegleitende Informationen: zum Abruf per Fax, im Internet (www.wiso.de), als Video-Text oder in Form von Büchern und Software. Hier ein Überblick über diese Dienstleistungen und Angebote.

WISO. Das Wirtschaftsmagazin – immer montags, 19.25 bis 20.15 Uhr, im ZDF.

WISO im ZDF.text auf den Tafeln ab 530.

WISO-Faxabruf. Kompakte „geldwerte" Informationen zu den Themen aus der WISO-Sendung. Den aktuellsten WISO-Tipp finden Sie immer unter 0190-25 00 25 3, das komplette Inhaltsverzeichnis aller abrufbaren Infos erhalten Sie unter 0190-25 00 25 (0,62 Cent pro Minute) sowie im ZDF.text, Tafel 533.

WISO im Internet. Unter www.zdf.de oder unter www.wiso.de mit Kurzfassungen der WISO-Tipps, aktuellen Zinskonditionen, Börseninformationen und vielen anderen Infos, die Ihnen helfen können, Geld zu sparen oder zu verdienen.

WISO-Magazin. Vierfarbige Monatszeitschrift. Mit vielen zusätzlichen Informationen zu den Beiträgen der WISO-Sendungen. Preis: 4,70 Euro als Einzelexemplar, 48,00 Euro im Jahresabonnement. Bestellung unter Telefon 01805-35 45 55 oder e-Mail wiso-service@zdf.de.

WISO-CD. Das monatlich erscheinende Medium für den PC. Ebenso wie das WISO-Magazin mit zahlreichen Zusatzinformationen zu den WISO-Tipps und anderen persönlich nutzbaren Themen. Dazu mit dem WISO-Wirtschaftslexikon, Grafikbibliothek und zusätzlichen „Knüllern" (nützliche Software). Hypertext ermöglicht einfaches Durchblättern und Zugriff auf Querverweise. Jederzeitiger Rückgriff auf die gesamte Wissensbank. Preis pro Stück: 7,14 Euro, im Abonnement 70,56 Euro. Bestellung unter Telefon 01805-35 45 55, per e-Mail wiso-service@zdf.de oder unter www.zdf.de im „WISO-Shop".

WISO-Bookware

Buch und Software in einem Paket

Software-Produkte aus der WISO-Redaktion. Viele Testsieger in ihrem Segment, zum Beispiel:

WISO-Sparbuch. Erscheint jährlich in aktueller Ausführung; Begleitbuch und Software auf CD-ROM. Hilft Steuern zu sparen und macht das Ausfüllen der Steuerformulare zum Kinderspiel.

WISO-Börse: Software zur Analyse und Verwaltung Ihrer Wertpapiere. Begleitbuch mit einer Einführung in das Geschehen an der Börse und zahlreichen Tipps. Bezug: siehe oben.

WISO-Mein Geld: Mehr als nur Homebanking. Ein umfangreiches Software-Paket zur Verwaltung Ihrer privaten Finanzen. Dazu ein Ratgeberbuch zum cleveren Umgang mit Geld.

Bezugsquelle: Buch- und Softwarehandel oder „WISO-Shop" unter www.zdf.de. Dort finden Sie auch die komplette Übersicht.

WISO-Bücher

Ratgeber in der Reihe „Redline Wirtschaft" im Verlag Ueberreuter

Die Ratgeber-Serie aus der ZDF-Wirtschaftsredaktion. Darunter:

„WISO Immobilienfinanzierung": Kassensturz, Kapitalbedarf, Finanzierungsformen, Förderungen. 2., aktualisierte Auflage 2002, 271 Seiten, 15,90 Euro.

„WISO Mein Auto": Kauf, Versicherung, Steuern, Mängel, Service. 287 Seiten, 2002, 15,90 Euro.

„WISO Versicherungsberater": finanzielle Sicherheit zum fairen Preis, 319 Seiten, 2002, 15,90 Euro.

„WISO Aktien - Fonds - Futures": eine Einführung ins Börsengeschehen. Alle wichtigen Informationen zum Wertpapiersparen leicht verständlich beschrieben. Ein Bestseller unter den Börsenbüchern. 316 Seiten, 15,90 Euro.

„WISO Börsen-Buch, das aktuelle Lexikon der Geldanlage", 3. Auflage: Zu allen wichtigen Begriffen rund um die Börse bietet dieses Nachschlagewerk umfassende und allgemein verständliche Erläuterungen, Tipps und Hinweise. Es hilft dem Laien beim Einstieg und unterstützt den fortgeschrittenen Anleger. 439 Seiten, 15,90 Euro.

„WISO Fonds": Ein Ratgeber für alle, die sich für das Fondssparen interessieren. Mit vielen Tipps und Ratschlägen. 280 Seiten, 15,90 Euro.

„WISO Wirtschaftswissen": Das Interesse am Wirtschaftsgeschehen nimmt weiter zu. Das umfangreiche Nachschlagewerk erklärt ausführlich und leicht verständlich Begriffe aus dem täglichen Wirtschaftsjargon – von A bis Z. 552 Seiten, 24,54 Euro.

„WISO Vermögensberater": Dieser zeigt, welche Wege zu einem systematischen Vermögensaufbau führen, welche Finanzinstrumente sich eignen und von welchen eher abzuraten ist. 300 Seiten, 15,90 Euro.

Ein Verzeichnis aller WISO-Bücher finden Sie im Internet unter: www.ueberreuter.de. Zu beziehen über jede Buchhandlung oder im WISO-Shop unter www.zdf.de.

WISO Bücher im Überblick

WISO Aktien Fonds Futures
Eine Einführung in die Börse
herausgegeben von Michael Jungblut
320 Seiten, Paperback, 2000
€ 15,90 [D] / SFr 29,– (SB)
ISBN 3-8323-0624-2

WISO Bewerbungsberater
Überzeugende Unterlagen / perfekter Auftritt / Online-Bewerbungen / Networking / Bewerbermessen
herausgegeben von Michael Opoczynski
288 Seiten, Paperback, 2001
€ 15,90 [D] / SFr 29,– (SB)
ISBN 3-8323-0740-0

WISO Börsen-Buch
Das aktuelle Lexikon der Geldanlage
3., aktualisierte und erweiterte Auflage
herausgegeben von Michael Jungblut
448 Seiten, Paperback, 2001
€ 15,90 [D] / SFr 29,– (SB)
ISBN 3-8323-0745-1

WISO Die 99 besten Tipps
Rund um Geld, Familie, Eigentum, Gesundheit
herausgegeben von Michael Jungblut
392 Seiten, Paperback, 2003
€ 15,90 [D] / SFr 27,50 (SB)
ISBN 3-8323-0942-X

WISO Erben und Vererben
Testament / Erbfolge / Pflichtteil / Steuern
2., aktualisierte und erweiterte Auflage
von Michael Opoczynski und Jürgen E. Leske
240 Seiten, Paperback, 2001
€ 15,90 [D] / SFr 29,– (SB)
ISBN 3-8323-0847-4

WISO Euro-Berater
199 Fragen & Antworten rund um die neue Währung
von Michael Jungblut
192 Seiten, Paperback, 2001
€ 9,90 [D] / SFr 18,30 (SB)
ISBN 3-8323-0835-0

WISO Existenzgründung
Business-Plan / Finanzierung und Rechtsform / Steuern und Versicherungen / Checklisten und Adressen
2., aktualisierte und erweiterte Auflage
von Michael Opoczynski und Willi Fausten
304 Seiten, Paperback, 2002
€ 15,90 [D] / SFr 29,– (SB)
ISBN 3-8323-0848-2

WISO Fondsführer
Aktienfonds / Immobilienfonds / Mischfonds / Indexfonds
Mit Lexikon & Glossar
Ein Ratgeber der ZDF-Wirtschaftsredaktion
von Rudolf Rauschenberger
280 Seiten, Paperback, 2000
€ 15,90 [D] / SFr 29,– (SB)
ISBN 3-8323-0668-4

WISO Geld-Buch
Einkommen / Vermögensverwaltung / Kredite / Versicherungen / Gewährleistungen
4., aktualisierte und erweiterte Auflage
Ein Ratgeber der ZDF-Wirtschaftsredaktion
herausgegeben von Michael Jungblut
396 Seiten, Paperback, 2000
€ 15,90 [D] / SFr 29,– (SB)
ISBN 3-8323-0683-8

WISO Immobilienfinanzierung

Kassensturz / Kapitalbedarf / Finanzierungsformen / Förderungen
Mit vielen Checklisten und Rechenbeispielen
2., aktualisierte und erweiterte Auflage
Ein Ratgeber der ZDF-Wirtschaftsredaktion
von Michael Hölting
272 Seiten, Paperback, 2002
€ 15,90 [D] / SFr 27,50 (SB)
ISBN 3-8323-0897-0

WISO Immobilienrecht

Probleme mit: Maklern, Bauträgern, Architekten, Handwerkern
Mit vielen Fallbeispielen und Formbriefen
Ein Ratgeber der ZDF-Wirtschaftsredaktion
von Michael Hölting und Ines Gaedtke
304 Seiten, Paperback, 2000
€ 15,90 [D] / SFr 29,– (SB)
ISBN 3-8323-0625-0

WISO Kinder, Familie, Geld

Geld vom Staat / Weniger Steuern / Erziehungsurlaub /
Kindesunterhalt / Stipendien
Ein Ratgeber der ZDF-Wirtschaftsredaktion
herausgegeben von Michael Jungblut
368 Seiten, Paperback, 2002
€ 15,90 [D] / SFr 27,50 (SB)
ISBN 3-8323-0933-0

WISO Krankenkassenberater

Gesetzlich oder privat? / Kassenwechsel / Leistungsvergleiche /
Alternative Medizin / Billiger im Ausland? / Pflegeversicherung
Ein Ratgeber der ZDF-Wirtschaftsredaktion
herausgegeben von Michael Jungblut
288 Seiten, Paperback, 2002
€ 15,90 [D] / SFr 27,50 (SB)
ISBN 3-8323-0935-7

WISO Mein Auto

Kauf / Versicherung / Steuern / Mängel / Service
von Thomas J. Kramer
288 Seiten, Paperback, 2002
€ 15,90 [D] / SFr 29,– (SB)
ISBN 3-8323-0866-0

WISO Mein Recht

Das Wichtigste aus den Bereichen
Arbeitsrecht / Mietrecht / Familienrecht / Erbrecht / Verkehrsrecht / Baurecht
von Sigrid Born und Nicole Würth
304 Seiten, Paperback, 2002
€ 15,90 [D] / SFr 27,50 (SB)
ISBN 3-8323-0899-7

WISO Meine Rechte im Job

Vertragsgestaltung / Urlaub / Krankheit / Kündigung / Zeugnis
von Axel Breuckmann und Nicole Würth
296 Seiten, Paperback, 2003
15,90 [D] / SFr 27,50 (SB)
ISBN 3-8323-0944-6

WISO Mieten und Wohnen

2., aktualisierte und erweiterte Auflage
Verträge / Mängel und Mietminderung / Nebenkosten / Musterbriefen & Checklisten
Topaktuell: Das neue Mietrecht
von Thomas J. Kramer
296 Seiten, Paperback, 2001
€ 15,90 [D] / SFr 29,– (SB)
ISBN 3-8323-0849-0

WISO Ratgeber Haustier

Steuern / Haftung / Versicherung / Tierpension / Mietklauseln
von Sigrid Born und Nicole Würth
ca. 300 Seiten, Paperback, 2003
€ 15,90 [D] / SFr 27,50 (SB)
ISBN 3-8323-0943-8

WISO Rentenberater

Riester-Rente / Lebensversicherung / Fondssparen / betriebliche Altersvorsorge / Direktversicherung
herausgegeben von Michael Jungblut
288 Seiten, Paperback, 2002
€ 15,90 [D] / SFr 29,– (SB)
ISBN 3-8323-0868-7